JN408728

공자
자가용

2017년 자작나무수필 동인지 5집

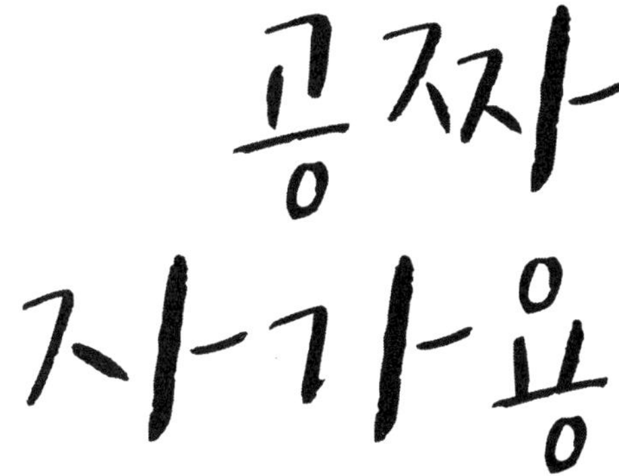

임경애 外

문학공원

다섯 번째 자작나무수필 동인지를 펴내며

김 순 진(계간 스토리문학 발행인)

무엇이든지 처음 시작이 어렵습니다. 자작나무수필 동인지가 벌써 5호 째를 맞습니다. 5년 전 한국스토리문인협회 동인지에는 문학공원 동인이라 하여 시, 시조, 소설, 수필을 모두 망라한 동인지 한 권뿐이었습니다. 그러다가 5년 전 수필동인지를 따로 분류하여 그 책 속에 있는 제목에서 착안하여 자작나무수필 동인을 결성하였고, 이제 다섯 번째 동인지를 냅니다.

한 문학단체가 분야별로 동인지를 낸다는 것은 매우 어려운 일인데, 이번에 기존에 발간해오던 수필동인지 제5호를 비롯하여 시 동인지 15호, 소설 동인지 5호에 이어 시조동인지를 창간하게 된 것은 매우 고무적인 일이라 할 수 있습니다.

저는 우리 한국스토리문인협회의 수필가 숫자가 100여명을 육박함으로 이제 수필분과가 제대로 된 문학활동을 할 때가 충분히 무르익었다는 생각을 가지고 있습니다. 하여 앞으로는 수필가만 모인 여행이나 등산 등을 통한 보다 활성화된 문학활동을 도모하고자 합니다. 이는 수필의 특수성이 생활에서 나오는 글이므로 창작소재의 발굴이나 동료에게서 자극을 받으며 보다 심도 깊은 창작활동을 할 수 있기를 기대합니다.

이번 제7회 스토리문학상 수필부문 수상자로 임경애 수필가를 선정합니다. 그가 출품한 『공짜 자가용』 외 2편은 일상적인 삶 속에서 생긴 에피소드를 매우 사실적이면서도 풍자적으로 그렸는데, 너무 재미있어서 글을 읽다가 그만 큰 소리로 웃음을 터뜨리고 말았습니다. 임경애 작가는 오랫동안 열심히 글밭을 갈아온 작가로 탄탄한 실력이 겸비돼 충분히 스토리문학상을 받을 만한 위치에 와 있다고 평가됩니다. 책의 제목으로도 『공짜 자가용』을 선정합니다. 겹경사를 진심으로 축하드립니다.

자작나무수필이라 동인지 이름을 정한 것은 자작나무의 고매한 아름다움과 추위를 견뎌내는 인내력, 그리고 자일리톨이라고 해 우리들의 치아를 깨끗하게 하는 성분처럼 우리 수필도 그러하길 바라는 마음에서 지은 것입니다. 자작나무수필 동인회원 여러분들의 수필과 생활이 고매하고, 인내하며, 이롭게 하는 수필이 되기를 진심으로 바랍니다.

새해 복 많이 받으세요

2018년 1월 27일

한국스토리문인협회 회장 김 순 진

CONTENTS

임경애

아호는 영랑, 세례명 데레사계간 <스토리문학> 등단
한국문인협회, 한국수필가협회, 한국스토리문인협회 회원
포천문인협회 이사, 문학공원동인, 자작나무수필 동인
경기신인문학상, 포천문학상 외 공모전 다수 입상
수필집: 『엄마와 양말』
수필동인지: 『아버지와 자작나무』
『목련화 필 때』
『힘들지만 사랑의 힘으로 배긴다』
『물러날 때와 나아갈 때』 외 다수
시동인지: 『포천문학』, 『꿈을 낭송하다』 외 다수
E-mail : zhah@ hanmail.net

공짜 자가용 외 2편

임 경 애

서류상 베테랑 운전사인 그이가 가깝게 지내는 형이 차를 바꾸면서 쓰던 차를 주었다며 싱글벙글 웃으며 들어왔다. 시어머니를 모시고 동네를 두 바퀴나 돌고 들어오더니 친정에 가자고 한다. 좀 있으면 저녁 준비를 할 시간이라고 머뭇거리니, '걱정 말고 다녀오라'는 시어머니 말씀이다.

얼떨결에 10개월 된 아기의 짐을 챙겨 자가용에 탔다. '친정에 한번 가려면 버스를 세 번씩이나 갈아탔는데 자가용을 타고가다니!' 엄마도 가족들도 좋아할 모습을 떠올리며 빨리 가고픈 마음 간절하다.

버스를 올려다본다. 명절에 친정에 가려고 버스에 올랐을 때 자리가 없을 때면 양보 받는 것이 미안해서 차라리 안 간다고 하면, 친정오빠가 한 시간도 넘는 거리를 와서 태워갔었다. 이젠 우리도 자가용이 있다고 자랑하고 싶었고, 버스에 서 있는 사람들을 보며 잠시만 기다리면 우리처럼 자가용을 굴릴 수 있을 것이라고 말해주고 싶었다.

빨리 달리다 늦어지다가 하는 차의 시속을 의아해하며 그를 바라보았더니 상기된 얼굴로, '서울이라 차가 많아서 그렇다'며 눈빛을 읽은 듯 대답을 한다. 하기야 서울에서 고정속도로 주행을 한다는 것은 불가능한 일임을 모르는 사람은 없을 것이다. 출퇴근과 등하교시간의 일치도

한몫을 하고 그 시간대를 피해서 외출을 하는 사람들과 또 맞닥뜨리는 늘 분주한 도로라는 사실을. 베테랑운전자라도 늘 긴장하는 서울의 복판, 초보 아닌 초보운전자의 손바닥이며 이마에 송골송골 맺힌 땀이 흐를 무렵 도심지를 벗어났다.

저녁준비에 눈코 뜰 새 없이 바쁠 시간이 다가오는데, 오늘은 횡재수가 있는 것인지 그 시간에 드라이브를 한다는 꿈같은 현실, 나는 노래라도 부를 것 같은 기분으로 들판의 싱그러움에 빠져들었다. 정겨움 가득한 내 고향의 김포가도를 달린다. 아롱아롱 추억들이 꼬리를 물고 일어선다. 누군가 손을 흔들고 지나간다. 답례하듯 같이 손을 흔들며 그이에게 물었다.

"아는 사람예요?"

"아니, 모르는 사람인데."

'저 사람도 우리처럼 기분 좋은 일이 있는가 보다'라며 다시 창밖을 주시하는데, 지나던 운전자가 손짓을 하며 말을 하지만 알아듣지 못했고, 다시 지나던 운전자들이 약속이라도 한 듯 경적을 울리고 큰소리로 말을 하면서 지나가니 짜증이 났다. 그이 말이 '내가 너무 늦게 가고 있는가 보다'라며 액셀러레이터를 밟으니 붕붕 거리면서도 속도를 내지 못하는 자가용이다. 나는 '혹시 뒤에 오는 차들에게 실수하며 달리는 것 아니냐?'며 뒤의 차들을 보려 고개를 돌렸는데 우리 차에서 뿌연 연기가 치솟고 있는 것이다.

"큰일 났어, 우리 차에 불이 났나봐."

그때서야 남편도 알아채고 차를 세웠다.

모내기철이라 길가의 풀도 논도 푸름 가득한데 우리의 발등엔 불이 떨어졌다. 소독차가 지나간 자리처럼 연기가 솟고 난로인 듯 차에서 열기가 뿜어져 나오고 있다. 영화에서 보았던 것처럼 차가 폭발이라도 할까 겁이 났다. 나는 아기를 안고 최대한 멀리 떨어졌는데 그이가 다급히 부르더니 "빨리 저 논에 가서 물 퍼와, 연기가 치솟는데 더 커지기 전에."라고 말하는 것이다. "아기는 어떻게 하나?"고 했더니 '차에 내려놓고 하라'는 것이다. '차가 폭발하게 생겼는데 무슨 소리냐'며 아기를 안고 비틀비틀 논으로 내려가니, 다시 올라오라고 소리를 치더니 주변에 있던 비닐봉투를 주워 물을 담아 나르고 있다.

지나던 분이 차를 살펴보더니 그 소동의 원인은 사이드브레이크가 고장이 났다고 한다. 그것을 올려놓고 운전을 하다 보니 과열되었던 것이라며 어찌해야 하는지 친절히 알려주고 가셨기에 소동은 일단락되었다. 많은 시간이 흐르니 차가 식었기에 다시 운행을 해도 이젠 연기가 나지 않는다.

친정집에 도착한 나는 씩씩거렸다. "아니 차가 폭발이라도 하면 어쩌라고 아기를 차에 눠라는 것이고, 가장이면 가족을 챙겨야 할 사람이 그 상황에 아기 안고 있는 아내를 부르느냐"며 타박을 했더니 '내가 언제 그랬냐'며 큰 소리를 친다. 뒤에 알고 보니 그는 나보다도 더욱 당황을 했던 것이고 본인이 무슨 말을 했는지 어떤 행동을 했는지 전혀 기억을 못하고 있었다.

초보운전자의 심리는 안 그래도 불안정한 상태이다. 그렇게 특이한 상황을 잘 넘기고 무사할 수 있었음은 지나던 분들의 관심 덕분이었다. 그러나 그분들의 마음을 알기 전에는 손짓과 알아들을 수 없었던 말과, 경적으로 무척이나 긴장이 되었다고 한다. 보살펴주시던 분께는 감사의 인사를 하긴 했으나 정중히 했는지, 아님 얼떨떨한 표정으로 했는지 기억이 나지 않는다고 한다.

카센터에 갔더니 이곳저곳 고장이 많고 낡아서 고칠 정도는 아니라고 한다. 폐차를 권유한다며 '쓰던 차를 얻었으면 이상이 없는지 검사정도는 하고 타야 한다'고 조언을 한다. 공짜 자가용이 생겼다고 업 되었던 기분은 지옥으로 추락하며 몇 시간 탄값으로 폐차 비를 지불해야 했다.

장롱면허란 오랫동안 운전을 하지 않았던 상태를 말한다. 운전대를 잡으며 사이드를 내렸는지 올렸는지도 몰랐던 초보와 다름없는 긴장상태다. 와중에 고장으로 사이드는 올라 있었어도 바퀴는 굴렀으니 횡설수설할 뿐, 대책을 세울 수조차 없는 것이다. 어느 곳을 지정해서 고장이 날 수는 없는 일이지만, 차라리 시동이 걸리지 않았다면 하는 생각이 나면서 식은땀이 흐른다.

운전학원에서 배우는 것은, 전진과 후진이고 간단한 주차정도이므로 운행 중에 차에 이상이 생기면 당혹감으로 안절부절못하는 그것이 전부인 것 같다. 시간이 걸리더라도 정비의 상식정도는 배울 수 있다면 좋겠다는 생각이 든다. 그 일이 있은 후 자동차에서 뿜어 나오는 매연을 바라볼 때면 한참을 바라보는 습관이 생겼다. 저 차도 이상이 있는 것일까? 하다가 웃기도 했고 만약에 저 차에도 이상이 있다면 어떻게 가르쳐 주어야하는지 등…….

장롱면허란 때론 차라리 없는 것만 못한 면허가 아닐까. 이수과정이 있었으니 장롱면허의 소유인이라면 반드시 연수를 받고 운전대를 잡았으면 하는 바람이다. 큰 사고로 이어질 수 있었다며, 중고차의 경우 검사는 필수라고 강조하시던 말씀을 생각하니 '휴~' 안도와 긴장의 한숨이 나온다.

파리의 기도

주일저녁, 경건한 마음으로 성당 문을 들어섰다.

예수님과 웃는 듯 아닌 듯 미소 지은 성모님을 올려다본다. 어느 날은 무언가를 달라는 기도를 하고 어느 날은 바람 없이 웃음을 드린다.

두 분께 손을 모아 인사를 하고, 현관문을 들어서면 사무실에 계신 신부님과 사무장님의 반기는 얼굴을 마주하며 인사를 한다.

앞쪽에 있는 성물 방을 기웃거린다. 성당에서 쓰이는 묵주 성가 책 액자 성가정상 십자가……. 등이 아기자기하다. 세례를 받기 전에도 지금도 성물 방에 들어서면 마음이 편해진다고 이곳이 참으로 좋다고 했더니, 자매님은 자주 들어오라면서 언제든지 환영한다고 한다.

미사가 진행 중이다. 신부님의 토시 하나까지 신경 쓰고 있는데 파리 한 마리가 그이의 성가 책 앞에 앉았다. 그이도 나도 무심코 바라보고 있었다. 안도감이라도 느끼는지 한동안을 머무른다. 찬송가를 부르느라 성가 책을 들었고 찬송이 끝나면서 내려놓았더니 어느 곳에 있었는지 다시 날아와 앉는 파리다.

왕파리는 조금씩 자리를 옮기더니 내 쪽으로 기어온다. 신경을 쓰려는 것은 아닌데 자꾸 시선이 가므로 파리를 덮어놓기라도 할 생각이었다. 주보를 들고 그 밑으로 들어가길 바라는데 멈춰선 파리는 손을 비비고 있다.

파리가 손을 비비는 것은 흔한 짓인지라 그리 웃을 일도 아닌데, 자꾸 신경을 거슬리게 하니 손을 저었는데도 꿈적도 하지 않는다. 잠깐 쉬는 듯하더니 다시 손을 비비는 동작을 계속 하고 있다.

엄지와 검지를 구부려 파리의 꽁무니를 쳤다. 나무라는 듯 그이는 나를 쿡 찌른다. 순간 우리는 웃음이 터졌는데 참으려 할수록 쿨룩이며 나오는 기침처럼 참을 수가 없다. 아무 일도 없는 듯 고개를 들어도 아니 고개를 숙여도 킥킥일 듯 웃음이 이어진다. 겨우 웃음을 참고 이성을 찾았다.

철부지 어린애도 아닌데 성전에서 그것도 강론시간에 장난이라니 내가 한 짓이지만 순간 후회가 된다. 끝까지 모른 체할 것을…….

낙상하는 줄 알았던 파리가 다시나타나 고공비행을 하더니 신부님 등쪽에 앉는다. '아, 어떻게 하지 감히 신부님 옷에…….' 웃음은 걱정으로 바뀌었다.

미사가 끝나고 성당카페에서 우리일행은 덕계동 성당 신부님이신 이동섭 가브리엘님과 찻잔을 마주하고 앉았다. 전 신부님이신 강진구 야고보님께서 일본으로 가시면서 우리는 동네성당으로 다니고 있었기에, 부임하시고 세 번째 주일을 맞으셨지만 우리부부는 초면인 날이다.

담소 중에 '신부님, 이럴 때는 고해성사를 해야 하는 건가요?'라며 웃음은 띄었으나 내심 죄송한 마음이었고 질책을 하신다 해도 당연하다는 생각을 하며 강론시간의 파리이야기를 빠짐없이 말씀드렸다.

신부님 말씀인즉 "파리가 두 손을 비비고 있던 것은 기도를 하는 것이고, 내 등 에 앉은 것은 그곳이 제일 안전한 것을 알았기 때문일 것," 입니다. 라고 말씀하신다.

지적을 하시는 것이 아니라 말씀 중에도 느껴지는 신앙인의 자세에 감동받는 나는 새내기 신자이다. 집에 왔는데 파리생각이 난다. “왜? 그랬지?” 왕 푼수의 사건 중에 사건이다. 푼수 짓은 후회되지만 새내기신자를 다독여주시는 은혜로운 순간에 ‘와~, 멋진 신부님’이라는 말이 튀어나올 듯 입속에서 맴돌았다.

내 동네 성당은 아닌데 다음 주도 그쪽 성당으로 발걸음 떼고 싶을 것 같다.

신부님이 아닌 믿음으로 행하는 주일미사이니 부담을 느낄 것은 아니나 교적도 옮겼는데.

엄마와 양말

아버지께서 등잔에 불을 붙이시느라 성냥불을 켜시면 황 냄새 가득 움켜쥔 안방 아랫목에 칠남매 비집듯이 앉아있고, 라디오연속극이 끝날 즈음 엄마가 화롯불을 뒤적이시면 불 냄새를 머금은 동글동글한 감자가 군침을 삼키게 한다.

'어디 발들을 내밀어봐…….' 아버지의 말씀이 떨어질 때면, 아직 씻지 않은 누군가가 후다닥 밖으로 나갔고 양은 세숫대야소리 요란한 다음 방문이 열린다. 아버지는 아이들의 발을 손바닥으로 재면서 '작년보다 이만큼 더 자랐다고' 대견해 하시며 뜨개질을 시작하신다.

털실로 뜬 양말을 신고 엄마는 마실 을 가셨다. 옆집 아줌마는 남자가 뜨개질을 하느냐는 질책이었지만 웃으며 들어오셨고, 며칠 후 외가댁에 가시면서 또 빨간 양말을 신으셨다. 외할아버지의 불호령이 떨어졌지만 엄마는 웃고만 계시다. 내심 남편이 떠주었다며 으쓱이고 싶었을 마음이 아니었을까?

당시는 아이들의 헤진 양말을 깁고 남편의 헤진 양말을 기워 신었던 아낙네들을 흔히 보았던 터이다. 비아냥거림에도 장인어른의 꾸중에도 아랑곳 않고 아버지는 해마다 엄마 양말부터 뜨셨다. 사랑의 표시인 듯 엄마의 입가에 머문 미소로 더불어 웃으며, 정해진 순서대로 탄생될 우리의 양말을 기다리다 잠이 들곤 했다.

엄마는 뜨개질은 취미도 없었지만, 워낙 빠른 아버지의 솜씨만으로도 칠남매의 양말은 부족함이 없는데, 헤진 것들을 바구니에 담아놓으신다. 아버지께서 버리라고 하시면, 난 속으로 쾌재를 불렀는데, 엄마는 '아이들의 발을 포근히 감싸주었는데 어찌 버리느냐?'시며 헤진 자리를 꿰매셨다. 새 양말이 되었다며 신으신 것을 볼 때면 내발이 시린 듯, 발바닥이 배기는 듯 마음이 편하지 않았다. '새 양말도 많은데…….'라고, 툴툴거리지만 말없이 웃으시며 해마다 반복하심이 이해되지 않았다.

키도 발도 유난히 작은 엄마의 양말이나 신발을 사기는 참으로 힘들었다. 그래도 양말은 초등학교 저학년 아이들 것을 사면되는데 구두를 살려면 많은 상점을 돌고 돌아도 살까말까 싶었다. 한 치수 큰 것은 벗겨지니 불편했고 가장 작은 치수는 찾는 이가 한정되니 준비해놓는 곳은 거의 없었다.

길가에 노인들 옷을 파는 할머니가 계시다. 장애를 안고 있는 딸과 사시는 할머니를 돕고 싶은 마음에 옷을 사다가 엄마를 드렸더니 예쁘고 편하시다 며 좋아하신다. 옷값보다는 딸의 마음을 고려해서 더욱 좋아하시는 듯 했지만 그를 계기로 칠년이 넘는 단골이 되었다.

어느 날부터 일부러 돌아가기도 하면서 외면하고 걷는데 할머니께서 부르신다. 고마워서 준비했으니 엄마께 드리라며 내미신 옷은 예쁜 색으로 엄마가 좋아하시던 디자인이다. 울컥 이는 마음을 억누르며 마음만 받겠다하니 마음에 안 들면 다른 것으로 주신다는 말씀이다. 연세가 많으신 분께 엄마가 돌아가셨다는 말씀을 드릴 수가 없는데 그만 눈물이 흐른다. 돌아가셨음을 생각하시는지 어깨를 감싸며 안 아 주시는데,

"예쁜 아줌마 울지 마요." 발음이 잘 안 되어 힘들게 이야기하는 그

녀, 오가며 손도 잡아주고 소소한 이야기를 들어주니 예쁜 아줌마라고 부르는 할머니의 딸이다. 집으로 향하는 내게 그녀는 새끼손가락을 보이며 웃어주는데도 불구하고, 무기력증에 빠진 채 서랍장을 열었다.

엄마의 옷가지와 양말이 보인다. 작은 양말과 예쁜 옷들을 사들였었다. 가지런히 누워있는 새 옷과 새 양말들보다는 엄마가 신던 양말과 입던 옷에 쏠리는 시선이다. 누군가 신어주기를 갈망하는 듯 그들의 애원이 나를 잡고 늘어졌다.

걸어서 퇴원하리라고 물리치료를 받을 때면 얼마나 열심이셨던가. 병실 밖에 피어 있는 꽃을 보고 싶은데 휠체어가 아니라 걸어서 가고 싶고, 성당을 가고 싶다 시던 간절함을 이루려면 신발을 신어야 하고 그리되면 양말을 신어야했는데 걸을 힘도 없었지만 '답답하다'고 '벗기라'시던, 맥 풀린 모습으로 지내던 시간들이 가슴을 옥죈다. 애원하는 것은 양말이 아닌 엄마의 마음 같았다. 작은 양말을 늘리며 신고 약수터를 다녀오고 마트를 다녀오고 길을 배회했다. 발가락이 아프다. 내일은 어디를 갈까? 엄마는 가셨지만 그토록 소망하던 그것들을 하나씩 생각해낸다. 엄마의 양말이 걷고 있으니 이왕이면 웃자고 자신을 챙긴다. 꽃집에 가서 꽃을 보다가 거리로 나섰다. 들꽃을 보며 도란도란 얘기를 나눈다. 엄마 향기가 들꽃에 스며있다. 엄마는 오늘 걸어가서 성모님을 뵈었고 신부님과 대화를 나누신다. 엄마가 밝게 웃으신다. 공연장으로 엄마를 모신 딸들이 줄을 잇는 그곳에 가서 엉엉 소리 내어 울고 싶지만 차마 갈 수가 없다. 연극이 극에 달했을 때 모녀간은 부둥켜 우는데 가까스로 참고 있는 울음보를 터뜨림보다는 엄마의 양말을 신었음을 기억하며 발길을 돌린다.

할머니 앞에 섰다. "저 예쁜 옷 주세요. 바지도 주세요." "아니 무엇

하려고?" "누워있는 언니가 있어요. 예쁘기도 한데 편할 것 같아요." 윗옷과 바지를 몇 장 골랐다. 엄마가 입원했을 때 '퇴원하면 다니러 가야 할 텐데 옷이나 사다줄까?'하셨던 말씀이 떠오른 것이다.

장애를 가진 딸을 낳았다고, 다른 여인과 평생을 살다가 한 달 전에 유명을 달리한 남편이라도 살아 있을 때와는 다르게 빈자리가 큰데 오죽하겠느냐며 할머니께서 나를 다독여주신다. 사별은 이유를 막론하고 마음 아픈 공통점을 갖고 있는 것일까? 하지만 조강지처의 가슴을 평생 후빈 망자를 위해, 가식을 떨고 싶지는 않기에 말없이 위로만을 받으려니 민망함이 감돈다. 조금이라도 보탬이 되기를 희망하며 팔아드릴 때는 이렇듯 큰 도움을 받으리라는 생각은 못했었다.

'너무 울면 속상해서 좋은데 못 가신다.'고, '미어져 좁디좁은 가슴속에 웅크리고 계셨을 엄마께서 얼마나 힘드시겠냐?'고, 엄마를 앞세우며 그로인해 나의고통을 덜어주시려는 할머니의 마음에 젖어들어 눈물이 흐르면서도 마음이 다소 진정되어 간다.

넋 놓았던 현실을 추스르며 휑한 가슴 해후의 모습으로 채우려는 이기적인 본능이 시려온다. 맨발을 보았던 그날보다 더욱 시리다. 몸도 맘도 시렸을 엄마의 40년 세월이 쓰리게 스친다.

시린 마음 달래 줄이는 아버지뿐이라 생각하셨는지 합장을 원하셨다. 사별로 인한 모진 풍파에도 오랜 세월에도 퇴색하지 않은, '발 이리 내밀어보소.'하실 때 수줍어하던 아름다운 여인을, 손등을 타고 미끄러졌을 털실로 예쁜 양말 수북이 쌓아놓고 이제나 저제나 기다리셨을 것 같은, 아버지께로 보내드린다. 내 눈에는, 해마다 버리지 못한 것은 헤진 양말 이었는데, 엄마에게는 아이들의 온기가 서려있는 남편의 사랑이 머문 시간들이었음이, 애틋하게 떠오른다.

오현주

프로필. 인천 출생 거주.
2009년 월간 <스토리문학> 시 부문 신인상 등단.
한국스토리문인협회 회원, 문학공원 동인.
2011년 제1회 스토리문학상 시 부문 수상.
동인지 『마른 이파리 한 잎』 외 다수.
수필동인지 『아버지와 자작나무』, 『힘들지만 사랑의 힘으로 배긴다』
『문인들의 별명이야기 - 이쁜이와 짜장면 오인분』,

모자 항아리 외 2편

오 현 주

천 년의 신비를 간직한 신라 유물처럼, 우리 집에는 비밀스런 도자기 하나가 거실을 지키고 있다. 남편의 친구가 이십여 년 전에 준 것이다. 현관문을 열면 대형 거울에 비친 그 도자기가 한눈에 들어온다.

높이가 1m가 넘고 폭도 넓다. 맨 밑에 받침대가 따로 있어 안정감을 주며, 중심 부분은 위로 올라갈수록 만삭의 임산부처럼 배가 부르다. 뚜껑은 유럽의 고성에서 보았던, 둥근 모양의 지붕 위에 알전구가 꽂힌 듯, 올림픽의 성화가 타오르는 듯, 뾰족하게 빚어져 총 3단계로 만들어졌다. 바다 속에서 유영하는 물고기가 보일 듯한 도자기의 옷 색깔은 비췻빛이다. 은은한 자태에 새겨진 용의 문양에서는, 청룡이 구름을 뚫고 하늘로 승천할 듯 힘이 느껴진다.

친구 분이 처음 도자기를 주셨을 때, 목 부분의 귀퉁이가 조금 금이 갔지만 거실 벽 쪽으로 돌려놓으면 안 보이니 필요하면 가져가라 해서 남편이 실어왔다. 이 빠진 접시처럼 금이 간 도자기라 불길한 예감이 들어 처음엔 시큰둥했었다. 하지만, 분양받은 아파트로 이사온 지 얼마 안 된 터라, 벽에 걸어놓을 액자나 특별한 장식품을 산다는 건 사치였다.

도자기를 가져온 후부터, 난을 치듯 섬세한 숨결을 불어넣은 도예가는 어떤 분일까, 궁금했다. 도예가의 이름이랑 작품명을 써서 붙인 이력이 지워져서 알 수 없는 것이 항상 의문이었다. 뚜껑 부분의 알전구 모양은 불꽃을 상징하는 듯하고, 중심 부분에 청룡이 비상하는 문양은 불가마 속에서 자신을 사른 도자기의 기운을 받아 불같이 일어나라는 것처럼 보였다. 모자 항하리를 우리 집에 오게 해준 남편의 친구와 도예가가 감사하다.

어느 날 밤, 내가 불을 켜다 도자기를 벽에 밀쳐서 목 부분에 더 금이 가고 말았다. 깨질 새라 조심하며 잘 닦아주었는데 한순간의 부주의로 내가 다친 것처럼 마음이 아팠다. 도자기가 놓인 바로 위, 인터폰과 전기 스위치가 문제였다. 급한 데로 테이프로 붙여둔 뒤로는, 모자 항아리가 되었다. 우리 가족에게 꼭 필요한 챙이 넓은 밀짚모자와 등산용 모자 등, 어지럽게 굴러다니던 아이들 모자까지 십십여 개기 들어 있다.

도자기 속에 모자를 보관하면서 벽에 걸어둘 때보다 먼지 걱정이 없어졌다. 무엇보다 모양이 흐트러지지 않게 크기와 종류별로 겹쳐서, 신문지를 구겨넣고 한 곳에 보관하니, 쓰고 싶을 때 찾지 않아서 좋다. 간장이나 된장 고추장을 담아둔 항아리가 발효를 거치면서 깊은 맛을 내듯, 도자기는 모자들을 품고 기다림의 미학을 일깨워준다.

외출할 때 도자기 뱃속을 열어보면 밀짚모자 쓴 허수아비 아저씨가 팔을 휘휘 저으며 참새 떼를 쫓기도 하고, 아이들이 색색의 모자를 쓰고 술래잡기 놀이를 한다. 청룡의 섬 같은 도자기가 박제된 관절로 가부좌를 틀고 앉아, 우리 가족의 행복을 기원해주는 듯, 첫 아이를 임신했을 때 만삭의 내 모습을 보는 듯, 희망과 꿈을 품게 한다.

우리 집 도자기는 박물관 유리벽에 갇혀, 두고 보기만 하는 텅 빈 도자기가 아니다. 땅속에 묻어둔 김치항아리를 열었을 때, 새콤하고 알싸한 향기가 침샘을 자극하듯, 도자기 속에는 찰리 채플린이 쓰던 볼러나 영국의 마거릿 공주가 쓰던 모자는 없지만, 어떤 모자를 쓰면 멋지게 보일까, 외출시 필요에 따라 생각하게 된다.

도자기가 미적인 공간활용과 실용성을 겸비한 모자 항아리로 변신한 것이다. 도자기에 금이 가지 않고 고려청자 같은 유물이라면, 나도 장롱 속에 감춰두고 숨겨두었을지 모른다. 가끔, 도자기 속 모자를 모두 꺼내어 베란다에 꼬리 내린 햇빛과 바람을 만나게 해주고 있다. 도자기에 비움의 미학이 있다면, 항아리는 채움으로 거듭난다. 모자 항아리가 그렇다.

어둠 속의 50분

며칠 전, 거실 목욕탕을 청소할 때, 콘센트 속으로 들어간 물 때문에 암흑천지가 됐던 일을 생각하면 지금도 앞이 캄캄하다.

전기의 존재를 처음 발견한 사람은 기록상으로는 고대 그리스 과학자 '탈레스'이다. 기원전 6백년 경, 그리스 사람들이 장식품으로 사용하던 호박琥)을 헝겊으로 문지르면, 먼지나 실오라기 머리카락 따위를 끌어당긴다는 것을 보고 '전기현상'을 알게 되었다. 그래서 전기(electricity)는 그리스어 'electron'에서 유래된 '호박'이란 뜻이라 한다. 그는, 쇠를 끌어당겨 빛을 내는 검은 돌, '마그네스'가 전기를 일으키는 전연 자석 물체임도 밝혀냈다. 16세기말 영국의 윌리엄 길버트는 자철광이나 호박(琥珀)의 실험으로 전기력과 자기력의 차이로 '마찰전기'를 밝혀냈고, 1752년 벤저민 프랭클린(1706-1790)은 번개와 전기의 방전은 동일한 것임을 밝혀냈다. 또한 그것을 야생의 전기로 실생활에 사용할 수 있도록 만든 과학자는 이탈리아의 물리학자 볼타이다. 1879년 미국의 에디슨(1847-1931)이 '직류전기'와 '백열전구'를 발명하기까지, 빛에 대한 탐구는 이어지고 있다. 그럼에도 빛의 중요성을 당연한 것으로 여겼다는 것이 문제였다.

그날따라, 밤 열시가 넘었는데도 식구들이 들어오지 않았다. 출가 한 딸이 며칠 쉬다간 뒤라 정리할 것도 많고, 막무가내로 기어다니는 손주를 등에 업고 급하게 먹은 저녁이 체한 듯, 속도 거북했다. 운동 삼아 하자며 시작한 목욕탕 청소는, 눈길 닿는 곳마다 얼룩 투성이라 생각보다 힘이 들었다. 먼저 세수대야에 뜨거운 물을 붇고 옥시크린과 세재를 풀어놓았다. 윈도우브러시 같은 두 팔로 수세미에 세재를 묻혀 거울을 문지르자, 거울 표면이 파도의 포말처럼 출렁거린다. 매일 마주보던 거울에 바다가 떠오르다니? 샤워기로 배처럼 떠 있는 바다 속 여자의 얼굴에 물을 뿌린다. 바다가 벌떡 일어서더니, 파도에 걸렸던 내 이마와 미간, 입가에 고속도로처럼 그어진 팔자주름을 밀어버린다. 손주를 업고 거울 보기 놀이를 할 때, 까르르 웃던 밝으래한 얼굴과 천사 같은 눈동자와는 대조적이다. 찌그러진 눈썹, 코와 입이, 가마솥에서 넘치는 밥물처럼 미끄럼을 탄다. 비눗물인데 구수한 밥 냄새가 났다. 거울 속에서 뽀글뽀글 밥알을 끓여내는 신기한 파도다. 바다에 떠 있는 찌그러진 귀, 귀에 걸린 비눗방울 귀걸이를 달고, 입에는 밥알을 붙이고, 이팔청춘도 아닌 여자가 킥킥거린다. 나이에 걸맞지 않은 순간의 재미는 오래가지 않았다. 콧노래를 부르며 장식장 거울 속에 아직 살아남은 부유물을 샤워기로 지울 때였다.

갑자기 펑, 소리가 나더니 온 집안이 암흑천지다. 방금 전 파도가 뛰놀던 바다는 어디에도 보이지 않는다. 눈을 어디다 두어야 할지, 고개는 숙여야 할지 말아야 할지, 미꾸라지를 밟은듯 한 발 떼는 것조차 힘겨웠다. 목욕탕 신발을 먼저 닦아서 수건걸이에 올려놓고 맨발로 청소중이라, 미끄러운 바닥도 걸음마 배우는 아기처럼 살얼음판이다. 넘어져서 뇌진탕이라도 당하면 누가 날 구해주지? 무너진 탄광의 칠흑 같은 갱도 속에 갇힌 광부의 기분은 어땠을까? 오만가지 상상이 뇌리를 스쳤다. 어둠 속에서 더듬이 같은 손으로 거실 벽을 짚어가며, 벽에 걸어둔 손전등을 찾아냈다. 하지만, 손전등도 건전지가 약해 불이 켜지지 않았다. 음식냄새를 없애려고 켰던 향초와, 서랍에서 찾아낸 양초까지 욕실 앞에 켜놓았다. 생일케이크 위가 아닌, 욕실 문턱에서 고개를 푹푹 숙여대는 촛불은, 나의 미세한 숨소리조차 삼키게 만들었다.

베란다로 나가 보니 집집마다 불빛이 꼬리에 꼬리를 문다. 남편한테 전화해볼까? 아니. 경비실에 연락할까? 하지만, 바지를 무릎까지 걷어 올리고 청소하던 내 모습도 우습고 늦은 밤이라 망설여졌다. 촛불을 기우리고 콘센트를 비추자 욕실 바닥에 촛농이 뚝뚝 떨어졌다. 문득, 휴대폰에 깔아둔 손전등이 생각났다. 두근거리는 가슴으로 휴대폰의 플래시를 켜고 콘센트에 비쳐보았다. 딸들이 드라이 코드를 꽂던 구멍에서, 두 눈을 동그랗게 뜬 물방울이 여자를 쳐다본다. 콘센트 뚜껑이 떨어진 것을 스카치테이프만 붙여놓고 방치하다, 테이프마저 사라져 물이 들어간 것이다. 전원이 차단된 상태지만, 면봉으로 물방울을 닦아내는 손이 수전증에 걸린 듯 바들거렸다.

한숨 돌릴 여유가 없었다. 촛불에 의지한 채 욕조와 변기 욕실바닥을 모두 닦았다. 방금 전, 거울 속에서 비눗방울 귀걸이를 달고 우쭐거렸던 온몸이 식은땀 범벅이다. 가슴을 진정시키며 전기 단자함에 휴대폰 손전등을 비춰보았다. ON과 OFF 중간쯤에 스위치가 놓여있다. ON쪽으로 살짝 올려보았다. 순간 온 집안이 환해졌다. 입가에 미소가 번지려는데 또다시 펑, 하더니 마치, 블랙홀에 빨려든 것처럼 암흑속이다. 이러다가 누전으로 불이라도 나면 어쩌지? 심장의 박동수가 빨라진다. 누군가 뒷덜미를 끌어당겼나? 등골이 오싹해 어둠 속에 그대로 서 있었다.

전기가 안 들어와 헤어드라이를 틀고 말려볼 수도 없었다. 다시 촛불을 켜니 가물거리는 촛불은 내 주위만 맴돌고 있었다. 시간을 낮 12시로 돌려놓으면 밝아질까? 별의별 상상이 뇌리에 스쳤다. 초조함을 달래며 한참 후 전원 스위치를 올려보았다. 그제서야 거대한 형체의 발광체가 눈앞에 펼쳐지고, 발 밑 가랑이까지 눈에 띈다. 거울 뒤로 숨었던 빛도, 거울 밖으로 걸어 나와 여자의 얼굴을 쳐다본다. 50분 동안의 정전이 한 달처럼 느껴졌던 날이다.

그 일이 있고 난 후, 콘센트 뚜껑을 구입해서 고쳐놓았다. 이 세상이 캄캄한 어둠뿐이라면, 상대방의 얼굴도 알 수 없고 답답할 것이다. 무심코 지나친 안전불감증의 함정에 내가 빠졌던 것이다. 텔레비전이나 냉장고 가스레인지등, 문명의 혜택도 안전 수칙을 지킬 때 누릴 권리가 주어진다. 많은 발명가들의 노력이 있어 밤에도 빛을 보며 사는 것이다. 빛의 밝기로만 이 세상이 밝아지지는 않는다. 긴긴 터널을 빠져나와 확 트인 시야를 달릴 때 상쾌한 기분이 드는 것처럼, 음과 양의 적절한 조화는 우리에게 활력을 준다. 지구가 자전과 공전을 거듭할 때, 백야나 극야의 영향을 받지 않는 우리나라는 행운이다. 백야가 나타나 해가 지지 않으면, 그곳 사람들은 별이 지상에 펼치는 별꽃축제를 볼 수 없을 것이다. 전기 콘센트 하나가 빛의 존재와 불편함을 일깨워준 날이었다.

박촌

내 고향 박촌은 아름드리 후박나무가 유난히 많았다. 그래서인지 후박나무 박朴자를 쓰며, 후박厚朴나무를 닮은 인심 좋은 박씨들이 많이 살았다. 박촌은, 황해도가 고향인 아버지의 제2의 고향이자 내가 태어난 곳이다. 오래 전의 지명은 경기도 김포군 계양면 박촌리였다. 행정개편으로 부천군에 편입 되었다가 인천직할시가 광역시로 승격되면서 계양구 박촌동朴村洞이 되었다. 교회당 바로 밑에 위치한 우리 집은 지대가 높았다. 앞으로는 품질 좋은 쌀로 이름 높은 드넓은 김포평야와 뒤로는 계양산이 보인다. 학창시절 소풍 때마다 찾던 산이다. 울창한 숲이 한 폭의 동양화를 펼쳐놓은 듯 아름다운 계양산은, 인천시내 전경이 잘 보여, 등산객의 발길이 이어지는 산이다. 그리고 우리 집에서는 저 멀리 김포공항 청사의 오색찬란한 불빛도 밤마다 볼 수 있었다. 전 세계를 누비던 비행기가 유도등 불빛을 따라 활주로에 내려앉으면 비행기를 타고 내리는 사람들은 어떤 사람일까? 불빛에 빨려들어 상상의 나래를 펼치곤 했다.

내가 어릴 때, 박촌에는 일 년에 한 번씩 지내는 동네 기제사날이 있었다. 이웃 마을 박씨들까지 찾아와 우리 마을 야산에 즐비한 선친 묘지에 제를 올리는 행사다. 상투 튼 머리에 검은 갓을 쓰고 두루마기를 걸친 어르신도 있었고, 제주들은 두건을 쓰고 허리에 새끼줄을 동여맨 채 짚신을 신고 다녔다. 상복 입은 사람들로 백로 떼가 앉은 듯, 마을 앞산은 눈꽃 같았다. 며칠 씩 제를 올리는 동안 아이들에게 줄을 세워 놓고 매일 한 번씩 떡과 부침개 사탕을 나누어주었다. 아이들에겐 제삿날이 잔칫날처럼 흥겨웠던 것이다. 어느 집에 결혼식이나 회갑연 또는 초상이 나면 줄초상이 날 때가 많아 온 마을이 술렁거렸고 부모님들은 일손 돕기에 팔을 걷어 부치고 돕는 것이 관습처럼 이어졌다.

우리 동네는 이웃 마을의 중심지였다. 박촌동 에서는 해마다 콩클대회가 열렸다. 고춘자, 장소팔이 만담으로 분위기를 돋우고 나면, 초청가수 나훈아 차례였다. 그가 열창을 할 때 재창을 외치던 관중들의 함성은 지금도 귀에 쟁쟁하다. 부상으로는, 동네에 어쩌다 한두 집 있는 텔레비전이나 금반지를 주기도 했다. 가설극장이 들어올 때도 있었다. 사람을 많이 오게 하려고 확성기를 크게 틀어 온 동네가 떠나갈 듯 선전을 했다. 영화를 볼 수 없어 표살 돈이 없는 친구들은 천막 밖에서만 맴돌았다. 삼일 동안 상영하던 영화가 보고 싶어 발만 동동 구르고 있을 때였다. 먼저 들어 간 옆집 언니가 천막의 땅바닥 쪽을 몰래 들어줘서 기어들어가 영화를 본 적이 있다. 가을걷이가 끝날 즈음, 동네의 빈 마당에 가마니나 멍석을 깔아놓고 찬 바닥에 앉아 보는 영화는, 눈물 콧물 흥분을 감출 수 없게 만들었다. 지금의 번듯한 극장보다 그 옛날 가설극장의 스릴은 느껴본 사람만이 안다. 대갓집 마님이었던 원로 배우 황정순 할머니와 장돌뱅이 약장사 허장강 아저씨만 기억나고 영화 제목도 기억에 없으나, 감시원에게 뒷덜미를 잡혀 허장강이 끌고 가는 소처럼 되면 어쩌나, 가슴 졸이며 본 가설극장의 영화는 내 유년의 감성을 흔들었다.

박촌에는 나라에서 관여하는 큰 정미소가 있어 인근의 김포 쌀도정과 월남에서 수입한 알랑미 쌀과 보리쌀, 현미쌀 등을 실어 나르는 대한통운 대형트럭이 수시로 드나들었고 아버지도 많지 않은 농사를 지으며 20여 년간 다니셨다. 아버지가 사다리를 타고 80킬로 무거운 쌀가마니를 어깨에 메고 트럭에서 내려오는데 나와 동생들은 바닥에 떨어진 현미쌀을 주어다 볶아먹기도 하고 그 옆에서 철없이 뛰어놀기도 했다. 커가면서 머리와 온몸에 쌀겨를 뒤집어쓰고 힘없이 점심을 드시러 오시는 아버지가 부끄러웠다. 내가 부모가 되어서야 외로움과 아픔이 많으셨던 아버지를 이해할 수 있었다.

결혼한 부인과 아들 하나를 북에 두고 1.4후퇴 때 의용군으로 끌려오신 아버지는, 황해도 연백군 봉서면 봉황리가 고향이다. 전쟁이 끝나도 3.8선이 가로 막히는 바람에 그토록 그리던 부모 형제와 영영 생이별하셨고, 남한에는 아버지 친척이 하나도 없다. 박촌 동은 황해도와 가까운 곳에 터를 잡은 아버지가 정붙이며 살다 떠나신 아버지의 제2의 고향이자 자식들의 고향이다.

뇌졸중으로 고생하시던 어느 날이다. 친정에 다니러 온 내게 떨리는 손으로 고향 집 주소와 부모 형제 이름을 손수 적어 주셨다. 통일이 되면 황해도 연백에 찾아가, 조상의 소식을 알아보라고 유언처럼 당부한 것이다. 그렇지만, 아버지의 고향 집 주소를 보물처럼 간직한지 28년째, 아직 약속을 지키지 못하고 있다. 아름다운 고향과 추억을 남겨주신 아버지를 그 누구보다 존경한다. 이제, 박촌동은 고층아파트와 지하철이 다니는 도시로 발전하였다. 외지 사람이 더 많이 산다. 교회당 밑 우리 집은 여전히 아버지의 제2의 고향, 빈집을 터줏대감처럼 지키고 있다. 2017년 10월, 10년 동안 입원해계셨던 요양병원을 벗어나, 어머니마저

94세를 일기로 아버지 곁으로 떠나셨다. 이제 천상에 새살림을 차리셨을 부모님께 이 글을 받치고 싶다.

이윤순

계간 <스토리문학> 시. 수필 등단
2018년 불교문예 신춘문예 시조 당선
한국스토리문인협회 회원
한국문인협회 회원
문학공원 동인
자작나무수필 동인
독백시조동인
시집 『스케치북 한 권』
시동인지 『꿈꾸는 도요』 외 다수
수필동인지 『힘들지만 사랑의 힘으로 배긴다』 외 다수

갈치 한 동가리 외 2편

이 윤 순

위절제술을 받고 8일 만에 퇴원해서 요양을 하기 위해 한방병원에 입원해 있을 때다. 혈관으로 투입하던 영양제주사를 제거 한 후, 미음과 죽 순서로 죽을 먹고 있는 상태였다. 7일 만에 곡식을 접하지만 위가 제거된 상태니 입에서 가루가 되도록 씹어 아주 조금씩 삼켜야 했다. 조금만 방심하고 많이 삼켰다간 꽉 막혀 내려가지 않아 진땀을 흘리며 안절부절 혼이 난다. 한 번에 많이 먹지 못하니 수시로 공복감이 밀려올 때면 미치도록 괴로워 뭐든 빨리 먹어 줘야 되는데, 입맛이 너무 없어 먹을 만 한 게 없었다.

하루는 아침에 잠에서 스르르 깨는데 갑자기 노릇하게 구운 갈치가 먹고 싶었다. 그래서 당장 아들한테 전화를 했다. '구운 갈치를 먹어 봤으면 싶다'고, 그랬더니 회사에 일하던 아들이 점심시간을 이용해서 구운 갈치를 가지고 왔다. 누가 구워 주더냐고 물어봤더니 갈치 전문식당에서 일부러 밥을 한 상 사먹으며 식당 사장에게 사정이야기를 하며 부탁했더니 흔쾌히 한 마리를 구워 주더라고 했다. 갈치 한 동가리가 아니고 한 마리를 머리와 꼬리만 떼어 낸 엄청 큰 놈이었다.

싱싱한데다 금방 구워 따끈한 갈치가 은박지에 싸여있는데, 그걸 펼치는 순간 구수한 냄새는 일주일 굶은 코를 자극했고 입에서 없든 침이 핑 돌았다. 한 점 떼어 입에 넣어보니 구수하고 간도 심심하니 바로 이 맛이야 싶었다. 죽을 한 숟갈밖에 못 먹을 땐 데도 갈치 살 두 숟갈 정도의 뼈를 발라 먹은 것 같다. 방금 구워 따끈하고 짜지 않아 맨입에 먹어도 부담이 없었다.

두툼한 갈치 살을 뚝뚝 떼어먹으니 갑자기 지난날 생각이 머릿속을 스쳐간다. 여태껏 살아오는 동안 이 두툼한 갈치복판 동가리를 아무 신경 안 쓰고 오직 나 자신만을 위해 이렇게 마음 편히 뼈 발라 내 입에 집어넣어본 적이 없구나 싶다. 돈이 없어서가 아니고 젊은 시절부터 어른 섬기랴 남편 섬기랴 애들 먹이랴, 나는 맨 날 대가리와 꼬리 쪽이 자연히 내 차지였으니 복판 토막을 먹을 기회가 없었던 게 사실이다.

그리고 집에서 살림을 살다보면 자연히 식구들이 잘 먹는다 싶은 건, 다음에 한 번 더 주고 싶은 것이 우리 살림 하는 엄마들의 마음 아닌가?

데워서 밥상에 올리고 올리다 꾸덕꾸덕해져, 아무도 먹지 않을 그때라야 엄마들이 할 수 없이 먹어 없애는 게, 우리네 살림을 맡고 있는 주부들의 입장이라 생각한다. 이런 건 나만 그런 게 아닐 것이다. 나의 마음을 아마 많은 엄마들이 공감 할 것이다. 아껴두면 다음 끼니 걱정이 줄어들 뿐, 또 좋아들 하니 한 번 더 먹이는 즐거움도 맛보기 때문이다.

아들은 내가 병나기 전에 수시로 나에게 이런 말을 했다. "저희들은 밖에 나다니며 회식이다 뭐다 집에 계시는 엄마 보다 훨씬 맛나고 좋은 거 많이 먹으니 제발 저희 생각하면서 아끼지 말고 마음 놓고 드시라"

고…….

듣고 보면 그런가도 싶다 하지만, 매끼 밥상을 차려 내야하는 나의 입장에 그렇게 하기가 쉽지 않다는 걸 딸아이도 아닌 아들이 알 턱이 없다. 월래 맛난 건 잘 남기지 않으니 부엌댁의 몫이 없지만, 맛없는 건 계속 남아돌아 밥하는 입장에서는 남는 거 먹어 치우기도 바빠 다른 건 사실 먹을 새가 없는 것이 부엌댁의 일상이기도 하다. 물론 개인의 차이가 조금씩 있긴 하겠지만…….

그날 얼마나 연속으로 서너 끼를 갈치만 먹었던지 그로부터 몇 달이 지난 지금도 그때 그 맛이 잊혀 지지 않고, 실컷 먹어서 그런지 그 후로는 전혀 갈치 생각이 나지 않는다. 아마 평생 그 맛을 잊지 못할 것 같다. 회사 일로 시간에 쫓기면서도 잊지 않고 엄마 먹이겠다고 바쁜 걸음으로 달음질쳤을 아들이 고맙기도 하고 미안하기도 하다.

나는 빚쟁이다

대수술을 받고 났더니 졸지에 내가 빚쟁이가 되었다. 차라리 죽는 게 낫지 아픈 게 너무 싫어서, 제발 수술하는 날은 마취에서 깨어나지 말았으면 하는 바램이었는데, 네 시간 반의 수술 끝에 안 죽고 살아나버렸다. 그때 죽었더라면 모든 것이 끝났을 것이지만 살아났으니 이왕 살아난 거, 이제부터는 살기위해 노력을 해야 된다.

여태껏 보잘 것 없는 나를 위해 울고불고 애태운 가족들과 걱정하고, 기도하고, 응원하고, 돈도 주고, 어서 먹고 기운차리라고 갖가지의 영양죽이며 생선 구이랑, 국, 물김치며 장아찌와, 각종 먹을거리를 챙겨다 준 주위의 나를 아끼는 모든 이 들에게 보답을 하기 위해서라도 빨리 회복을 해야 한다. 고통을 감내하며 노력하고 버텨내서 어서 건강을 되찾아야 한다고 마음을 다져본다.

나이 치고는 내심 건강하다고 자부했던 내가, 혈압도 당뇨도 무릎 관절도 아직은 괜찮은 내가 하루아침에 추풍낙엽이 되고 말았다. 2017 정유년 새해를 맞아 카톡이나 문자로 많은 지인들과 새해 인사를 주고받은 지 불과 며칠 후에 일어난 일이다. 작년 12월에 예약된 건강 검진을 감기 때문에 미루었다가 연초에 받게 되었는데, 검진이 끝나자마자 날벼락이 떨어졌다. 꿈인지 생시인지 분간이 안 될 정도로 충격적인 말이 담당의사의 입에서 흘러나와 내 귀에 꽂혔다. 너무나 실감이 나지 않아 처음엔 나의 귀를 의심했다. 도저히 의사선생님의 말을 받아들일 수가 없었다. 혹시 사진이 바뀐 거 아니냐고 반문을 해봤지만 절대 그런 일 없단다. 사실이란다. 미루지 말고 빠른 시일 내에 수술을 받으란다.

그렇다면 내가 암? 위암환자라고? 설마! 그럴 리가……. 평소에 입에 담기도 꺼리든 그 암? 내가 그 끔찍한 암에 걸렸다고? 친가나 외가 모두 가족력도 없어 그 쪽으로는 전혀 걱정 안했었는데? 어디 불편한데도 없는데? 살아오면서 평생 음식 먹고 체한 적도 없고 속이 더부룩한 증세도 없었는데……. 평생 열심히 일만 하며 살아왔는데, 바르게 살려고 노력했는데, 우째 이런 일이! 참 어처구니가 없다.

불교에서, 노년의 내 삶을 보면 젊은 날에 어떻게 살았는지를 보여주는 거울이란 말을 들은 적 있다. 하지만 그건 아닌 것 같다. 맞지 않다. 순 엉터리다. 그렇다면 전생에 죄가 너무 많아 평생을 닦아도 아직 덜 닦았단 말인가? 근면하게 열심히만 살면 되는 줄로만 알고 옆도 안보고 살아 왔는데. 나는 고생밖에 안했는데 고생 끝에 (즐거울)낙은 간데없고 반대로(떨어질) 낙? 내가 뭘 잘못 했는데……. 남의 일로만 여겨왔던 일이 현실이 되어 내 앞에 닥치고 보니 참으로 어의가 없어, 짧은 순간 동안 지금까지 살아온 길이 파노라마처럼 펼쳐졌다.

아! 나의 생은 여기까지인 모양이구나. 여기서 끝을 맺어야 되는구나. 정 그렇다면 할 수 없지. 내가 무슨 힘이 있나. 자연에 섭리 따라 오라면 오고 가라면 가는 수밖에…….

옆자리에 앉아있던 며느리는 놀라서 어찌할 줄을 모르면서, "어머니 다른 병원에 가서 다시 검진을 받아 봐야겠어요. 어머니! 괜찮으세요?

놀랬죠? 걱정 마세요! 어떻게 하든 어머님 낫게 할 겁니다."

"나는 괜찮다. 걱정 안 한다. 너거들 애먹일까봐 그렇지, 내야 뭐 나이가 있는데 인제 죽어도 괜찮다야, 한 칠십 살았으면 엉가이 안 살았나! 자꾸 오래 살마 뭐 하노! 내가 걱정 하는 거는 딸깍 죽으뿌마 되는데 죽도 살도 안 하마 너거도 고생 나도 고생 아이가 그기 걱정이지 딴 걱정은 안 한다. 까짓 거 안 죽으마 살겠지……."

세월에 시달려 감정이 무디어져 바보가 되었는지, 살만큼 살았다는 증거인지 서울 큰 병원에 가서 재검진을 받고 수술날짜 나올 때까지, 두 달 반이나 기다리면서도 밥도 잘 먹고 잠도 잘 자고, 계모임도 가서 놀다 오고 친구 만나 밥도 몇 차례나 먹고 했다.

이 친구 저 친구들이 마음이 아픈지 수술하기 전에 얼굴도 볼 겸, 밥이라도 성할 때 같이 한 번 먹자고 권해왔기 때문이다. 욕심 같아서는 올해 초등학교 입학한 작은 손자가, 중학교 갈 때까지 만이라도 내가 옆에서 돌봐주면 좋으련만 운명이 허락지 않으면 어쩔 수 없는 노릇이 아닌가?

불행 중 다행인 것은 아들과 며느리와 같은 시기에 검진을 받았지만 그 애들은 별 탈 없다니 얼마나 다행인가. 나야 이미 서산에 지는 해와 같으니 아무렴 어떠랴. 만약 내가 성하고 애들이 아프다면 내가 어떻게 살 건가? 생각하면 아찔하다.

의사의 말로 80%는 증세를 못 느낀다는 암! 이글을 읽는 여러분들도 건강검진 철저히 하셔서 부디 행복한 여생 보내시길 빕니다. 지금은 수술하고 몇 달이 흘렀고 몸도 어느 정도 회복되어 가고 있기에 남의 이야기 하듯 끔찍했던 지난 일을 이렇게 적어 봤습니다.

감꽃을 보면서

손자를 유치원 데려다 주며 가고 오는 길에 감꽃이 눈이 온 듯 허옇게 깔려 있다. 어릴 적 봄철의 유일한 간식꺼리였던 그 감꽃이 무심한 사람들의 발길에 밟혀 볼품없이 납작하게 엎드려 있다. 지금 내가 보고 있는 이 감꽃은 꼭지가 없고 네모 난 꽃이라, 사실 맛있는 건 아니어서 실에 꿰어 시들하게 말렸다가 먹어야 겨우 먹을 만 한 꽃이고, 진짜로 맛있는 건 꽃에 파란 잎 같은 꼭지가 붙어있는 거라야 달싹하니 맛이 있다.

어릴 적 우리 집 뒤란에는 물동이처럼 약간 길고 오막 한 꽃에 초록색 받침이 달려 있는 그 맛있는 꽃이 자고 나면 땅이 안 보일 정도로 떨어져 있었다. 날이 채 새기도 전에 이웃 애들은 감꽃 맛을 알기에 우리 집으로 모여 들었다

그럴 때면 부모님께서 다급하게 나를 깨워 주신다. "순아! 순아! 퍼뜩 일라라. 아이들이 감꽃 다 주워간데이~~. 니도 퍼뜩 가서 주워라." 하시며 흔들어 깨우면 단잠 자던 나도 겨우 일어 나 눈을 비비며 가서 줍는다.

잔 개미도 뒤질 새라 일찍 일어나 모여들어 한 몫 거든다. 아예 감꽃 속에 들어앉은 개미도 있지만 입으로 훅훅 불고는 그릇에 주어 담는다.

그렇게 주운 감꽃을 그냥 다 먹기만 하는 게 아니다, 실에 꿰어서 목걸이도 만들고 팔찌도 만들어 목이나 손목에 걸고 다니며 하나 씩 따먹기도 하고, 빨랫줄에 매달았다가 꾸덕꾸덕 해지면 먹기도 했다.

겨울엔 요즘 애들 과일 먹듯 배추뿌리, 무, 고구마를 생으로 깎아먹다가, 봄이 되면 산과 들에 먹을거리가 풍성해진다. 참R꽃[1], 땅버들 강아지, 송기[2], 잔대, 찔레, 삐삐를 뽑아 먹고 꺾어 먹고 따먹고……. 봄이 되면 집집마다 양식은 모자랐지만 신선한 먹을거리는 참 많았구나 싶다. 그러다 좀 있으면 풋사과. 풋살구. 풋감 닥치는 대로 다 먹었었다.

그때는 학교에서 일주일에 한 번 학급 회의를 했는데, 항상 "풋과일 먹지 말자"란 단어가 주목표로 칠판에 쓰여져 있던 것도 생각난다. 요즘 생각해보니 풋과일은 독성이 있어서 배탈이 날 수가 있어서 아마 그랬던 것 같다. 학교에서는 그렇게 약속하지만 집에 오면 그만 태도가 달라져 풋과일을 먹어대곤 했다. 또 풋감은 초복이 지나야 먹는다는 어른들의 말씀을 따라 초복되기를 손꼽아 기다렸다가 초복이 지나기 무섭게 풋감을 주워 나른다.

주워와도 풋감은 떫어서 금방 먹을 수가 없다. 따뜻한 소금물에 한 3~4일 담가 놔야 떫은맛이 빠져 나가 달싹하게 되는데 그 3~4일이 너무 지겨워 중간에 감을 건져 한 입 베어 먹어보고 덜 삭아 떫으면 다시 담가 놓곤 했었다.

먹을거리를 자연에서만 찾아 먹었으니 어찌 생각하면 무공해 좋은 것만 먹고 산 셈이다. 그러니 그 시절에는 애어른 할 것 없이 뚱뚱한 사람이 없었다. 오죽하면 배 나오면 사장이라 했을까?

---

1) 진달래
2) 햇솔가지

세상이 변해도 너무 많이 변했다. 요즘 애들은 그런 거 주면 맛없다며 당장 뱉어낼 것이다. 가공식품 맛에 길들여져 큰일이다. 뉘집 애들할 것 없이 입에 넣으면 살살 녹는 음식만을 먹다보니 조금만 질겨도 뱉어내고 조금만 딱딱해도 못 먹겠다고 머리를 살래살래 흔들며 자리에서 물러난다. 질기고 단단한 것도 어느 정도는 먹어줘야 뇌발달에 도움이 된다고 하는데 말이다. 우리가 먹어보면 구수한 찐쌀도 손자들에게 주어보면 딱딱하고 맛이 없다고 하니 참 안타깝다는 생각이 든다.

나는 아직까지 모든 반찬을 자연식 위주로 해먹이고 있다. 소시지나 햄 같은 건 어쩌다 한 번씩만 해주기 때문에 손자들은 다른 집 애들보다 자연식 반찬을 잘 먹는 편인데도 질긴 건 싫어하는데, 직장에 매여 시간이 없는 신세대 엄마들은 데우기만 하면 되는 즉석 반찬을 많이 먹여 키우는 애들은 정말 심각할 것 같다. 어쩔 수없이 오염된 공기 속에 살망정 먹을거리라도 좀 신경 써서 먹여야 되겠지만 직장 다니는 엄마들은 쉬운 일이 아니겠지…….

아무튼 감꽃이 흐드러진 이봄, 올 해 내내 기상이변 없이 과일도 곡식도 풍년이 되었으면 하는 바람의 마음으로 글을 맺는다.

이계옥

월간 <문학21> 동시부문 등단(2000년)
월간 <모던포엠> 수필부문 등단(2004년)
월간 <스토리문학> 동화부문 등단(2005년)
전 해피인, 이한강, 투게터 칼럼리스트
현 김포마루시민 기자

막내아들을 가슴에 묻은 하늘나라의 친정아버지에게! 외 2편

이 계 옥

하느님나라 예수님 곁으로 막내아들을 보내며 쓰신 아버지의 유작 중 두 편!

아들아

황천黃泉길이 황천荒天이냐 어찌 이리 험난한가.
병마에 시달리는 몸부림 너무 애처로워
이 애비 저미는 가슴 갈기갈기 찢긴다.

모성애母性愛의 지극정성도 속절없는 물거품
사랑하는 피붙이들 애원마저 외면한 채
아쉬운 사연만 남기고 홀연히 가려느냐.

예수님의 14처 성화聖畵 잘도 그린 그 솜씨
골고다언덕의 고난 찬송하며 깨쳤나니
주님의 착한 아들 되어 당차게 일어서라.

- 2013년 새해아침 샘 병원 병실에서 원야 이득형 지음 -

납골묘심상納骨墓心想

내가 만든 납골묘에 자식 먼저 들여놓고
돌아서는 발길에 한겨울 궂은비만 내려
쓰라린 늙은 가슴을 얼어붙게 하누나.

조용히 내 손잡고 눈을 감던 너를 보고
자상치 못해 사랑이 부족한 나 뉘우치며
봄 되면 국화 한 그루 묘 앞에 심으리라.

낮에는 산새들이 들려주는 노래 벗 삼고
밤이면 용문사의 풍경소리 자장가 삼아
영원한 평화와 안식 고이고이 잠들어라.

-2013년 1월 21일 김포가족공원묘지에서 원야 이득형 지음 -

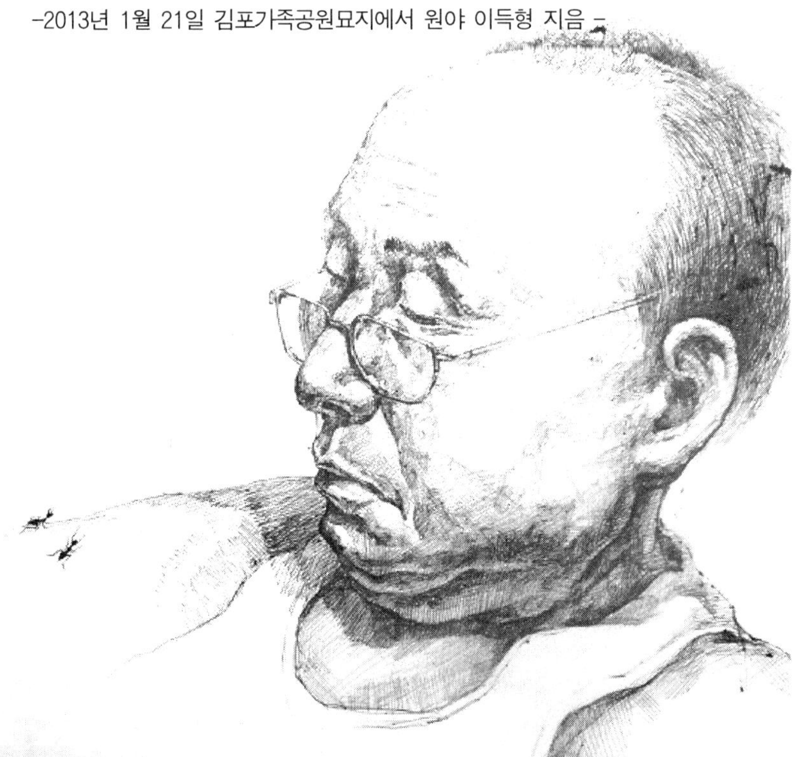

얼마나 슬프셨습니까? 얼마나 가슴이 아프셨습니까? 두 눈이 멍들도록, 가슴이 찢어지도록 괴로우셨을 아버지! '열손가락 깨물어 안 아픈 손가락 있겠냐?'며 4남 2녀 하나하나 모두에게 사랑을 쏟으며 엄하게 키워주신 아버지! 늦게 발견한 불치의 병, 흉선암으로 재주가 제일 많고, 똑똑한, 49의 고비를 넘기지 못한 막내아들을 먼저 저 세상으로 보내야만 했던 아버지!

기대가 컸던 만큼 실망과 슬픔이 몇 배 더 컸을 아버지의 쓰라린 심정은 제가 아버지를 하늘나라로 보내는 그것과 어떻게 비교할 수 있을까요? '부모는 땅에 묻고, 자식은 가슴에 묻는다.'는 옛말이 조금은 이해가 갑니다. 자식을 앞세운 부모들이 쉽게 말하기를 '전생에 죄가 많다 보니, 부모가 부족하여, 부모잘못이 커서, 부모노릇을 못해서, 자식을 알뜰살뜰 살피지 못해' 등 그 외의 여러 가지 이유를 모두 당신에게 있다면서 '자식보다 오래 사는 게 죄!' 깊은 한숨으로 탄식을 합니다.

하지만 그게 어디 부모만의 잘못인가요? 자식인 본인이 자신관리를 못했기 때문이지요. 또 그렇게 되도록 만든 세상 탓도 있겠지요. 또 주변의 상황을 좋지 못하게 조성하고, 잘 보듬어주지 못한 가족과 형제들 영향도 있겠지요.

아버지가 가신 뒤 우울해하는 저를 위로하기 위해 남들은 쉽게 말하더군요.

"90세의 연세로 가셨으면 사실만큼 사셨다. 나이 들어서 가시는 것은 당연한 이치다. 이승에서 평생 열심히 사시다가 가셨으니까 후회는 없으실 거다. 이 세상에서 괴롭게 고통 받으며 사시느니 편안한 저 세상으로 하루속히 가시는 게 훨씬 낫다. 저승에서도 하시고 싶은 일을 맘껏 하시면서 열심히 지내실 거다."라고.

하지만 저는 그렇게 생각하지 않습니다. 시시때때 아무 때나 장소불문 하여 아버지가 생각나면 아쉽고, 안타깝고, 후회스럽고, 미안하고, 부끄럽고, 죄송하고, 아버지에게 잘못했던 일만 떠오릅니다. 아마 아버지죽음에 대한 미련은 아버지께서 100세 아니 그 이상을 사셨더라도 자식 된 입장에서는 똑같을 겁니다.

그렇다면 남들의 위로가 맞는 말일까요? 아니에요. 우리아버지는 다른 아버지들과 다릅니다. 오래오래 건강하셔야 했을 분입니다. 지식이 풍부한데다가 특출 난 아이디어와 손재주도 많아서 더 사셨다면 사회에 특히 교육계에 도움이 될 만한 일들을 많이 하셨을 테니까요. 갑자기 초점 잃은 눈을 감으며 고개를 힘없이 떨어뜨릴 때까지도 아버지의 정신은 멀쩡했으니까요. 참으로 아까운 큰 별 하나를 잃은 거죠.

꿈속에서라도 한번쯤 나타나신다면 아버지를 꼭 붙잡고, '모든 걸 용서해주세요. 다시는 아버지의 그 어떤 부탁이나 심부름, 말씀도 거스르지 않을 테니 제발 우리 곁으로 돌아오시는 기적을 보여주세요!' 간절히 애원하고 싶은데 아버지는 6개월이 넘두록 한 번도 나타나지 않으시네요. 아버지, 제가 보고 싶지 않으세요? 엄마가 조금도 그립지 않으세요? 동생들 소식도 궁금하지 않으세요? 자식들은 그렇다 치고, 60년 넘게 아버지 옆에서 생사고락을 함께 하셨던 엄마에게라도 모습을 보이셔야지요. 무정한 아버지, 참으로 냉정하게시리…….

지금 계신 그곳이 그토록 좋으시던가요? 이곳 가족들이 전혀 생각나지 않을 정도로 정말 마음에 꼭 드시던가요? 1.4후퇴 때 헤어져 평생을 그리워하시며 상면할 날만 학수고대하시던 이북고향의 부모님을 만나니 이승에서 짐이 되던 아내와 자식들은 마음에서 멀어지셨나 보군요. 장남으로서 효도한번 해드리지 못했다며 가수 진방남의 '불효자는 웁니다'

노래를 목이 메어 끝까지 부르지 못하셨던 아버지셨는데 이제는 늘 함께 생활하시면서 맘껏 효도하시니 더 이상 원이 없으시겠네요?

아버지, 아버지가슴에 묻었던 막내, 재광이도 만나셨나요? 전립선암으로 인한 통증이 등으로 와서 심하게 느껴지실 때마다 진통제로 억누르시며 굽어진 등을 보이셨지요.

"재광이가 이런 고통을 수없이 겪었어. 얼마나 아팠으면 그 모진 목숨이 끊어졌겠니? 너무너무 아플 땐 차라리 죽는 게 낫다는 생각도 들어."

그럴 때마다 저희는 아버지를 위로해드리기 보다는 원망하는 투로 바른말만 해댔지요.

"그렇다고 진통제를 마구 드시면 어떻게 해요? 의사선생님이 말씀하신대로 시간을 지켜 복용하셔야지요."

"시간을 지키다보면 그 안에 통증이 심해져서 참을 수가 없는 걸?"

"아파도 좀 참으셔야지요."

"네 아버지는 원래부터 아픈 걸 조금도 못 참으셨어."

"조금 아프다고 약을 드시면 약에 대한 적응력이 점점 떨어져서 자꾸자꾸 약을 빨리 드셔야 해요."

"그러다보면 약복용과다로 아버지 스스로 생명을 단축시키는 결과를 초래하게 되어요. 그러니까 되도록 통증을 참을 수 있을 때까지 참으시다가 정말이지 참을 수 없을 때, 그때 드세요. 아버지, 아셨죠?"

청각2급장애로 말년에는 반드시 종이에 글을 써서 보여드려야만 대화가 통했던 아버지는 들으셨는지, 못 알아들으셨는지, 눈을 감으신 채 자동식의자에 야윈 몸을 맡기셨지요. 45년 이상을 교단에 서며 수많은 제자들을 교육시키셨던 아버지께서 그 쉬운 이치를 모르실리 없건마는 이 세상에서 얼마 남지 않은 삶을 둔 아버지 앞에서 이 못난 자식들은 지 스스로 자란 줄 알고, 제 잘난 맛에 사는 줄 알고, 큰소리로 '빵빵' 주입시켜 드렸네요. 참으로 죽은 귀신도 비웃을 노릇이 아니던가요?

아버지의 목숨이 끊어지기 한 시간쯤 전, 이 세상에서의 마지막 힘을 쓰며 저를 확 껴안고, '아파, 아파, 아파' 단 두 단어만 반복하시던 그때가 다시 떠오릅니다. '재광이처럼 얼마나 아프셨으면……. 얼마나 참을 수 없는 고통이기에 생사의 갈림길에서 죽음의 길을 택하셨는지……. 아직 하실 일도 많은 아버지께서 끝내 마지막 숨을 쉬시다니…….

아버지가 옆에 안 계신 후, 엄마는 부쩍 야위어지셨어요. 말수도 적어지셨어요. 식사도 잘 안하시고, 어느 땐 이상한 말씀까지 하시면서 주변사람들을 당황하게 만드세요. 우울증에 치매 증세까지 오시는가 봐요. 요즘은 부쩍 귀까지 잘 안 들린다면서 아버지 계실 때처럼 텔레비전을 크게 트세요. 그리고 슬픈 표정으로 말씀하세요.

"새벽에 일찍 잠이 깨면 네 아버지사진 앞에서 잘못을 빌어. '살았을 때 내 말귀를 못 알아듣는다며 구박한 거 정말 미안해요.'라고. 누가 무슨 말을 해도 귀가 어두워서 잘 안 들리니까 외롭고, 서글픈 생각만 들어. 그러니 네 아버지도 지금의 나처럼 외롭고, 서글펐을 게 아니겠어? 그것도 모르고 난 허구 헌 날 구박만 했으니……. 나도 빨리 죽고 싶어. 너희들이 볼 때 내가 답답할 게 아냐?"

"엄마, 그러면 엄마도 보청기를 껴요."

"싫어. 네 아버지처럼 보청기 끼기 싫어."

정말이지 걱정이 커요, 아버지. 언젠가 엄마랑 통화하다가 폰을 붙잡고, 흐느껴 운 적이 있었어요.

"엄마, 이제는 우리 곁에 엄마밖에 없어요. 엄마까지 우리 곁을 떠나면 우리자식들은 고아야. 부모 없는 고아. 아버지는 이미 떠나셨으니 엄마라도 우리 곁에서 오래오래 함께 살아줘야 해요.”

이 세상에서 제일로 사랑하고, 첫 번째로 존경하던 아버지!

엄마나 저, 동생들, 어느 가족들 꿈에 나타나지 않으셔도 좋아요. 어느 어르신이 말씀해주셨어요.

“저 세상에서 편안히 잘 계시기 때문에 꿈에 나타나지 않는 거야.”

하루에도 수십 번씩 보고 싶은 아버지모습을 그 한마디말씀에 100% 믿고, 위로할게요. 앞으로는 아버지가 그리워도 절대 원망하지 않고, 잘 참고, 또 참을게요. 그러니 부디 엄마의 건강을 잘 보살펴주세요. 지금보다 청각신경을 더 악화시켜서 아버지에게 했던 것처럼 얼굴이 벌겋게 상기된 채 크게 소리 질러 말하지 않도록, 결코 글씨로 쓰지 않도록, 지금처럼만 계속 유지할 수 있도록 지켜주세요. 그리고 아버지처럼 이승에서 눈을 감으실 때까지 절대 우울증이나 치매증세 없이 현명하게 생활하시도록 지혜를 내려주세요. 제발 부탁합니다. 그리고 한 가지 더 욕심을 낸다면 아버지의 핏줄인 동생들과 손자손녀들이 행복하게 잘 살 수 있도록 두루두루 건강과 가내평안을 돌봐주세요. 이 세상에서의 아버지능력이라면 얼마든지 가능하실 것으로 믿습니다.

아버지, 앞으로 열흘 후면 2017 정유년 닭띠 해가 지나고, 2018 무술년 개띠 해가 시작됩니다. 며칠 내로 찾아가 지난12월초에 김포마루 시민기자로서 유영록 김포시장님으로부터 받은 표창장과 김포시이북도민회 송년회 행사에서 고영표 회장님으로부터 받은 표창장을 보여드릴게요. 아버지께서 살아계셨다면 이 기쁜 소식을 들으시고, 꽤나 기뻐하시면서 매우 흡족해하셨을 텐데요. 무지개요양병원으로 병문안가시는 아무에게나 제 자랑하시느라 한동안 병실이 시끄러웠겠지요?

아버지, 아버지의 장례식을 치르느라 제대로 공부하지 못했을 재오가 지난9월에 합격통지서를 받았고, 재욱이도 늦깎이대학생으로 공부 열심히 해서 좋은 학점을 받았어요. 그리고 늘 외국에 살면서 고생 많이 한다며 마음 아파하셨던 호주의 새승이네는 지난11월 초에 완공된 집으로 이사했어요. 1년만 더 오래 사셨다면 아니 6개월, 5개월만 더 생명을 연장하셨더라면 아버지에게 직접 좋은 소식들을 안겨드릴 수 있었을 텐데…….

아버지는 이승에서나 저승에서나 저에게는 둘도 없는 아버지십니다. 삶의 튼튼한 기둥이셨습니다. 영원한 버팀목이 되실 겁니다. 다음세상에서도 아버지와 딸 관계로 다시 태어나고 싶습니다. 단 그때는 세계유일의 분단국가가 아닌, 전쟁의 위험이 없는, 평화로운 나라에서 할아버지와 할머니, 삼촌과 고모들의 사랑을 듬뿍 받으며 자라나고 싶어요.

아버지는 다시 태어나도 교단에 또 서고 싶다고 하셨죠? 그래요. 저도 아버지의 딸로 태어나 이 세상에서 못 이룬 교사의 꿈을 꼭 이루고 싶어요. 그래서 아버지 못 지 않는 훌륭한 교사로 많은 제자들에게 사랑을 쏟고, 존경을 받고 싶어요. 아버지, 우리 꼭 그 꿈을 이뤄 봐요, 네? 꼬~옥이요. 약속!!!

창밖의 매미

여름을 대표하는 곤충 중 하나인 매미 한 마리가 10층 아파트 뒤 베란다창문에 앉았다. '환영합니다!' 반갑고, 고마워서 폰으로 재빨리 우리 집 방문 기념사진을 찍어주었다.

"맴, 맴, 매애매앰 매앰……."

'저 수컷매미는 짝을 아직 찾지 못했구나. 암컷매미를 쉽게 만나 짝짓기를 하려면 동료들이 많은 곳으로 가지, 왜 하필이면…….' 7년 전 어느 날, 나뭇가지 속에 남겨진 알이 45일~10개월 또는 그 이상 걸려 다음해 6월에 애벌레로 부화했을 것이다. 그 애벌레는 스스로 깨어나서 땅속으로 들어가 나무뿌리의 진을 빨아먹으며 혼자 외롭게 자랐을 것이며 2~3년 만에 밖으로 나와서 여러 번의 탈피를 겪은 후 어렵게, 어렵게 매미모양새를 갖춘 어른매미가 되었을 것이다.

하지만 그들은 겨우 2주정도 밖에 살지 못한다. 거기에 암컷은 수컷의 울림판 대신 산란관이 있어서 울지도 못하고, 알을 낳은 즉시 흙으로 돌아가야 한다고. 털 매미는 알이 부화된 후 4년째에, 유지매미와 참매미는 6년째에 성충이 되지만 북아메리카의 17년 매미는 애벌레기간이 13년, 17년 되는 것도 있다고 한다.

특수한 발음기로 고성을 내며 암컷이 다가오기만을 기다려야하는 수컷매미! 벙어리매미로 살다가 죽을 줄 알면서도 단단한 나무껍질을 뚫고, 알을 낳기 위해 수컷매미를 찾아 이곳, 저곳, 방황해야 하는 암컷매미!

"너는 오전에 소리 내고 있으니 오후에 우는 유지매미나 애매미는 아닐 것이고, 말매미냐? 또는 참매미냐? 아니면 하루 종일 우는 털매미냐?"

뱃살안쪽에 있는 V자 모양의 발음기는 보이지 않지만 '매앰, 매앰, 매앰, 매앰' 소리를 낼 때마다 배를 길게, 짧게, 늘리거나 움츠리고, 날개도 움직인다. 또 '매앰…….' 같은 소리를 길게 끌 때는 배도 길게, 날개를 가늘게 떤다.

힘살을 죄었다, 늦추었다 하면서 양쪽의 막이 소리를 내고, 뱃속의 울림통에서 공명시켜 크게 하는 수컷매미들의 울음소리!

그 울음소리는 암매미를 유혹하려는 절박한 구혼이자 호소이다. 자신의 알을 낳아주고, 곧 죽어갈 암매미를 대신한 가슴 끓는 원한이다. 짧은 삶을 위해 긴 암흑의 세월을 견뎌내야 했던 울분의 통곡이다. 다시는 매미로 태어나고 싶지 않다는 애처로운 하소연이다. 사람들이 쉽게 말하는 한가한 노랫소리가 절대 아니었다.

'평화문화도시 일 번지 김포시민과 함께하는 국악한마당'에 다녀와서

김포시가 주최하고, 사단법인한국국악협회 김포지부가 주관한 '평창동계올림픽성공기원 2017(사)한국국악협회 김포지부 정기공연'이 김포아트홀에서 지난 12월 9일(토) 오후4시부터 2시간 50분동안 펼쳐졌다.

풀뿌리문화연구소 이사장인 강신구 전통예술평론가의 해설 및 사회로 진행된 김포정명 1,260년 속에 뿌리내린 '평화문화도시 1번지 김포시민과 함께하는 국악한마당' 공연은 김포우리병원, 김포웨딩홀, 김포문화원, 김포예총, 김포시민회, 김포 신문, 김포저널, 충남향우회가 후원했고, 곤지암소머리국밥(구 소담쌈밥), 예공, 알파문구(그린카피), 롯데스튜디오, EM이 협찬했다.

황인성 꼬꾸메 풍물단장이 북을 들고, 참여한 사물놀이는 지난12월 2일, 김포아트홀 3층 대 공연장에서 있었던 제5회 꼬꾸메 정기공연의 한 장면을 다시 보는 것 같아 매우 반가웠다. 꼬꾸메풍물단원들의 사물판굿, 태평소, 꽹과리개인놀음, 장구개인놀음, 어린이소고개인놀음, 소고개인놀음, 버나놀음, 12발 상모놀음은 손에 땀을 쥐게 하는, 보기 드문 공연으로 고된 연습결과의 흔적임을 알 수 있었다. 특히 어린 초등학교

3, 4학년의 소고개인놀음은 귀여우면서도 앙증맞게, 놀라운 장면을 보일 때마다 큰 환호를 받았고, 작은 실수는 애교로 봐줘도 아깝지 않을 버나놀음과 마지막을 멋지게 장식한 12발 상모놀음은 감탄사를 연발하게 했었다. 공연자모두가 마치 신들린 듯 이마에 땀방울이 송글송글 맺히며 신명나게 연주하던 모습을 김포아트홀직원이 촬영하지 못하게 하여 동영상을 찍지 못했는데 오늘은 그때 못다 푼 한을 말끔히 씻어버릴 수 있었다. 어깨와 무릎이 들썩들썩, 손놀림이 빨라질수록 입가에 미소를 더욱 활짝 짓는 출연자들의 노련미에 객석으로부터 환호성이 절로 터지게 하는 신나는 공연이었다.

중요무형문화재 제57호 이수자이자 김포 금쌀 홍보대사로 국민 나눔 대상을 수상한 윤소리 (사)한국국악협회 김포지부장의 인사말과 시상식이 끝나자 박현주 사단법인 한국춤보존협회 대표도 참여한 한량무 공연이 펼쳐졌다. 머리에는 갓을 쓰고, 몸에는 고운 도포를 걸치고, 손에는 부채를 든 여섯 명의 출연자들이 똑같이 움직이는 모습에 '얼마나 많은 연습의 결과일까?' 우레와 같은 박수가 터져 나왔다. 남장한 여자출연자들의 모습이 너무도 아름다웠다.

전국 국악경연대회에서 대통령상을 수상했으며 무용 비나리 창시자이면서 (사)국악지도평가원원장인 유옥선, (사)경기국극진흥회 이사장과 윤소리 사단법인 경기민요합창단 단장이 긴 아리랑과 밀양아리랑을 불렀다. 가슴 속 깊은 곳에서부터 끓어오르는 맺힌 한을 소리로 표출함에 듣는 모든 관객들도 해묵은 스트레스가 완전히 사라졌을 것 같았다.

지난11월 4일, 제16주년 (사)경기민요합창단정기공연 '김포 골 경사났네.'에서 큰 공헌을 한 사단법인경기민요합창단 단원들의 해주아리랑, 태평가, 베틀가, 사철가도 참으로 능숙한 멋진 공연이었다.

2부의 첫 무대는 성균관대학교에 출강하며 세종대왕예술제 우수상을 수상한 정혁준 서해대학교 초빙교수의 '비상'무용이 문을 열었다. 병원에 입원했던 최현 창시자가 춤추고 싶은 욕망에 퇴원 후 만들었다는 춤으로 마음껏 날고 싶은 욕구가 몸짓 하나하나에서 표현되었다. 무대를 누비는 출연자의 부드러운 몸짓에도 바람에 나부껴 하늘 하늘거리는 흰색의상은 온 세상을 내 집처럼, 남북을 마음대로 자유롭게 오가는 철새들의 날개 같았다. 약하면서도 강하게, 강한 듯 약하게, 위로 위로만 상승하다가 지칠 줄 모르는 끈기로 목적지까지 비행하는 한 대의 비행경로를 바라보는 것 같았다. 리처드 바크의 소설인 '갈매기 조나단 리빙스턴'의 원제가 생각났다.

광주비엔날레 판소리부문 대통령상수상에 빛나는 윤충일 중요무형문화재 제5호 수궁가이수자의 판소리 수궁가와 품바는 '남자나 여자나 옷이 날개'라는 말이 떠오르게 했다. 국립창극단을 대표하는 명창이자 오늘날 판소리 소릿제의 바탕을 만든 명창들로부터 직접 가르침을 받은 국립창극단의 재담꾼이자 해학적인 역할을 잘 맡은 윤충일 명창의 1인 2역이었다. '어얼~쑤!, 조오~타!'의 추임새와 웃음이 절로 나오는 흥겹고, 유머러스한 대사에 관객들과의 소통이 잘되고 있음을 알 수 있었다.

전국서도소리경창대회 대상(문화체육관광부장관상)을 수상한 낯익은 명창, 성정숙 사단법인서도소리보존협회 김포지부장과 윤소리 (사)한국국악협회 김포지부장 명창의 느리게 타령과 신고산, 궁초댕기 공연은 유능한 강사답게 최고로 훌륭한 무대를 꾸며주었다. 오랜 경력과 여러 번의 무대경험으로 쌓아올린 고도의 실력은 우아한 자태에서 절로 풍기는 마음의 여유까지 품고 있었다.

흰 저고리와 검정색 짧은 치마로 통일한 경기국극예술단의 단조로우면서도 깔끔한 의상은 우리 옛 조상들의 아름다운 넋처럼 느껴져 왠지 정감이 갔다. 여럿이 하나로 통일을 이루며 고차원적으로 보여준 모습에 공짜나 저절로, 쉽게, 그냥이 없는 냉정한 공연세계에서 수없이 흘렸을 그들의 끈적끈적한 땀방울들을 체감할 수 있었다.

우리의 고유악기들로 객석 뒤에서 요란하게 입장하는 꼬꾸메 풍물단원들의 판 굿은 이번 공연의 마지막 무대로 웅장하게 장식했다.

한국고유의 멜로디 없는 오케스트라 같은 풍물사물놀이! 땀으로 뒤범벅되어 조명에 의해 반짝거리는 얼굴과 각자 지닌 악기로 갈고 닦은 실력을 최대한 발휘하느라 벌겋게 상기된 표정들! 느렸다가 빨라지거나 빨랐다가 느려지고, 어느 순간에는 휘몰아치기도 하는 리듬을 타며 들썩거리는 어깨와 무릎장단! 하늘을 뜻하는 징과 꽹과리, 땅을 상징하는 북과 장구의 짱짱하면서도 아름다운 어울림! 관객들의 마음을 읽으며 심장의 움직임까지 조였다, 풀었다, 김포아트홀의 대공연장을 들었다 놨다, 수없이 반복하는 기술적 묘미!

연주에 몰두하면서 관객과 호흡을 함께, 같이 즐길 줄 아는 꼬꾸메풍물단원들의 뛰어난 실력에 아낌없는 박수를 보냈다.

북변동에 자리 잡은 꼬꾸메[3]풍물단은 초등학생부터 일반인까지 나이와 성별 관계없이 풍물과 사물놀이에 관심이 있고, 끼와 개성이 넘치는 사람들이 만나 김포지역의 향토문화계승발전과 보급, 복지사회기여를 목적으로 2009년에 조직했다.

회원들의 기량과 실력향상을 위해 매년 전국대회에 참여한 결과 제22회 강릉단오제사물놀이경연대회 강원도지사 상인 은상(동아리부문일반부), 제11회 수원화성주부국악제전국대회 이진예씨 상쇠부문버금상, 황

3) '꼿꼿하게 세운다.'라는 뜻

인성 단장 풍물부문지도자상, 경기주부국악제 우수상, 원주전국 국악경연대회 우수상, 전국농업인두레풍물경연대회 금상, 지난 10월에는 제5회 김포평화전국 국악대제전 통합대상, 2017년 충주전국동호인사물놀이 경연대회 대상 등 다수의 수상경력이 화려하다.

전통풍물놀이의 핵심 악기인 징, 꽹과리, 북, 장구 및 앉은반형태의 삼도사물놀이, 상모를 돌리며 판을 구성해 연주하는 사물 판 굿, 12발상모, 버나 돌리기 등 사물악기와 풍물놀이를 배우고, 익히면서 다양한 공연으로 지역민들에게 우리의 음악을 알리고자 애쓰고 있다. 그리고 김포예술제, 금산세계인삼축제 등 김포시는 물론 전국의 여러 행사 및 봉사활동에도 열정적으로 참여하고 있다.

성황리에 막을 내리기 위해 무던히도 노력했을 꼬꾸메풍물단원들과 황인성 꼬꾸메풍물단장에게 나또한 축하와 격려, 감사의 인사를 무한대로 보낸다.

끝으로 총출연자들이 무대 위로 나와 관객들을 향해 인사, 기념촬영 후 화려한 막을 내렸다. 김포정명 1260년 속에 뿌리내린 평화문화도시일 번지 김포시민과 함께하는 국악한마당은 2017(사)한국국악협회김포지부 정기공연으로 평창 동계올림픽성공을 기원하는 공연이기에 더욱 뜻이 깊다.

오늘의 공연을 위해 출연자모두가 노력했을 공로가 참으로 위대하다. 더욱이 제자들을 사랑하는 마음에 96세 고령에도 분홍색 한복으로 곱고, 예쁘게 치장하며 무대 위에서 민요공연까지 벌여준 이은주 명창과 고마운 스승에게 절로 우러나는 존경심의 감사표시로 큰 절을 올리는 윤소리 제자의 광경은 감동과 감격 그 자체였다. 스승과 제자의 관계가 수직에서 수평으로 무너져버린 요즘세태에서 참으로 보기 어려운 가슴

뿌듯한 모습이었다. 가운데 선 스승을 양쪽에서 부축하며 함께 민요를 부르는 두 제자의 아름다운 모습을 오래오래 잊을 수 없을 것 같았다. '건강의 비결은 무엇일까? 지금도 저리 고우신데 젊으셨을 때는 얼마나 더 예쁘셨을까?' 부러웠다.

귀가하기 위해 만난 사우문화체육 광장의 대형크리스마스추리에 벌써부터 기분이 설레면서 발걸음이 가벼웠다.

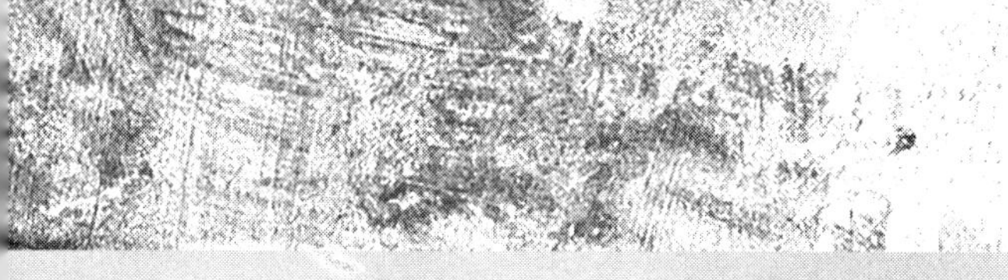

한지영

계간 <스토리문학> 등단
고려대학교 평생교육원 시창작과정 수료
한국스토리문인협회 회원
문학공원 동인
자작나무수필 동인
동인지 『접시꽃 그리움』, 『가슴에 이는 파도』 외
가곡 『펄럭이는 바람소리』 외

받아 적기 외 2편

한 지 영

엄마가 중환자실을 다녀온 며칠 뒤 나는 엄마 곁에 나란히 누웠다. 엄마의 강물이 풍랑을 만나 거세게 흐른다.

죽도록 배고 푼 거 참고 너 아부지는 땅을 샀다. 너 할매도 아들 살릴라고 씨래기 쌀마서 고추장에 무치서 장독에 올리노코 배고푸마 하나씩 입에 물고 일 하미 살았다.

할부지 수물 일곱에 죽고 자식 서이 데리고 사느라고 너 할매 불쌍한 거 말하마 뭐하나 너 할매 젊을 때 참 이뻤다. 자식 서럼 바들까바 시집도 안가고 팔자고치 준다는 사람 다 마다하고 혼자 살았다.

큰 아들로 태어난 너 아부지는 참 소자(효자)였다. 나는 죽어서 너 아부지 만나 꼭 살란다. 너 아부지하고 한 번도 산 것 같지가 않다.

어째 꿈에도 안 나타나는지 모르겠다. 너 아부지는 하늘나라 갔다. 죽는 날 하늘이 그러키 노숭하고 울더라.

배골코 죽었다. 너 아부지는 땅 살 때마다 밤을 홀랑 시고 혼자 어째 그리키 마이 고민하던지 자고 나면 땅 산다고 하는 너 아부지한테 나는 돈이 어뎃야고 묻기밖에 안 했다. 아들한테 땅마지기 물려주면 고생 안 하고 살 끼라고 죽는 날까지 된장 덩어리만 먹고 살았다.

나도 낮에는 밭에서 죽을 똥 살 똥 일하고 밤에는 비단 해서 밤새도록 돈 벌었다. 비단 한 돈이 얼 맨 지 너 아부지는 귀신같이 알고 땅 사는 데 보탠다고 톡 털어 갔다.

어째 아는지 내 주무이에 10원 있는 것까지 너 아부지는 다 알고 있다. 그래도 달그락 달그락 비단 홀치는 옆에서 책도 읽어주고 밤이 이슥하면 잠 좀 자야지 하는 말이 참 인정이 있었다.

어린 새끼 나무에 묶어 놓고 밭에서 일하다가 때가 돼서 새끼 들쳐 매고 오면 집에 있는 새끼들 달라붙어도 힘든 줄 몰랐다.

너 아부지가 정지에 가보라고 눈짓을 해서 가보마. 막걸리 한 사발이 부뚜막에 있었다. 너 할매 보까바 얼른 마시고 나오라는 눈치더라. 술도 담배도 너 아부지한테 배웠다.

설마 자식들이 돈 안 주겠는가. 땅 사서 자식 주고 이담에 나하고 손 잡고 조선 팔도 가보자고 했다. 너 아부지는 기경하는 걸 좋아했다.

머시야, 그 노푼님네들 있는 서울 기경이 그러키 하고 싶다 캤다. 그 좋아하는 기경한번 못하고 죽었다

원통해 죽겠다. 나는 이태까지 살아서 기경도 마이 했는데

너 아부지는 배 골코 일마 하다 죽었다. 지금 같으면 땅 사지 말고 소기기 한 근 사서 먹자고 할 긴데, 그때는 거기 사는 긴 줄 알았고 아부지 말만 들으면 되는 줄 알았다. 너 할매 너 아부지같이 불쌍한 사람 천지에 없다. 너 아부지가 일찍 갈 줄도 몰랐고 아들들도 다 잘 할 줄

알았다. 굴러 살아도 칠십은 산다고 걱정 말라카디마는 육십다섯에 갔다

그런데 내가 지금 구십하고 얼매야. 아이고 가마니가 찼어도 너무 찼다. 일하마 돈 나오고 밥 나오는데 죽기는 왜 이러키 내 맘대로 안 되고 힘든 줄 모르겠다. 시방은 시상이 좋아져서 먹기 싫어 안 먹고. 입기 싫어 안 입고 천지가 흔해 빠졌다

그런데 시상은 인날카마 인정이 없다. 촌 동네도 나 없으마 굶어 죽어도 모른다. 내가 오래 살아서 딸들한테 힘만 들게 한다. 그 많은 땅 전부 아들만 주고...

지금 생각하마 미쳤지, 딸 없었으마 어짤 뻔 했나. 관세음보살 먹는 밥에 자는 잠에 날 딜고 가이소.

살아도 너무 오래 살았습니다. 관세음보살 나무아비타불

딸 둘이 있는 거 귀하고 귀하지 말하마 뭐 하나. 딸 없었으면 신세 조진 기라. 요번에도 너들 없었으면 나는 죽었다. 해 준 기이 없어도 너 덕택에 아이고 나는 잘 먹고 잘 산다. 너는 딸이 없어서 어짜나 니가 걱정이다. 요새 딸이 젤인데

나는 엄마의 넋두리를 받아 적으며, 대청마루를 왔다 갔다 하며 어린 나를 엎고 달래던 고단했던 젊은 엄마를 떠올린다.

새우등을 하고 곁에 누워 계신 울 엄마. 뼈 울음소리 들으며 엄마 몰래 많이 아팠다

무너진 삶

하늘도 무심하시지 딸 둘을 다 데려가시다니.

헐렁한 상의, 종아리가 보이는 몸빼바지에 브래지어를 하지 않은 처진 가슴이지만 할머니는 키가 자그마한 게 젊었을 때는 꽤 예쁜 미모로 짐작이 된다. 성격 또한 야문 게 빈틈이 없다.

무더운 날 누렇게 된 러닝셔츠를 입은 것만 빼면 할아버지도 훤칠한 키에 검은색 선글라스를 쓰고 외출할 때 보면 훤한 이마에 하얀 머리가 멋진 신사다.

관엽식물을 판매하는 30년 경력을 가진 베테랑인 부부는 한 채 있는 주택은 월세를 주고 가게 안 3평 남짓한 컨테이너에 생활을 한다. 낮에는 손님을 맞으며 간신히 견디다가 저녁이 되면 냉수 한 그릇 떠놓고 두 손 모으고 딸들에게 눈물로 멀고도 먼 걸음을 한다. 밥상에는 어김없이 두 딸의 밥그릇이 오른다. 살아 있어도 숨쉬기조차 버거운 나날을 보낸다.

하느님 부처님 이 일을 어찌 합니까 가게를 서성이며 할머니는 그릇그릇에 눈물을 담고 할아버지는 딸들이 너무 보고 싶다며 어린아이처럼 응응 울며 쉬지 않고 술잔을 채운다

손님이 드나들 때 잠깐 부부의 얼굴에는 핏기가 살짝 다녀갈 뿐이다.

그 와중에도 할아버지가 트럭을 끌고 물건을 해오면 할머니는 야타가 인정하는 실력으로 판매를 잘했다. 하지만 부부는 서서히 우울증에 발이 담기며 병원을 오가게 되었다. 할머니는 정신 줄을 놓지 않으려 안간힘을 썼다. 그러나 할아버지의 우울증은 날이 갈수록 심해져갔다.

오늘도 해는 어김없이 동쪽에서 떴다. 안녕히 주무셨어요. 밝게 인사를 건네는 나에게 할아버지는 푸석한 얼굴로 애써 웃으며 대답한다.

5년 전에 사위가 바람을 피워 이혼을 한 큰딸은 그 충격으로 자식 둘을 두고 홀연히 가버렸다고 한다. 무슨 운명의 장난인지 둘째 사위도 바람이 났고 언니와 사이가 각별했던 동생은 아이들을 데려다 애지중지 길렀다고 한다. 2년이 지난 뒤 우울증으로 언니 따라 떠났다고 한다. 언니를 많이도 그리워했다고 한다.

큰딸의 상처가 아물기도 전에 작은딸마저 떠나보낸 부부는 이렇게 했더라면, 저렇게 했더라면 하고 딸의 아픔을 헤아리지 못한 후회의 피를 쏟는다. 부부에게는 세상이 아니었다. 설상가상 손자들도 무게를 더해오고 있었다.

그로 2년 뒤 할아버지의 심한 우울증으로 운전에 위험이 있어 가게를 떠나게 되었다. 한숨과 눈물로 얼룩진 컨테이너가 더디게 가게를 나왔다. 트레일러 위로 컨테이너가 힘들게 올라앉는다. 어이어 어이어 부부를 가두었던 컨테이너가 나간다. 검은 그림자 무수히 뒤를 따르고 슬픈 영혼들이 컨테이너 위로 배회한다. 모퉁이를 돌며 그들이 떠나갔다. 훨훨 떠나갔다

나는 목석처럼 우두커니 서 있었다. 거리가 텅 비었다. 컨테이너 밑에서 시커먼 구렁이 한 마리 똬리를 풀고 스르르 가게를 빠져나온다.

먹구름이 서서히 걷힌다. 그들의 필름을 천천히 감기 시작했다. 같은 깊이로 나눌 수 없어 많이 힘들었다.

상처가 얕아져 아름다운 세상이 그들과 함께 하기를.

참 귀한 인연

서른다섯 나이에 우리 가게로 일하러 온 이곳에서 일하기 아까운 직원. 살면서 이런 인연이 있을까. 사장과 직원으로 만나 6년이란 세월이 흘렀다. 백 평의 가게에 소품에서 대품까지 많은 화초는 사람의 손이 필요하며 잠시의 허튼 시간도 허락하지 않는다. 물을 좋아하고 싫어하는 녀석들과 몸이 쉽게 망가져 신경을 더 써야 하는 녀석들은 매 순간 돌봐줘야 하는 아기 같은 화초다.

여름에는 물을 자주 줘야하고 환기도 잘 시켜줘야 하며, 겨울에는 보온을 시켜 온도유지 해야 하므로 자리를 비울 수가 없다. 겨울에 녀석들이 손님 집으로 팔려 나갈 때면 신문으로 싸고 비닐도 입혀 몸을 보호해 줘야 한다. 그러지 않고 찬바람을 맞으면 바로 치명적인 사고에 이른다. 녀석들에게서 손길을 잠시도 멈출 수가 없다.

마트 한 곳을 더 운영하는 우리 집은 사기분에 녀석들을 옮겨 심는 일이 다른 집보다 월등히 많다. 옮겨 심은 무거운 화초를 차에 실어 손님 집에 보낼 때는 요령과 힘도 필요하다. 연탄도 안으로 옮겨 쌓아야 하고 흙도 트럭으로 받아 가게 안으로 들여야 한다. 주문이라도 많은 날에는 시간을 맞춰야 하는 급박함이 도래하기도 한다. 꽃단장에 멋진 리본 글씨에 사진 찍어 전송해주느라 분주하고 게다가 손님이라도 겹치면 정신이 없다.

십 년 전만해도 도매집에서는 상품만 팔았는데 지금은 모든 걸 도매집에서 처리한다. 애로 사항 없는 곳이 있으랴만 어느 때부터인가 소매(화방)에서는 배송 건은 전화 한 통화로 그의 해결을 하는 실정이다.

저녁이 되면 신발과 옷은 온통 흙투성이가 되고 손마디는 관절로 시달리며 몸이 엉망이 된다. 손님마다 매장이 깨끗하다고 칭찬이고 보니 내 곁에서 일하는 직원은 얼마나 힘들었으랴. 휴일도 없는 사업에 부지런하기로 소문난 나는 일하려고 태어 난 사람 같다고 입을 모으지만 어찌 일 땜에 태어났으랴. 여간 고된 게 아니다.

봄에는 아침 5시 30분이면 가게 문을 열고 겨울에는 7시에 문을 연다. 저녁 9시면 잠을 잔다. 다행히 화초들이 내뿜는 산소 덕에 그나마 잠을 자고 나면 거뜬하다. 베개에 머리만 닿으면 잠을 자는 나를 보고 남편은 늘 마음이 짠하다고 한다.

우리 곁으로 온 직원은 6년 동안 단 한 번도 결근한 일이 없다. 바쁜 일이 있다 싶으면 휴일임에도 불구하고 말없이 나와서 나를 깜짝 놀라게 했다. 우리 부부가 자리를 비울 때면 더 많이 못 팔아 죄송해한다. 어떤 일이든 그냥 지나치는 일이 없고 일이 있으면 다해놓고 퇴근을 하는 매장 내에서도 반듯함과 성실함으로 칭찬이 자자한 직원이다.

뭐든 챙겨 주면 자꾸 바라게 되며 버릇이 된다며 거절을 하는 직원, 그런 그가 부모님의 사업 실패로 가난에 허덕이며 헤어나지 못하고 있었다. 아마 그쯤에 우리에게 온 듯했다. 교회 차를 운전하며 차에서 귀거를 했으며 때로는 교회 어느 빈 곳에서 생활을 했다고 한다. 식구가 뿔뿔이 헤어졌다가 몇 년 전 간신히 작고 허름한 지하 방 하나를 장만했는데, 아버지는 풍을 맞으셨고 어머님도 몸이 좋지 않으시고 형은 뜬

구름 잡는 듯 했다. 고난에 허덕이지만 말이 별로 없고 내색을 하지 않는 직원은 부모님에게도 한결 같았고 살림을 책임지며 살았다.

나는 매번 작업복과 신발을 마련해주었고, 겨울이면 세탁물이 마르지 않을 때는 방바닥에 깔아서 말려 입혔다. 내가 몸이 안 좋아 보이면 퇴근 후에 죽을 사다주고 가는 인정 많은 직원. 직원과 나는 똑 같이 책을 좋아했다.

휴일에는 서점에서 좋은 책을 찾느라 시간을 할애하는 그로인해 나도 좋은 책을 접하게 되었다. 다독으로 책을 읽었던 나는 직원으로 인해 인문서적을 접했고 책 내용으로 피드백을 주고받으며 힘든 줄 모르고 일을 했다. 그에게 또 귀한 침묵도 배웠고 컴퓨터도 더 잘 할 수 있게 되었다. 모든 걸 솔선수범하며 당연으로 무장되어 주인 아닌 주인이 되어 생활하는 직원이었다.

그러던 어느 날 그가 형의 카드빚 때문에 위기에 처하게 된 것을 알게 되었다. 남편이 몇 번을 빌려줘서 매달 조금씩 받곤 했는데 얼굴을 보니 심각한 것 같아 나는 남편 몰래 카드 용지를 전부 가져오라고 했다. 알고 보니 3천만 원이 넘고 있었다. 한 달에 75만원씩 5년 동안 남편 몰래 넣은 비자금을 보험 대출을 받아 일시에 처리했다.

그 다음날 직원은 "사모님 고맙습니다. 책을 정리했습니다."라고 하는데 그 기쁨은 참으로 컸다. 언제 거리로 내몰릴 줄 몰라서 책을 묶어 놓았다고 했다.

한 가지 해결하면 또 다른 게 나타난다고 했던가. 그에게 3년 된 여자 친구가 있었다. 직원 나이 마흔둘, 여자 친구 나이 서른아홉. 가난 때문에 여자 친구는 여러 가지로 그를 힘들게 했다. 나이가 있으니 생각도 많고 하니 이해는 하지만 옛날에는 어디 좋으면 그만이지. 뭘 생각했더란 말인가. 그때 여자 친구는 혼자 전세를 살고 있었는데, 모순이 있으리란 생각은 하면서도 팔이 안으로 굽는다 했던가. 그 방에서 살림을 차리고 돈은 둘이 벌면 되지 않을까.

나는 단순히 내 입장에서만 안타까워했다. 우선 직업이 좋아야 결혼이 될 것 같았다.

급기야 남편과 나는 둘째아들 직장 사장에게 그를 부탁하기에 이르렀다. 아들이 있는 곳은 컴퓨터 게임하는 곳인데 돈을 좀 버는 곳이다. 아들 회사로 가기까지 무던한 노력이 필요했고 6개월이 족히 걸린 것 같다. 그는 옮겨갈 직장얘기를 하며 여자 친구를 구슬리기 시작했다. 여자 친구에게서 이별 통보 받기를 몇 번째 어느 날 우연찮은 기회로 이지성 작가의 『꿈꾸는 다락방』이란 책을 만나게 되었다.

이루어진다 = 생생하게 + 꿈을 꾸면(Realization vivid dream)R=V+D

직원은 여기에 피눈물이 나도록 매달렸다.

"간절히 원하면 이루어진다, 생생하게 꿈꾸면 이루어진다."

원하는 모든 걸 사진을 찍고 필사를 하며 실제로 예식장에 가서 결혼식 하는 자신의 모습을 상상하고 이루어진 것처럼 행동하며 책에서 하라는 대로 했다.

그로부터 4개월 거짓말 같은 현실이 눈앞에 닥친 것이다. 됨됨이에 반한 장모될 분이 시골에서 없는 돈을 마련해주었고 결혼날짜를 받았다. 급기야 나는 보험을 해약하고 남은 1,600만원을 결혼자금으로 줬고, 모자라는 300만원은 남편이 빌려 주었다. 물론 남편은 아무것도 모른다. 이게 웬일일까? 생생하게 꿈을 꾸며 매일 드나들던 그 하림각에서 예식을 올리게 되었다. 이제 꿈이 아닌 현실이었다. 그는 어느 허름한 곳에서 예식을 올릴 줄 알았다고 한다. 예식 후에는 아들회사로 출근하게 되어 있었고 홀가분한 마음으로 결혼식을 올렸다. 예식장에 남편과 내가 참석했다. 무척이나 힘든 결혼이라 매우 기뻤다. 예식 중에 그는 마이크를 잡고 고마움의 메시지와 더불어 남편과 나를 찾았다. 우리 부부는 좌석에서 일어섰다. 신랑이 하객들 앞에서 큰절이라니, 신랑이 하객들 앞에서 큰절을 했다.

우리 부부는 자식 하나 장가를 보낸 듯 흐뭇했다. 나는 그에게 두둑이 연금을 들어놓았다고 생각한다. 또 어떠랴. 설령 돈을 돌려받지 못할지언정 그에게 얻은 게 너무 많다. 책이라는 든든한 동반자를 나에게 안겨줬으니 노년이 얼마나 풍족하랴. 직원과 사장이 서로 공존하며 생활해온 6년, 그는 지금 나의 작은아들 회사에서 일하고 있다. 인문이 무엇인가 인간의 학문이 아니던가. 그 직원은 나에게 살아가는 길을 가르쳐 주었다.

이 겨울, 오늘 직원이 떠난 자리에서 혼자 땀 흘려 일하며 또 다시 같이 일할 또 한 사람의 직원을 기다리고 있다. 부디 다복하게 잘 살아가기를…….

임진이

고려대평생교육원 시창작과정 수료
계간 <스토리문학> 수필 등단
월간 <한맥문학> 시 등단
한국스토리문인협회 회원
한맥문학문인협회 회원
한국문인협회 안산지부 회원
한국독도문학작가협회 회원
한국음악저작권협회 회원
문학공원 동인
자작나무수필 동인

그 댁은 밤사이 안녕하신가요 외 2편

임 진 이

삐웅 삐웅…….

'어구' 또 어느 댁 어르신이 위급상황인가 보다. 베란다 창문을 열고 내려다보니 이른 아침 아파트 마당에는 빨간 구급차 두 대와 경찰 차량이 좁은 주차장을 들어와서 자리하고 있었고, 구급 대원들은 노란 매트리스로 2층집을 열심히 짓고 있는 중이다. 가끔씩 어르신들이 구급차에 실려가는 일은 종종 있었지만 오늘은 좀 다른 상황이다. 7층에서 내려다보이는 구급 대원들은 목을 젖히고 아파트 옥상을 올려다보며 긴장감과 초조함에 침묵이 흐르고 있다.

이른 아침에 무슨 난리인가? 외출 길에 1층으로 내려와 올려다보았더니 15층 옥상에 50대 가량의 낯선 여인이 뛰어 내리겠다고 시위를 하고 있다. 어느 댁에서 밤새 안녕하지 못했나 보다. 한 남자가 다가가자 무엇을 집어던지며 가까이오지 못하게 경계한다. 무슨 사연인지 모르지만 지금 뛰어내려 생을 마감하겠다는 그 여인은 죽을 만큼 힘든 상황에 봉착했다는 말 아닌가? 남편이 바람을 피웠을까, 폭력을 휘둘렀을까? 아니면 경제적 어려움 때문일까?

구급대원들 얼굴에는 긴장감이 역력하고 모여든 사람들은 침묵하며 옥상의 여인을 올려다보고 있다. 언제 뛰어 내릴지 모르는 상항이니, 소방 구급대원들이 매트리스 주위를 에워싸고 시선을 떼지 못하고 있다.

가슴을 진정하고 약속시간을 맞추느라 발길을 옮기는 내내 차 안에서 그 여인이 궁금하고 걱정이 되었다. 마음속으로는 '안 됩니다 죽으면 안 됩니다'를 되뇌였다. 사고도 아닌, 생목숨 끊기가 그리 쉽다면 인생이 너무 허망하고 가엾지 아니한가? 힘든 삶의 굴레에서 주어진 목숨의 대가로 우리 모두는 사력을 다해 노력하며 살고 있는데 그리 쉽게 죽음을 선택한 여인은, 삶의 의미를 한낱 모래성 쌓기라 생각했을까?

하루 종일 문학 강의를 듣는 둥 마는 둥 보내다가 저녁때 집에 돌아왔을 때 들으니 다행히 가족의 설득으로 끔직한 일은 일어나지 않았다고 했다. 그 여인은 우리아파트주민이 아닌 이웃 주택가에 사는 여인이라고 했다. 다행히 웃지 못할 해프닝으로 끝났지만 입맛이 쓰다.

그날 아침, 그 광경을 목격했을 때 느낌은 언제부터 저 소방대원들은 저러고 있었는지가 더 궁금했다. 내가 보았을 때는 소방 구급차가 사람이 떨어질 자리에 1m는 넘는 노란 매트리스에 산소를 넣어 이미 설치가 끝나가고 있었고 그 뒤로는 주차장 주민들의 자동차를 이동시키고 소방 구급차 두 대와 경찰차량이 여유롭게 자리하고 일찍 일어난 주민들이 어지간히 모여서 구경꾼으로 서있었으니까 꽤나 시간이 지난 듯했다. 말하자면 자살하려는 사람이 시간을 지체하고 있었다는 말이 된다.

그 사람에게는 이런 말하면 뭣하지만 정말 자살하려는 사람은 조용히 아무도 없는 곳을 찾는 것이 지배적이다. 그 여자의 옆에는 누가 저지하는 사람도 몸을 잡고 있는 사람도 없었기 때문이다. 그 여자는 유유히 옥상에서 15층 아래 목을 젖히고 올려다보는 사람들을 조롱이라도 하는 듯이 여유롭게 오가며 내려다보던 모습이 왜 자꾸 눈에 어리는지 모를 일이다. 자세한 내막이야 모르겠지만 속 썩이는 남편의 길들이기.

겁주기 방법 중 하나가 아닐까하는 생각을 떨칠 수가 없기에 같은 여자의 측으로 생각해볼 수 있는 것이다.

2017년도 저물어 12월 끝자락이다. 사건사고가 많은 계절에 이 엄동설한 추위에도 현장을 누비고 있을 소방관님들께 진심으로 감사드리고 싶다. 필자도 시어머니를 모시고 살면서 여러 번 신세를 졌다. 어머님 경우에는 노인성 어지럼증으로 자주 119를 부르라고 하신다. 집에 자동차로 모시고 갈라치면 "난 어지러워 꼼작도 못한다. 607호 할멈도 어지러워 119 불렀다더라. 거기 전화해서 어느 병원에 갔었나를 물어보라." 고 새벽 6시에 난감한 주문을 하신다.

당신이 한 달에 한 번씩 약 타러 가시는 병원이 있는 데도 '그 집 할머니가 대학병원에 갔으니 당신께서도 그렇게 해 달라.'는 말씀을 하신다. 아들 며느리도 같이 살아서 너무 일찍 전화하는 것은 실례라고 해도 당신 생각만 하시는 철부지 어린애 같은 어르신들 때문에 '구급대원들이 참 힘들겠구나.'하는 생각을 한다. 구급대원들이 방으로 들것을 들고 와서 어머니를 태우실 때 어머니는 구급요원들에게 정성껏 살살 안 한다고 역정을 내신다. 또렷한 정신과 음성으로 그러실 때는 그분들 보기가 정말 민망하다. 119는 정말 위급하다고 판단될 때만 불러야 한다는 생각을 한다.

이번 기회에 지면을 통해 박봉에 시달리면서도 국민의 위급상황을 책임지기 위해 밤낮없이 고생하시는 그분들께 진심어린 감사와 위로를 드리고 싶다. 자살하려던 그 아주머니에게도 '죽을 만큼 힘들어도 참고 살다보면 좋은날이 반듯이 올 거라고, 용기 내어 잘 살아보라.'는 말을 해주고 싶다.

친구

네가 그것밖에 안 되는 사람이었니?

"그런 너는 나를 이해해줄 만큼의 친구는 못 되는 것이니?" 객지 친구지만 결혼 후 만나서 20년을 허물없이 서로의 치부까지 공유하던 세상에서 둘도 없는 단짝 친구였다. 그런 친구와 내가 심하게 책임 소재를 따지며 말다툼을 하는 날이 왔고, 그때 나는 친구에게 해서는 안 될 말을 입 밖으로 쏟아내고 있었다. 그동안 견고하게 쌓아올렸다고 믿고 있던 탑이 와르르 무너져 내리는 순간이다. 그것은 기초가 부실한 한낱 모래성이었던 것이다. 서로 등 돌려 인신공격을 하고 할퀴고 상처주는 사이가 되어버리는 시간은 우리의 20년 우정에 비해 너무나도 간단하고 순식간에 이뤄졌다. 산산이 무너져 내린 그 자리에 남겨진 것은 살갗이 아파오는 허무감뿐이었다.

그때도 지금처럼 봄이 오는 길목이었고 결혼한 지 7년쯤 되는 셋방살이하던 시절이었다. 부천에서 하던 일이 잘 안돼서 정리하고 집값이 싼 안산 변두리 시골 마을로 이사온 지 얼마 안 되었을 때였다. 우리가 전세로 얻은 방 3개짜리 단층 양옥집 옆 2층집에 그 친구가 세들의 살고 있었고, 내가 외출을 하려면 그 집 앞을 지나쳐서 가야 했다. 그럴 때마다 그녀는 2층집 옥상에서 낭창하게 빨래를 널고 있었다. 우리는 이웃 간이라 서로 눈인사하며 자연스럽게 친해졌고 낯선 곳에 아는 사람 없었던 나에게 그녀는 유일한 친구가 되어주었다. 얼마 후 사우디에 파견근무 하던 그녀의 남편이 돌아온 후에는 남편들끼리 서로 인사하고 식사도 가끔씩 하는 허물없는 사이가 되었다.

그 친구의 남편은 워낙 성실하고 부지런해서 잠시 쉬고 있을 때, 자영업을 하던 남편 일손이 부족하면 와서 남편을 성실히 도와주었다. 이런 그녀의 남편을 같이 일해 보자고 영입하면서 두 집안은 더욱 가까이 지내게 되었다. 남편들은 남편들대로 열심히 일했고, 우리들은 남편들이 벌어다주는 월급으로 재산증식의 한 방법인 목돈 만들기에 몰두했다.

목돈 만들기에는 돈계만큼 매력적인 것도 없다. 늦게 타면 이자도 많이 불어서 은행하고는 비교도 되지 않았다. 마침 나는 그 친구가 하는 계모임에 합류했다. 계주는 20명의 계돈을 책임져야하는 의무감이 주어지고, 그러기에 모르는 사람들끼리라도 계주를 믿고 하는 것이다. 마침 계주였던 그 친구가 성격이 활달해 융통성이 있고 사리 분별 있는 친구라 믿음이 가서 우리는 더욱 친해졌다.

매일 전화로 수다 떨고 그것도 모자라 하루걸러 한 번씩 만나서 가까운 곳으로 드라이브를 해 식사도 같이하며 가정에 어려운 일이 생길 때면 제일 먼저 알리는 연인 같은 사이가 되었다. 주위 사람들도 으레 내가 있는 곳에 그 친구가 있고 그 친구 가는 곳에 내가 있을 것이라고 인지할 만큼 주위에 부러움을 사는 다정한 사이였다. 그렇게 하루도 안부를 묻지 않고는 못사는 사이로 지내던 어느 날 계가 중간쯤 진척되었을 때 내가 타는 날이 도래했다. 그날 즐거워야 할 날이 나에게는 아픈 상처를 남기는 슬픈 날이 되고 말았다. 나는 목돈 천만 원을 손에 쥐는 날이라고 손꼽아 기다리며 며칠 동안 밤잠도 설쳤다. 그런데 부푼 가슴으로 친구에게 갔을 때 그 친구가 하는 말이 나에게는 청천벽력과도 같았다 "두 회원이 계돈을 내지 않아서 준비를 못했으니, 네가 이것만 받고 나머지는 그 회원에게 직접 좀 받아보아라. 나는 몇 달째 그 회원의 곗돈을 대신 채워 회원들에게 태워 주느라, 이제는 지치고 힘들다. 나보다 네가 직접 받아보는 것이 나을 듯싶어." 어이없이 황당한 말에 나는 한동안 멍하니 서 있었다. '몇 달치 대신 내준 그 회원의 돈을 모두 채워서 받아보라'는 말을 사정하는 것도 아니고 일방적 주문이라 생각하니 참을 수가 없었다. 바로 그것이 사건의 발단이었다.

어려운 살림을 쪼개고 아껴서 목돈을 만들려는 여자들의 소박한 생활이 그리 녹록하지는 않았기에 친구의 처세는 나를 곤욕스럽고 당황스럽게 만들었다. 내가 빌려주지도 않은 돈을 그 사람한테 '현금 보관증까지 써 받으며 독촉해 받아보라'는 주문에 어이가 없었다. 책임 회피인지 도와 달라는 건지, 정색을 하고 말하는 그 친구의 얼굴은 예전에 얼굴이 아닌 물욕으로 가득 일그러져 있었고 납득할 수 없는 괴물의 얼굴로 생각돼 소름이 끼쳤다. '그렇게도 경우 밝은 친구가 궁지에 몰리니 저렇게도 변하는 것이 인간이구나.' 싶으니 도저히 참을 수가 없었다. 그리고 순간 가슴이 얼음처럼 얼어붙었다. 나름대로 살림 쪼개 매달 힘들게 마련했던 내 집 장만의 꿈이 와르르 무너져 내렸다. 그 꿈을 위해 얼마나 기다렸던 날인데 친구의 실망스러운 모습이 다른 사람 같아서 다시는 보고 싶을 것 같지 않았다. 1천만 원 중 절반인 500만원만 건네주는 것을 한꺼번에 태워주라며 그 친구 얼굴에 뿌렸다

하루 이틀 침묵하며 지나노라니 허전함과 외로움이 온몸을 휘감았고 하루에 서너 번씩 안부전화를 하며 연인처럼 지내던 친구 사이가 하루

아침에 아득히 먼 옛날 일이 되어버리고 말아 괴로웠다. 인생의 목표를 설정하고 희망이 있었기에 남편이 힘들게 했던 젊은 날, 그 친구 아들이 사춘기를 심하게 겪어 눈물바람에 삶이 흔들리는 위기가 올 때도 옆자리에서 서로 의지하며 허물은 감싸고 삶의 의지를 잃지 않도록 서로 힘을 주고받던 친구였는데……. 돈이 뭐라고 친구를 잃었을까?

일주일 한 달이 되어도 서로 전화 한 통 없었다. 친구의 함박웃음 띤 얼굴이 환영으로 보였고, 목소리가 환청으로 괴롭혔다. 25년 전 친정아버님이 돌아가셨을 때 회한과 그리움에 6개월 동안 눈물바람 하던 때와 버금가는 서글픔이었다. 조금만 더 친구를 배려했으면 이런 불상사는 없었을 것이란 생각을 빼저리게 했다. 돌이킬 수 없는 현실에 가슴을 쥐어뜯으며 후회했지만 이미 엎질러진 물이 되었고 갑자기 든든했던 곳간을 도둑맞은 듯한 텅 빈 가슴이 아프게 시려왔다. 어이없이 놓쳐버린 소중한 보물을 다시 찾으려고 부단히 노력을 했고 성격도 고치고 자존심 모두 내다버리고 전화를 걸어 만나려고 몇 번의 시도를 했지만 번번이 바쁘다는 구실로 거절당했다. 한 번 금이 간 사람의 사이는 그리 쉽게 이어지는 것이 아니고, 기워서 쓸 수 있는 물건도 아니었다.

어쩌다 지인들 애경사에서 마주쳐도 서먹하고 어색해서, 더 이상 그 옛날의 친구가 아니었다. 내가 함께했던 그 친구의 옆자리에는 이미 내가 아닌 다른 사람이 자리하고 있었고, 내가 너무 늦게 간 것임을 뒤늦게 깨달았다. 그렇지만 나는 그 친구가 아닌 다른 사람의 자리는 만들지 않고, 그 언제라도 친구가 돌아올 수 있도록 비워둘 것이다. 우리가 함께했던 우정의 탑을 하나 둘 다시 쌓아올릴 그날까지 이 자리에서 기다릴 것이다. 그 친구는 내게 있어 온전히 삶의 깊이를 더해주는 동반자였고, 영혼을 빗질해주는 연인이었다. 나이가 들어가면서 귀한 것은 돈도 명예도 아닌, 기쁨도 눈물도 함께할 수 있는 친구라고 생각한다. 소중한 친구 한 명은 억대의 자산가치보다 높다는 말 실감한다.

10여년이 지난 지금은 다소나마 담담하다 그 친구도 지금은 상처가 치유되었으리라 생각하고, 아니 그렇게 되기를 바라는 마음이 간절하다. 얼마 전 그 친구 딸내미의 결혼식장에 갔을 때, 그 친구가 반갑게 두 손을 잡아주며 “너 유명인 되더니 정말 멋져 보인다. 그렇다고 나 모른 척하면 용서 안 해!”라고 농담까지 한다. 내가 글 쓰는 사람이 되었음을 알고 있었던 모양이다. 서서히 내게 걸어오는 친구가 고맙기만 하다. ‘미안하다’는 말은 아직도 못하고 마음과 행동으로만 보여주고 있지만, 세월이 많이 흘러 이제는 겸연쩍어 더 못하고 있다. 그 친구도 그런 나의 마음을 아는 듯하다.

머리에 희끗희끗 흰서리가 내리고 눈가에 굵은 주름지는 지금에서야 소중한 것과 버려야 할 것들이 눈에 들어온다. 소중한 친구는 나의 기준의 자로 재며 손익을 따지는 것이 아니었다. 인생에는 연습이 없고, 삶은 시행착오의 연속이라는 교훈을 뼈저리게 배운다.

행복포럼 세미나에 다녀와서

국민적 사랑과 존경을 받고 있는 이 시대의 마지막 철학자 연세대 명예교수 김형석 선생님의 "행복으로 가는 길"이란 주제의 강의가 조계종 불교대학에서 80분간 진행되었다. 크리스천이 불교대학에서 강의하는 것은 이색적이었지만 老학자는 종교인이기 전에 진정한 철학자였다. 그는 금년 98세의 노장임에도 불구하고 휴식 타임 없이 중간에 물 한번 마시고는 시종일관 부드럽고 온화한 어조로 삶의 철학을 거침없이 강연하는 노익장을 과시했다. 역시 철학자다운 삶의 방식이 정신과 육체를 병들지 않도록 건강을 유지시켜 주는 것이 아닌가 싶다.

"독서를 많이 하라, 행복으로 가는 길은 콩나물에 물을 주고 키우듯이 나 자신을 독서로 성장시켜야 한다. 어려서는 학교교육이 성장 시키고 젊어서는 사회가 성장 시키지만 60부터는 내가 나를 성장시켜야 한다. 친구 안병욱이가 국회 초청 때 50이 되어도 철이 덜 들고 60쯤 돼야 인생이 성숙하다고 자신을 믿게 되더라. 그러니까 다른 사람들도 믿어주고 사회에서도 가정에서도 존경받는 지도자가 되어 있더라."라고 말했다.

인생은 60~75세까지 내가 나를 믿고 성장시키는 그때가 제일 행복하고 좋은 나이다. 75세까지 성장하고 90세까지도 연장할 수 있다는 것을 안병욱 선생을 보면서 알 수 있었다.

내가 읽어본 철학의 대한 책은 모두 70이 넘어서 나왔다. 60-75세까지는 내가 나를 키우고 연장을 90세까지 하는 책임도 내가 져야한다. 사회적인 관심도 가지고 콩나물에 물을 주어 키우듯 새로운 지식을 받아들이는 공부를 해야 한다. 하루에 3시간씩 책을 읽으면 성공하고 2시간씩 읽으면 절대 늙지 않는다. 필리핀 사람들은 국민소득이 높았지만 성공하지 못한 것은 교육을 못했기 때문이다. 독서를 많이 해서 지식을 받아들여 문화혜택을 준 나라는 영국, 프랑스, 독일, 러시아 대신 미국이 올라갔고 아시아에서는 일본 등 5개국이다. 우리는 이 5개국 문화를 가지고 살아가고 있다. 이들은 독서를 통해서 얻은 문화이다. 김태길 선생은 "앞으로 100년 후에도 아시아는 일본을 제외할 수는 없을 것이다."라고 말했다. 그만큼 일본사람들은 독서를 많이 한다는 뜻이다. 우리나라는 춘원 이광수, 최남선 때부터 독서하기 시작했다.

내가 나를 위해 살면 남는 것이 없다. 대통령은 정치를 통해서 사회에 도움을 줘야하고, 기업인은 기업을 통해서 사회에 도움을 줘야하며, 예술가는 예술을 통해서 사회에 도움을 줘야한다. 이승만과 유일한(유한양행 창업주)는 친했지만 이승만이 정치자금 달라고 할 때 유일한은 정치자금은 절대 못주겠다고 거절했다. 그 대가로 세금으로 추징하려 했지만 오히려 세금을 더 냈던지라 추징하지 못했다. 유일한은 "재산이란 내 것이라고 내가 소유하면 썩은 돈이다."라며 "아들은 대학공부 시켰으니 먹고 살 것이고, 손녀에게는 재단 운영에 필요한 최소 금액만 남기고는 모두 사회에 환원한다."했다. "나라걱정이 첫 째이고, 그 다음이 내 가정이어야 한다. 가정을 위해 직장에서 최선을 다해 일하듯 민족과 국가를 위해서 살면 민족과 국가를 위한 만큼의 사람이 될 것이다. 나는 30대에 연세대 교수가 되었다. 교수 가운데는 교수가 학교에 무엇을 해줘야 될까 생각하기보다는 학교가 나에게 무엇을 해줄까를 더 생각하더라. 그런 교수는 나이 60이 되니 할일이 없더라. 나라 걱정과 민족 걱정을 하던 교수는 사회에 나와서 모두 일하더라. 김태길, 안병욱은 모두가 나라 걱정뿐이었다."라고 말했다.

"정치가들 중에 유일한처럼 나라 걱정하는 사람 못 봤다. 기업인들 욕하지 마라. 삼성 이건희는 그동안 반도체로 먹고 살았는데, 다음에는 무엇으로 먹고 살까를 걱정하고 있다. 어디 혼자만 먹고 살겠다는 말이겠는가? 우리국민은 나라걱정 우선하고 다음이 집안 걱정이어야 한다. 3.1운동 의식구조 덕분에 나라가 먼저라는 생각을 갖게 되었고 고당 조만식 선생은 이북에 있을 때 머리를 잘라서라도 고국에 묻히고 싶다고 나라걱정 고국사랑을 했다. 마라토너 손기정 선생은 상금 탄 돈으로 나를 받아준 대한민국에 한없이 감사하다며 세금이라도 많이 내게 해달라고 세무서를 찾아가 사정을 했다. 그는 나라걱정 안 하는 우리는 불행한 일이다."라고 말했다.

철학이란 무엇일까? 98세의 꼿꼿하고 강건한 노익장의 얼굴엔 세상에 무언가를 남겨주고 바로 잡아주고자 하는 열망이 가득하다 "철학의 삼총사 안병욱, 김태길, 김형석" 중 두 분은 작고하시고 김형석 선생은 이시대의 마지막 남은 철학자라고 말하고 있을 만큼 그분의 말 한 마디는 삶의 지표가 되고 이 시대를 살아가는 우리들에게 바르고 참된 삶으로 이끌어주는 인생지침서 같은 것이라는 생각을 남겨 주었다.

행복이란 꾸준한 자기 개발이고 지식과 정보를 받아들이는 일이라는 것을 포럼을 통해 더 한층 느끼는 날이다.

강현모

경북 상주 낙동 출생
충북 청주 거주,
2017년 <한국문학세상> 수필 등단
한국문학세상 회원
한국가톨릭문인회 회원
한국스토리문인협회 회원
자작나무 수필동인
2016년 월간 <국보문학> 옥당문학상 대상수상

수필집 『고개를 들어보니 아름다운 세상』
『성경묵상』
e-mail : khm-338@hanmail.net

독산성 외 2편

강 헌 모

산성걷기를 좋아하는 나는 청주에서 독산성을 가기 위해 오산 시외버스터미널 근처에서 내렸다. 그곳에서 독산성가는 시내버스를 타기 위해 사람들에게 물어 보곤 했지만 뾰족한 답을 얻어내지 못하였다. 그래서 인터넷에서 조회해 독산성이 양산동에 있다는 정보를 알고 그곳으로 가는 시내버스에 올라탔다. 버스를 타고 오산 시내를 돌아보니 많은 아파트가 즐비했다. 특히 산자락에 위치해 있는 아파트들이 있어서 좋았다. 청주시보다 발전이 더 된 것 같았다. 시청도 청주보다 더 컸다. 아파트값도 청주에 비해 더 비쌀 것 같다는 생각을 했다.

오산 독산성으로 직접 가는 버스가 없어서 양산동에 있는 어느 아파트 정류장에 내려서 산이 보이는 아래로 걷다가 일을 하고 계신 어느 어르신께 여쭈어 보았다. 내가 가던 길로 쭉 가면 길이 나오느냐고 하면서 말이다. 그러니 그렇다고 어르신은 말씀하셨다. 그곳이 독산성 가는 길이라는 것임을 알게 되었는데, 오산 터미널에서 독산성까지 택시를 이용했더라면 많은 돈이 나왔을 거라는 생각을 했다. 오산 시외버스터미널에서 독산성까지는 가까운 거리가 아니니 말이다. 나는 초행길이니 사람들에게 물어 볼 수밖에 없었다.

나는 어르신이 가르쳐 준대로 논과 밭 사이 길을 쭉 따라 올라갔다.

까치의 '깍깍'하는 반가운 소리를 들으면서…….

쭉 산길을 따라 올라가는데 나중에는 길이 끊겨서 당황되었지만 앞에 산등성이가 보였기에 어림잡아 가시나무를 헤치면서 올라갔다. 그러고 나서 다 오르고 나니 독산성 가는 이정표가 나와 기뻤다. 아무튼 산성 길을 어디에서 출발하여 어디로 내려가야 하는지 모르는 상태였지만 일단 사람들이 다니는 길에 도달 했으니 기쁘지 않을 수 없었다.

이정표를 따라 오르니 보적사 가는 길이 나와서 어리둥절했다. 그러면서 그길로 가서 보적사에 도달하니 그곳이 독산성의 동문이었다. 동문을 통과하여 사찰 뒤를 따라가니 세마대가 나왔다. 독성산성이라고도 하는 독산성은 평지에서 돌출하여 사방을 두루 살필 수 있는 전략적 요충지에 위치해 있으며, 조선시대에는 남한산성과 용인의 석성산성등과 함께 도성 방어를 위한 삼각체계를 형성하였다. 기록에 의하면 이 성은 백제가 처음 쌓고, 통일신라와 고려를 거쳐 임진왜란 때까지 계속 이용되었던 것으로 추정된다. 선조 27년 9월11일부터 14일까지 불과 4일만에 백성들이 합심하여 성벽을 새로 쌓았다고 한다. 이곳에 있는 세마대에는 다음과 같은 이야기가 전해온다.

선조25년(1592) 12월에 전라도 관찰사 겸 순변사였던 권율이 근왕병 1만을 모집하여 북상하다가 이 성에서 진을 치고 있었다. 왜군 수만 명이 이곳을 지나가다 이 벌거숭이산에 물이 없을 것이라고 생각하고 물 한 지게를 산위로 올려 보내 조롱하였다. 그러자 권율은 물이 풍부한 것처럼 보이기 위하여 백마白馬를 산 위로 끌고 가 흰 쌀을 말에 끼얹으며 목욕시키는 시늉을 하였다. 이를 본 왜군은 산꼭대기에서 말 씻길 정도로 물이 풍부하다고 오판하고 퇴각하였다고 한다. 이때 말을 씻었던 높은 대를 세마대洗馬臺라 한다.

세마대를 보고 남문으로 내려 왔는데, 성이 아름답게 쌓여 있어서 나도 모르게 친근감이 들었다. 돌들이 작아서 귀엽게 보이기도 했다. 세마대에서나 그곳에서 내려올 때나 오산시가가 한눈에 펼쳐져 있어서 도보여행하면서 이색적이라는 생각을 했다. 아름다운 오산시가지도 보고 자연의 맑은 공기도 마셔가며 걸으니 좋았다. 또한 독산성을 오를 때나 밭과 논 사이의 길을 걸을 때와 세마대 앞에서 태양이 내리 쬐이는 가운데 오산시가지를 바라볼 때와 동문에서 남문으로 내려올 때 말 할 수 없는 평온 감을 느꼈다. 이게 산성을 오르고 내리는 기쁨이 아닐는지. 세마대는 산으로 말하면 정상인데, 우리가 산을 오를 때 정상에 도달하면 기쁨이 샘솟듯이 세마대에서의 평온감은 독특했다. 짧은 시간에 누리는 평온감이지만 이런 현상이 도대체 어디서 오는 걸까? 내가 가보고 싶어서 찾아간 곳이어서 그런 걸까. 평화롭고 평화로운 참 평화를 오산 독산성 세마대에서 누려서 기뻤다. 독산성을 둘러보며 또 하나 이색적인 것은 크고 작은 무덤들이 있다는 거였다.

나는 독산성을 한 바퀴 돌아보고 내려와서 삼남길을 걸었다. 조용해서 걷기에 좋았고, 생각하는 여유로움을 갖게 되었다. 독산성 산림욕장에 가니 추웠다. 물론 겨울이라 추운 건 이해되지만 울창한 소나무들이 있었기에 여름에는 시원함을 만끽하겠지만 겨울에는 뜨거운 태양이 쏘여야 덜 추울 텐데, 소나무 숲이 해를 가리어서 더 추웠다. 그러나 여름에 이곳 산림욕장을 찾으면 금상첨화 일 것 같다. 나는 눕게 만든 굴곡이 있는 긴 의자에 누워서 길쭉이 솟은 나무 사이로 하늘이 펼쳐진 광경을 보았다. 목과 허리가 아픈 나는 신발을 벗고서 누우니 '좋다.'라는 말이 절로 입에서 새어나온다. 아파본 사람이 아픈 사람의 마음을 누구보다 잘 읽을 테다. 이곳에서 여름에 찾아와서 누워서 한숨 자고 싶다.

만약에 그곳을 다시 찾게 된다면 한 번 가 봤으니 다음에는 쉽게 찾아가리라.

오산에 가니 사람들은 친절했다. 내가 묻는 말에 온유하게 대했으니 말이다. 오는 길에는 독산성 가는 양산동 시내버스 내린 곳으로 가지 않고 가지 않았던 큰 길로 내려가서 또 다른 곳에서 시내버스를 기다렸다. 그런데 그곳은 화성 구역이었다. 나는 일정한 시간 안에 청주에 도착해야하기에 시내버스를 기다리다 말고 택시를 잡아타서 병점역으로 가서 오산가는 전철을 이용했다. 전철을 타니 마음이 따뜻했다. 아가씨, 학생, 아주머니, 군인, 외국인들 모두 정답게 보였다. 오산역에서 내려 시외버스터미널로 가서 청주로 오는 버스를 타고 왔다.

오늘 여행을 하면서 초행길에서 오는 어려움을 체험했다. 독산성에 가기 위해 여러 사람들에게 물어야 했고, 잠시 길을 잃은 아이처럼 무서움이 엄습해올 때가 있었다. 이게 혼자 여행하면서 오는 어려움 중의 하나가 아닐까. 하지만 여행을 잘 마쳤기에 생기가 돌고 평온함이 있었다. 하여 더 바랄 것 없는 새로움이 있었으니 그것이 바로 행복 자체이지 않을 런지.

독서의 즐거움

책을 읽는 시간은 내게 즐거움으로 다가온다. 예전에는 책을 읽어도 즐거운지를 몰랐다. 그런데 요즘에는 도서관 가는 시간도 좋고, 그곳에서 책을 읽거나 빌리면 마음이 편하고 행복하다. 독서를 통해서 부족했던 것을 머리에 담고 생활하니 윤택하다. 많은 양의 책을 읽게 되면 읽는 속도가 빨라지고, 이해력이 커져 마음도 넓어지는 것 같다. 그래서 다른 사람과 대화할 때 책에 있는 내용을 이야기 중에 섞어 말하면 좋을듯하다는 생각을 해봤다. 사람의 언어에는 한계가 있어서 자칫하면 말에 실수를 불러올 수 있으니 좋은 책을 자주 접하면 그것을 줄일 수 있을 것 같다는 생각이다. 또 책을 접하면 그 속에서 좋은 향기를 닮게 되니 마음은 한량없는 부자가 된다.

책을 읽다보면 내용이 머릿속에 쏙쏙 들어오는 것이 있는가 하면 잘 들어오지 않아서 작가가 무엇을 말하는지 알 수가 없는 것들도 있다. 또 읽기에 편한 것이 있고, 딱딱한 것이 있다. 그래서 책을 고를 때 잘 선택해야 한다. 아무래도 읽기에 편한 게 좋지 않을까? 읽기에 지루하고 딱딱하면 시간이 소모되고 내용파악도 어렵다. 해서 즐겁게 읽을 수 있고, 마음의 양식을 쌓을 수 있는 양서를 골라야 한다.

'어느 책이 좋다 나쁘다'를 가리기에는 나는 부족하다. 또 모든 책을 다 소화해낼 수도 없다. 그러나 책을 읽고 나서 무언가 남는 것이 있어야 하지 않을까 생각한다. 1권의 책을 읽고 나서 무엇을 이야기 하는지 모르면 시간만 낭비한 셈이 되고 만다. 또 다양한 종류의 책을 읽는 것이 좋다. 한정된 종류의 책을 읽다보면 편집증 환자처럼 편중되는 현상이 있으니 유의해야 하지 않을까? 이는 마치 반찬을 가려먹는 것과 별반 다르지 않다. 골고루 먹어야 건강에 좋듯이 다양하게 책을 읽으면 보는 시각과 생각하는 폭이 한쪽으로 치우치지 않고, 이해의 폭이 넓어지고 많은 지식을 얻을 수 있다. 하지만 이렇게 글을 쓰는 나는 아직 다양하게 읽지 못하는 편이다. 핑계 같지만 나중에 시간적인 여유가 생기면 조금씩이라도 골고루 읽고 싶다.

어떤 책은 읽기에 부드러워 술술 잘 읽혀져서 신이 났다. 그래서 신기하다는 생각이 들었다. 이게 책 읽기의 즐거움이고, 독서에 맛 드리는 기쁨인지 모르지만 아무튼 기분이 좋으니 책읽기의 즐거움이 되었다. 읽기에 부드러운 책은 다시 읽어도 지루하지 않을 것이다. 어떤 책은 읽기에 무거웠고 딱딱했다. 그래서 마지못해 읽었고, 겨우 읽어냈다. 그래서 닥치는 대로 책을 읽을 것이 아니라 뜻이 있고 도움이 될 만한 책을 읽어야겠다는 생각을 했다. 다독多讀을 하면 좋기는 하다. 그렇게 하려면 많은 시간이 든다. 그러니 지혜롭게 시간을 잘 써서 좋은 책을 골라 읽는 기술이 필요하리라. 그래서 생활의 지침으로 삼으면 좋겠다. 또 마음에 닿는 좋은 구절을 공책에 적어두고, 작가들의 특이한 문구가 있으면 익혀두는 것도 괜찮으리라. 정말 책이야말로 나의 소중하고 귀중한 벗이 아닐 수 없다. 홀로 있을 때에도 책과 함께하면 외롭지 않아서 좋다. 서점이나 도서관, 문화의 집, 각 기관 등에 엄청나게 많은 책들이 있다. 그것들을 쓴 작가는 얼마나 되겠는가? 글을 쓴 작가들이 있기에 오늘도 나는 편하게 책을 읽는다. 책 속에 길이 있다 하듯이 그 속에서 진리를 발견하고 부족한 경험을 발견하자. 그러면 생활하는데 더 든든할 거다.

마음에 드는 책을 사서 읽고 난 후, 책장에 모아두는 즐거움은 또한 어떠한가? 좋지 않을까. 또 지금 당장 읽지 않아도 나중에 다시 꺼내서 읽을 수도 있다. 손님들이 찾아왔을 때 책장에 읽을 만한 책들이 보일 때는 그들에게도 즐거움이지 않겠나. 책을 싫어하는 사람은 거의 없을 것 같다. 세월이 흘러도 남는 것이 있다면 그것이 책이고, 사진일지 모르겠다.

보면 볼수록 좋아 보이고 정겹게 느껴지는 것이 책이지 않을는지. 일상의 힘든 생활에서도 책장의 아름다운 책을 보았을 때, "야, 이 책 또 읽고 싶구나!"하고 꺼내 읽는 기쁨도 있어서 좋다. 꼭 서점에서 좋아하는 책을 사지 않더라고 거기서 서서든, 앉아서든 얼마든지 읽을 수 있으니 편리한 세상 속에 살고 있다. 어떤 때는 시간가는 줄 모르고 책에 흠뻑 빠져 읽을 때가 있다. 그게 행복이지 않나 싶다. 하지만 아직 나는 책 읽는 습관을 완전히 맛들이지 않은 상태여서 규칙적으로 매일 읽으면 더 좋을 것 같다는 생각을 한다. 그러면 그게 쌓이고 쌓이면 남부럽지 않은 큰 재산가가 될 거다.

책속에서 샘솟는 기쁨을 찾아내서 여간 고마운 게 아닐 거다. 진즉 어렸을 때부터 책을 읽었더라면 더 좋았을 걸 하는 생각을 해보지만 늦게라도 책을 대할 수 있어서 고맙지 않을 수 없다.

"책아, 나는 너를 무척 사랑한단다. 너는 내게 많은 도움을 주고, 생기를 돋게 한단다. 너무 고마워. 네가 있으니 나는 무척 행복해. 사랑해."

다음은 책에 관한 글귀를 아래에 적어본다.

· 가장 도움이 되는 책이란 많이 생각하게 하는 책이다.
· 독서를 하고 생각하지 않는 것은 식사를 하고 소화되지 않는 것과 같다.
· 독서하는 우리가족 행복한 문화가족. 독서하는 생활 속에 지혜가 보인다.
· 다이아몬드보다 영원토록 빛나는 것은 독서이다. 독서는 나의 미래를 이끄는 나침반이다.
· 책은 두뇌의 자녀이다. 책은 정신의 음식이다.
· 어렸을 적 독서습관 평생 가는 귀한 보물. 독서란 자기의 머리가 남의 머리로 생각하는 일이다.
· 독서는 위대한 인물과의 대화이다. 하루 한 권 독서로 내가 여는 밝은 미래.
· 책 속으로 걸어요! 미래가 기다려요! 두 번 읽을 가치가 없는 책은 한 번 읽을 가치도 없다.
· 책은 인생의 험준한 바다를 항해하는데 도움이 되도록 남들이 마련해준 나침반이요 망원경이다.
· 책은 위대한 천재가 인류에게 남긴 유산이며, 아직 태어나지 않은 자손들에게 주는 선물이다.
· 밭이 있어도 갈지 않으면 곳간이 비고, 책이 있어도 읽지 않으면 마음이 가난하다.
· 같은 책을 읽었다는 것은 사람들 사이를 이어주는 끈이다.

- 남의 책을 읽는 데 시간을 보내라. 남이 고생한 것에 의해 쉽게 자기를 개선할 수가 있다.
- 책은 넓고 넓은 시간의 바다를 지나가는 배이다. 독서는 미래를 향해 내딛는 첫 발걸음.
- 한 장 한 장 책장 속에 쑥쑥 크는 마음의 키. 책은 말 없는 스승.
- 어렸을 때 벗 삼은 책 꿈을 키우는 평생 친구. 날마다 오는 도서관 내 마음의 놀이터.
- 사람이 책을 만들고, 책은 사람을 만든다. 지혜의 샘은 서적 사이로 흐른다.
- 책 속에 길이 있다. 좋은 책은 좋은 친구와 같다. 독서는 취미가 아니라 생활이다.

프로농구 개막경기

수많은 농구팬이 운집한 가운데 2013-2014년 프로농구가 청주 실내체육관에서 개막되었다. 개막전 퍼포먼스로 힘찬 북소리가 개막을 크게 알리는 듯했다. 큰 북을 두드리는 사람들의 몸동작이 활기차 있어 힘에 넘쳤다. 그들은 예전에 엄마나 여인들이 빨래 방망이 두드리는 것 이상으로 북에다 온 힘을 실어 힘차게 팼다.

올해는 청주 KB스타즈 농구가 창단한 지 50주년이 되는 뜻 깊은 해라 한다. 그래서인지 더더욱 내 마음이 따뜻해지는 것 같아 크게 경축하고 싶어졌다. 그리고 선수들이 좋은 경기를 펼칠 수 있기를 기대해 보았다.

개막경기로는 청주 KB스타즈(국민은행)와 부천 하나외환은행의 경기로 포문을 열게 되었다. 개막경기에 앞서 선수들은 몸 풀기에 분주했다. 몸놀림이 유연하고 빨랐다. 눈초리 하나하나가 빛났고 젊음을 발산하는 모습이 아름답게 보여졌다. 공을 잘 봐야 점수로 연결하기에 수월할 것 같다. TV에서 보는 것보다 직접 와서 보니 실감이 더 났다. 오랜만에 농구경기를 보게 되어서 기뻤다. 관중들은 응원열기로 마음이 후끈 달아올랐다. 경기가 진행되어 자유투를 던지는데 치어리더들이 무릎 꿇어 응원하는 모습이 눈에 띄었다. 참 특이한 모습이었다. 왜 무릎을 꿇었지? 하는 생각으로 잊혀지지 않을 것 같다.

멀리서 쏜 3점 슛이 들어갈 때는 어딘가 모르게 훌륭하게 보였다. 가까운 거리가 아니어서 더 멋져 보였다. 그 공이 날아가는 것을 지켜보는 눈들이 얼마나 많으냐.

골이 한 번 들어간 후에 다음 동작에 그 공을 얼마나 빨리 잡아 공격하느냐가 중요해서 1~2초가 소중하게 여겨졌다. 몸을 아끼지 않고 최선을 다하여 상대를 뚫고 들어가 슛을 성공시키는 모습은 대단했다. 기량이 뛰어나지 않으면 결코 성공시킬 수 없는 일이었다. 이런 모습은 평소에 훈련한 바를 유감없이 발휘한 결과라고 생각한다. 또한 쏜살같이 달리면서 골을 넣는 모습은 어떤가. 멋졌다. 개인기량을 아낌없이 발휘하는 모습이 아름다워 보였다. 이런 것은 농구경기의 매력 중에 매력이 아닐 수 없다. 선수가 자신도 모르게 너무 열심히 뛰다보면 워킹하는 모습을 볼 수가 있다. 이기고자 하는 열망으로 가득차서 그럴 수도 있을 것 같다.

선수들이 볼을 다루는 모습과 몸동작이 가벼워 보여 새처럼 아름답게 보였다. 농구에서는 점수가 많이 벌어졌다가도 쉽게 좁히거나 역전시킬 수가 있어서 흥미진진할 때가 있다. 공을 몰고 가다가 같은 편에게 패스할 때 그것을 가로채서 재빠르게 역공격할 때는 번쩍 빛이 나는 것 같았다. 투혼을 발휘하는 선수들 모습이 장했다. 선수들이 쉴 때 치어리더들이 관중석을 향해 선물을 쏘았다. 옆에 사람들이 붙들고 있는 사각으로 된 헝겊 같은 판에 공을 얹어서 잡아당기니 관중 속으로 날아갔다. 그것은 마치 어렸을 때 새총 놀이한 것 같아 재미있게 보였다. 누구의 아이디어인지 잘 구상한 것 같다. 또한 남녀의 응원단이 멋지게 옷을 잘 차려입고 활기차게 응원에 최선을 다했다. 그 응원은 예전에 유행했던 연세대학 고려대학의 응원과도 같다는 생각이다. 너무 멋지고 젊음의 기상이 뚜렷하게 나타나 아무리 봐도 질리지 않는 감동이라 할 수 있다. 하지만 보는 사람들은 좋지만 그들은 숨이 차 힘에 겨울 것 같다. 너무나 세차고도 일사분란하게 응원에 열중했기 때문이었다. 관중석에 있는 사람들과 함께 나도 흥에 겨워 몸을 좌우로 크게 흔들며 박수를 쳐가며 응원해 주었다.

청주 KB스타즈 홈경기는 너무 멋졌고, 힘 있었고 아름다웠다. 방송을 하는 관계로 카메라맨들의 활동이 분주했다.

치어리더들과 함께 응원하는 관중들은 어린이할 것 없이 즐거운 모습이다. 그들이 어린이처럼 뛰기도 해서 깜찍스럽고 귀엽기까지 하였다.

자유투에서 원정팀은 두 개를 성공시키지 못할 때가 있곤 했으나 홈팀은 거의 다 성공시켰다. 그것이 하나의 홈에서 응원의 뜨거운 열기와 함께 홈그라운드의 이점利點이라면 이점일 수 있겠다. 자유투는 어쩌면 슛 중에서 가장 편할지도 모르겠다. 고정된 자리에서 비교적 안정된 마음과 자세로 던지니까 말이다. 또 한편으로는 긴장도 되고 떨리기도 할 거다. 많은 사람이 그 광경을 지켜보고 있어서 그렇기도 하다.

선수들은 양손을 사용해서 상대의 공격을 저지하는데 안간힘을 쓰기도 했다. 그러다가 파울을 범하기도 했지만, 공을 빼앗을 때는 무섭게 공을 다루어 나갔다. 자기 팀이 팀파울에 걸렸을 때는 상대편에게 자유투를 허용했다. 작전타임시간에 들어오는 선수들에게 일일이 손을 맞춰 책임자들은 격려하는 모습이다. 거기에 선수들은 많은 힘을 얻을 것 같다. 치어리더들의 흥겨운 댄스와 끼도 선수들에게 사기진작이 될 것이다. 점프해서 공을 낚아채는 모습은 너무 멋졌다. 공 하나에 점수가 왔다 갔다 하기에 소중하니 신중해서 잘 처리해야 한다.

TV에서 농구경기 때 들려주었던 귀에 익은 듯한 음악소리가 마음을 좋게 하곤 했다. 치어리더들의 농구공 선물서비스는 팬들을 즐겁게 해주어 열광의 도가니가 되었다. 홈경기에서 이렇게 신나는 모습들을 보게 되니 기분이 그만이다.

아무리 뛰어도 지치게 보이지 않는 젊음의 열기는 무엇으로 대신할 수 없었다. 부럽다. 운동선수 중에는 외국선수도 있었는데, 그녀도 제법 슛을 잘 쏴 성공시켜서 귀여움을 토해냈다. 관중에게 멋진 경기를 보여준 수준 높은 프로농구 개막경기였다. 즐거운 시간이 되어 흡족했다.

김덕길

1968년 정읍 출생
시인, 소설가
시집 『내 가슴에 섬 하나』, 『섬은 들풀에 기대』
장편 소설 『탄창』, 『전봉준』
산문집 『노점일기』, 『꼬순네』, 『여성시대』
여행기 『오토바이 세계일주』, 『도전! 지구탐험』
기타 단편소설 30여 편 출간
이메일 see754@hanmail.net

나의 생애 첫 강연 외 2편

김 덕 길

"따르릉."

아침식사를 하는데 전화 한 통이 걸려왔습니다.

"여보세요?"

"저기 김덕길 씨죠? 저는 정읍 이평중학교 교장선생입니다."

이평중학교는 30년 전에 내가 다녔던 나의 모교입니다. 그 당시 학생들에게 인기가 매우 좋으셨던 체육 선생님이 이번에 교장선생님으로 진급하셨다는 말을 나는 소문을 통해 들었습니다. 교장선생님께서 친히 나에게 전화까지 하실 줄은 꿈에도 생각을 못했습니다.

"안녕하십니까? 아니 선생님께서 어떻게 전화까지 다 주셨습니까?"

스승의 그림도 밟지 말라는 말이 있듯 나는 한없이 어려운 선생님의 전화에 어쩔 줄을 몰랐습니다.

"자네가 소설가가 되었다는 소식은 내 익히 들었는데 이번에 우리 학교에서 '작가와의 만남'이란 행사를 진행하게 되었다네. 수고스럽겠지만 자네가 와서 우리 학생들에게 좋은 말 좀 해 주면 고맙겠네."

"아이고 선생님! 저는 어디 나가서 강의를 한 번도 해본 적이 없습니다. 그리고 저는 지금 노점에서 뻥튀기를 팔고 있습니다. 제가 무슨 잘난 것이 있다고 학생들에게 해줄 말이 있겠습니까?"

“이 사람아 직업에 귀천이 있는가? 자네 같이 혈혈단신 서울에 올라와 자수성가한 사람이 어디 흔한가? 꼭 부탁하네.”

선생님의 부탁을 나는 저버리지 못했습니다. 남도 아니고 우리 학창시절에 제일 인기가 좋으셨던 선생님의 부탁을 거절한다는 것은 제자된 도리가 아니라 판단되었습니다.

나는 지금 제주도에서 생활을 하고 있었고 학교는 정읍에 있었기 때문에 사실 쉬운 거리는 아니었습니다.

강연을 하기로 한 날짜가 다가올수록 긴장이 엄습했습니다.‘강연을 하다가 떨려서 목소리가 속으로 기어 들어가면 어쩌지? 초등학교 때 친구들 앞에서 동화를 발표하라고 했을 때 거의 울다시피 하지 않았던가? 내가 어떻게 해? 수많은 눈동자가 나만 바라보고 있을 텐데, 아이고 어쩌면 좋아. 못하겠다고 전화할까? 나갔다가 망신만 당하는 건 아닐까?’

별별 생각이 다 들었습니다. 나는 곰곰이 생각했습니다. ‘맞아. 5년 전에 텔레비전 프로에 생방송으로 출연했을 때 나는 분명 떨지 않았어. 물론 방청객이 열 명도 되지 않았지만, 그때는 분명이 생방송인데도 떨지 않았잖아. 그래! 해 보자.’

나는 속으로 상상했습니다. ‘그래! 학생들 앞에 멋지게 서서 가장 멋진 표정을 짓는 거야. 학생들의 심장을 콕콕 찌르는 감성의 언어로 그들에게 다가가는 거야. 최대한 그들에게 도움이 되는 말을 하고 그들에게 질문을 던지는 거야! 내가 질문을 하면 듣는 이가 다른 생각을 하지 못하게 하는 방어막이 될 수 있잖아, 그건 곧 졸지 못하게 하는 방법이 될 수도 있고 상호 교감이 되니 수업이 박진감이 넘칠 거야. 그리고 최대한 칭찬을 하자. 칭찬은 고래도 춤을 추게 한다고 했으니까.’

저는 최대한 저에게 최면을 걸었습니다. 이미지 트레이닝을 스스로 실천하고자 했던 것이지요.

마침내 강연 날짜가 되었습니다. 나는 제주도에서 비행기를 타고 육지로 올라갔습니다. 대부분 시골 중학교가 그렇듯 이곳 모교도 학생수가 40명이 넘지 않았습니다. 그것도 35명은 야구부가 있는 학교를 찾아 들어온 미래의 야구 꿈나무들이었습니다.

학생들 앞 책상 위에는 내가 출간한 책 『노점일기』가 놓여져 있었습니다. 학생들이 책을 어느 틈에 다 읽었는지 독후감을 발표하는 것이었습니다. 학생들의 독후감은 진솔했고 사려가 깊었습니다. 나의 책을 읽고 마음에서 우러나와 쓴 글이라는 것을 나는 느꼈습니다. 이렇게 준비해준 이미경 선생님께도 참 고마웠습니다. 독후감을 발표하는 학생들의 목소리는 거의 기어들어갔고 그 모습은 30년 전 내가 다니던 중학생 그대로의 모습이기도 했습니다.

나는 학생들 앞에 섰습니다. 그리고 인사를 합니다. 인사를 하면서 시골 학교에 처음 부임한 선생님의 모습을 떠올렸습니다. '맞아 칠판에 선생님이 들어오시면 자기 이름부터 썼었어.' 이름을 쓰려고 보니 칠판이 없었습니다. 나는 얼른 칠판이 필요하다고 담당 선생님께 말했습니다. 서둘러 칠판이 세워졌고 나는 커다랗게 '김 덕 길'이란 내 이름을 썼습니다. 그 다음 칠판에 '나는 누구인가?'라고 썼습니다.나는 이렇게 써놓고 내가 누구인지 소개했습니다.

"나는 시인입니다. 나는 소설가입니다. 그러나 역시 나는 뻥튀기 장수입니다."

아이들이 박장대소합니다. 그 다음 칠판에 '나의 아들이 가장 존경하는 인물은?'이라고 썼습니다. 이렇게 써 놓고 아이들에게 가장 존경하는 인물이 누구인지 물었습니다. 한 학생이 '아빠'라고 했습니다. 나는 얼른 그 학생의 얼굴을 바라보았습니다.

"방금 아빠라고 한 학생 손들어 봐요? 와! 잘 생겼네요."

맞습니다. 나는 나의 아들에게 가장 존경하는 인물이 누구냐고 물었습니다. 아들은 아빠라고 대답했습니다. 나는 눈물이 날 뻔했습니다. 아들에게 아빠가 인정을 받고 있었다는 것이지요. 아들이 학교에 갔다가 돌아가는 길에 노점에서 뻥튀기를 파는 나를 발견했는데, 중학생 아들은 스스럼없이 '아빠!'하고 나를 불렀습니다. 주위에는 자기들 친구 네 명이 있었어요. 집에 와서 아들에게 물었어요.

"아들아 너는 아까 노점에서 왜 아빠를 불렀니? 그냥 갈 수도 있었잖아."

"아닙니다. 저는 아빠가 세상에서 제일 존경스럽습니다. 전혀 창피하지 않은 걸요."

아들의 말을 듣고 나는 돌아서서 눈물을 흘렸습니다.

나는 내가 살아오면서 느꼈던 구구절절한 사연들을 학생들에세 밀해주었고 시와 소설을 이야기 했고 제주의 비극인 제주 4.3사건을 이야기 했습니다. 그리고 나의 꿈을 이야기 했습니다. 나는 학생들에게 나의 꿈은 '오토바이 세계일주'라고 감히 선언했습니다.

학생들이 일제히 "와!"하고 탄성을 지릅니다.

나는 학생들에게 여행은 빠르게 가는 게 능사가 아니라고 말했습니다. 성공도 마찬가지라고 말했습니다. 노력 없이 성공은 있을 수 없다고 말했습니다. 오토바이도 비싼 오토바이가 아니라 중국음식점에서 배달용으로 쓰는 오토바이를 타고 갈 것이라고 말했습니다. 여행은 폼으로 가는 게 아니기 때문이라고 말했습니다.

그리고 마지막으로 내가 중학교에 다닐 때 어느 선생님께서 써 주셨던 그 잊지 못할 명언을 다시 썼습니다.

'미안하고 감사'

학생들에게 물었습니다.

"미는 무엇을 뜻하지요?"

"미안 합니다."

"참 잘 했어요. 여러분은 항상 먼저 사과하세요. 미안하다는 말을 자주 하는 것은 절대 사치가 아닙니다."

"안은 안녕하십니까. 하는 하겠습니다. 고는 고맙습니다. 감은 감사합니다. 사는 사랑합니다." 이렇게 설명해 주었습니다. 내가 중학교 때 배운 이 말의 고귀함을 30년이 지난 지금 다시 나의 후배들에게 이 말을 가르치고 있는 것입니다.

나는 강의를 끝내고 참 뿌듯했습니다.

내가 강의를 해서 학생들이 도움이 된 것 보다 학생들에게 나를 이야기 하면서 나는 나의 꿈을 다시 꾸게 되었습니다. 그래서 오늘 이 강의가 나에게는 평생 잊지 못할 명 강의로 길이 남을 것을 믿어 의심치 않습니다. 아울러 오늘 나의 이야기를 듣고 많은 학생들이 보다 더 큰 꿈을 꾸고 그 꿈을 이루고자 열심히 달려가 주었으면 하는 마음 간절합니다.

녹슨 호미

혹시 농사를 지어본 적 있으세요? 작은 텃밭이라도 가꾸고 계신가요? 닭장처럼 생긴 네모 집 칸칸이 붙여놓고 위로 쭉쭉 지어올린 아파트의 삶에서 농사를 짓기란 실로 어려운 일이 아닐 수 없습니다.

살충제 달걀 파동으로 나라가 뒤숭숭한 여름입니다. 막바지 여름인데, 장마도 끝났는데, 비는 잘도 퍼붓습니다. 비를 온몸으로 맞고자 젖을 준비를 한 채 집을 나섭니다. 가슴이 뜨거워 좀 식혀야 했거든요. 정권이 바뀌면 나라가 잘되겠지 했는데, 계란 파동을 시원하게 해결하지 못한 채 갈팡질팡 하는 식약청을 보고 실망합니다.

잠시 가로등에 붙어있는 교차로 가판대의 교차로 신문을 읽습니다. 외국의 어떤 부부가 결혼식날 아내에게 다이아몬드 반지를 해 주었답니다. 그런데 당근 밭에서 아내는 반지를 잃어버립니다. 아무리 찾아도 반지는 보지 않았어요. 10년이 흐른 어느 날, 당근을 수확하다가 몸통이 잘록한 당근 한 개를 발견하고선 자세히 보니 세상에 다이아 반지가 당근의 몸통에 끼어있다지 뭡니까? 소중한 것은 언젠가는 다시 만나게 된다고 작가는 말합니다. 우리는 얼마나 정성을 들여 소중한 것과 만나고 헤어질까요? 클릭 한 번에 지워지는 전화번호 같은 인연이었으면 반성해 볼 일입니다.

다시 길을 걷습니다. 뒷동산으로 오르는 등산로가 비에 씻겨 깊이 파였습니다. 산중의 비는 후드득 내립니다. 이파리의 속살을 스치며 빗방울이 빗방울을 더해 굵은 빗방울로 떨어집니다. 숲에서 후드득 소리가 납니다. 들판의 비는 속삭이듯 내립니다. 마치 사랑하는 사람이 귀에 대고 속삭이는 듯합니다.

비 오는 날, 시골 들판을 우산도 없이 걸어본 적 있으세요?

들깻잎은 빗물을 송골송골 매달고 있습니다. 고구마 순은 널따란 이파리를 팔랑댑니다. 밭고랑에 고인 물이 모여 도랑물이 됩니다. 시냇물은 졸졸 소리를 내고, 도랑물은 도란도란 소리를 냅니다. 신기하죠. 다 같은 물인데 어디서 흐르느냐에 따라 소리가 다르니 말입니다.

빗물은 머리부터 어깨 쪽으로 무너져 내립니다. 머리가 젖고 어깨가 젖고 등이 젖습니다. 밭 한 귀퉁이에 녹슨 호미가 보입니다. 철로 된 물건은 쓰지 않으면 쉬이 녹이 슬게 됩니다. 녹은 쇠를 갉아먹습니다. 집도 마찬가지입니다. 주인이 없는 빈 집은 금방 허물어집니다. 사람도 그렇습니다. 운동을 하지 않으면 금방 병을 얻습니다.

농기구 중 남자는 낫과 괭이를 주로 쓰고 여자는 호미를 주로 씁니다. 예전에 어머니는 몸빼바지에 수건을 둘러쓴 채 호미를 들고 밭으로 가십니다. 종일 밭고랑의 풀을 뽑고 부추 사이의 풀을 뽑습니다. 어머니의 호미는 한시도 녹슬 날이 없습니다.

어느 날 시골에 가니 처마위에 놓은 낫이 녹이 슬어있더군요. 괭이도 녹이 잔뜩 슬어있습니다. 아버지가 하늘나라에 가시고 어머니마저 떠나신 어느 날, 호미도 마침내 녹이 슬었습니다.

고 노무현 전 대통령 생가가 있는 봉하마을 근처의 봉화산에 오르면 '호미든 관음상'이 있습니다. 하얀 옷을 입은 여인이 오른손에 호미를 들고 걸어가는 모습의 관음상인데 그 호미는 언제 보아도 녹이 슬지 않습니다.

온몸으로 비를 맞고 산을 내려오는 내내 나는 녹슨 호미를 생각합니다. 그리고 어머니를 생각합니다.

매화마을 꽃 중의 꽃

봄이 더디 온다.
오면 팔 벌려 안아주고픈 봄이 남녘에서 멈칫 거린다.
안 되겠다. 봄, 네가 더디 오면 내 너를 마중나가리.

요 며칠 유난히도 봄꽃이 그립다. 옷을 훌훌 벗어던지고 찬란한 봄 향기로 목욕하고 싶다. 겨우내 만신창이 된 몸을 봄꽃으로 어루만지고 싶다. 그래서 택한 곳이 광양 매화마을이다.

용인에서 자가용으로 3시간 30분, 왕복 7시간을 운전해야 한다. 그리고 현장에 도착해서 정체될 시간과 답답함을 생각하니 겁이 난다. 그래서 나는 산악회를 따라가기로 한다. 오전 11시 30분에 버스는 관동마을에 도착한다. 일부는 산행을 해서 매화마을에 도착하고 일부는 마을을 구경하며 섬진강을 따라 트레킹으로 매화마을에 가기로 한다.

1930년 경 50그루의 매화나무를 심은 게 최초였다고 문헌은 전한다. 청매실 농원의 주인장 홍싸리 여사는 이곳에 터를 잡고 외로워서, 사람이 그리워서 매화나무를 심기 시작했단다. 수만 그루의 매화가 만발하면 사람이 모일 테고 지금이 바로 그때라고 홍 여사는 말을 하면서 웃음꽃이 활짝 핀다. 50그루로 시작된 매화마을이 지금은 집집마다 마을마다 온 산이 매화꽃으로 넘쳐난다. 겨우 4시간여를 달려왔을 뿐인데 이곳은 별천지다. 매화 숲에선 사람이 꽃이 된다. 매화는 천지를 온통 하얗게 색칠하고 이따금 꽃잎처럼 사람이 머문다. 꽃이 풍경이 되고 사람이 꽃이 되는 곳이다.

우리 일행은 한가로운 매화 숲길을 걷는다. 관동마을의 작은 마을길은 직선이 없다. 산기슭의 산세에 따라 길은 구부러지고 펴지고 급히 돌아 나가다 멈칫 거리며 마을을 휘돈다. 배딩이재와 진등재에서 흘러내린 계곡물이 매화 숲을 적실 때, 골은 졸졸졸 시냇물 소리를 매화꽃에게 전한다. 매화가 배시시 웃는다. 벌이 미소 짓는 꽃술에 살포시 입을 맞춘다. 벌의 달콤한 입맞춤에 꽃이 어쩔 줄 모른다. 매화 숲은 맨 처음 사랑이 시작되는 곳이다. 벚꽃보다, 진달래보다 앞 다퉈 꽃 피우고 절절한 사랑을 노래하니 말이다.

졸졸졸 소리 나는 시냇가에 앉아 우리는 컵라면을 먹는다.

"앗! 젓가락을 넣지 않았어요. 어쩌죠? 잠깐만요."

나는 근처 개울가의 마른 나뭇가지를 나란히 꺾어 젓가락을 만든다. 휘어진 젓가락을 보며 일행 중 한 분이 빙그레 웃는다.

"혹시, 농약이 묻어있으면 어쩌죠?"

"아이고, 겨우내 눈비 맞으며 씻겼을 텐데 뭘 걱정하십니까?"

휘어진 나무젓가락으로 겨우 먹는 컵라면이 맛있다.

우리 일행은 관동 마을의 시골길을 터벅터벅 걷는다. 즐겁다. 세상 근심은 멀리 날리고 온통 꽃에 취하고 시골 마을길에 흠뻑 취해 걷는다. 경운기가 있어 올라가 본다. 어릴 적 경운기의 시동을 걸던 외가댁 형님 모습이 떠오른다. 담장 아래 동백꽃이 피었다. 붉은 동백꽃과 흰 매화꽃 그리고 붉은 매화인 흑광이 매혹스럽게 우리의 부푼 가슴을 설레게 한다. 오래오래 걷고 싶다. 천천히…….

섬진강 줄기 따라 우리는 매화마을까지 4.5km를 걷는다. 섬진강은 넓고 물은 맑다. 수초도 있고 강줄기 안에 솟아오른 모래섬도 있다. 강변을 걷는 사람들의 얼굴이 싱그럽다. 도로가에는 쑥이 올라 봄을 만끽한다. 강변에 우거진 대숲 바람은 수런거리며 흔들린다. 약간의 피로가 몰려올 즈음 우리는 매화마을에 도착한다. 청매실 농원이 있는 매화마을의 최종 목적지다.

수없이 많은 인파가 봄을 만끽하려 몰려온다. 사람이 드문드문 보이던 관동마을 매화 숲의 사람은 분명 꽃으로 보였는데, 지금 이곳은 사람이 기차 같다. 하얗게 드리운 눈 천지를 길 따라 사람기차가 움직이는 것이다. 우리는 청매실 농원의 아름드리 늘어선 항아리 단지를 구경하며 산을 오른다. 꽃비봉 산을 향해 오르자 매화마을의 숲이 통째로 시야에 들어온다. 그리고 중간에 있는 초가집 두 채, 동양화가 따로 없다.

멀리 시선을 옮기니 인적이 뜸한 길 하나가 보인다. 구불구불 매화 숲 사이에 이어진 길이 가슴 벅차게 아름답다. 산 아래 대숲길은 영화 "취화선"을 찍은 장소라고 한다.

손으로 세 뼘 정도의 굵기가 되는 커다란 대나무의 숲은 담양 죽녹원 부럽지 않다. 대와 대 사이로 이따금 파고 들어오는 햇살 줄기의 빛내림이 눈부시다. '꿈인가?' 잠시 착각을 한다.

우리들은 이 아름다운 숲길을 걷고 또 걷는다. 같이 오신 분들도 미소가 떠날 줄 모른다. 나는 지금 이 순간을 원 없이 즐긴다. 세상의 근심을 묻어둔 채 철저히 꽃의 세상에 동화될 수 있는 시간, 아! 얼마나 아름다운 순간인가.

우리는 파전에 매화국수로 아쉬운 마음을 달랜다. 이제는 올라가야 할 시간이다. 힘들여 찾아온 나의 봄마중은 오래오래 아름다운 추억으로 각인될 것이다. 매화꽃 펄펄 흩날리는 광양에서 꽃에 취해 쓴다.

정이산

호(號)는 다원(茶園)
충남 부여군 출생
한양대학교 법학과 졸업
고려사이버대학교 실용외국어학과 졸업
2004년 8월호 <월간 스토리문학> 시부문 등단
한국스토리문인협회회원
문학공원 동인
시마을 동인
자작나무수필 동인
정이산 문학카페 홈페이지 주소 : http://cafe.naver.com/isan

아베 총리의 '의자 외교' 외 2편

정 이 산

인간은 사회적 동물이기 때문에 부족국가나 나라를 세워서 지도자를 뽑고 받들어 역사가 만들어지는 것은 피할 수 없는 일이다. 과거 왕조시대에 왕이 앉는 자리는 특별한 곳이라 신하들이 앉는 자리보다 화려하였고, 우리나라에서는 '용상'이라고도 말했다. '자리가 사람을 만든다.'는 말도 있듯이 사회적 지위에 따라 좌석이나 의자의 모양이 다르다는 것은 성인이라면 잘 아는 사실이다.

지난 2017년 6월 8.일 정세균 국회의장이 일본 총리 관저에서 아베 총리를 만날 때 의자의 높이가 다르게 되어 있었는데 정 의장이 '그렇게 하면 만나지 않겠다'고 말해서 의자의 높이와 색깔을 같게 맞추도록 고쳐서 면담을 하였다는 사실이 밝혀졌다.

그런데 일본 아베 총리가 2017년 12월 14일 자유한국당 홍준표 대표와의 면담과 2017년 12월 19일 강경화 외교부장관과의 면담에서 촬영된 사진을 자세히 보면 아베 총리의 의자는 홍 대표와 강 장관의 의자와 구별되게 무늬가 있고 외관상 의자 크기도 크고 높이도 약간 높은 것처럼 보인다고 여러 언론에서 '의자 외교'를 비판하고 있다.

이처럼 일본 총리가 한국의 정치지도자와 면담할 때에 만나는 사람에 따라 민감하게 상대방의 의자를 교체하여 만나는 이유는 무엇인지를 잠시 생각해본다. 아베 총리는 면담하는 상대방이 한국의 대통령이나 최고위급 인사가 아니면 총리와 동등한 의자를 배치하지 않고 약간 높이도 낮으며 덜 비싼 의자를 배치하는 것을 외교 관례처럼 보이도록 하는 것으로 추측된다.

필자가 이러한 아베의 '의자 외교'에 대하서 이야기 하고 싶은 것은 '사람은 인간관계에서 타인과 만나서 어떻게 처신해야 하는가?''이다. 마태오 복음 제23장 12절에 보면 "누구든지 자신을 높이는 이는 낮아지고, 자신을 낮추는 이는 높아질 것이다."라고 말씀하신다. 이 구절의 뜻은 세상을 살아가면서 '남을 대할 때에는 자신을 낮추고 겸손하게 살아라.'는 것을 강조한 것으로 해석한다.

국가 간의 외교를 '총성 없는 전쟁'이라고 말하지만 아베 총리가 한국의 정치 지도자들과 만날 때마다 상대방의 지위에 따라 의자를 바꾸는 허세는 위 성경의 말씀을 보면 너무 지나친 행위가 아닌가 생각된다. 왜냐하면 총리가 지위가 낮은 사람을 만나더라도 똑같은 의자를 배치한다고 해서 자기의 품위나 인격이 낮아지는 것이 아니기 때문이다.

문화선진국과 강대국이란 그 나라가 선진국이라고 자랑하거나 국력이 강하다고 말하지 않아도 후진국이나 약소국의 국민들이 먼저 알고 있다. 그렇기 때문에 선진국이나 강대국이 되려면 국민 각자가 후진국이나 약소국의 국민을 얕보지 말고 겸손하고 도덕적으로 배울 점이 있어야 할 것이다. 그래야 진정한 선진국으로 대접을 받을 수 있는 자격이 있기 때문이다.

귀촌 이삿짐에서 나를 되돌아보다

아침부터 겨울비가 추적추적 내린다. 엊그제가 동짓날이었고 오늘은 크리스마스이브인데 바라던 하얀 눈은 내리지 않고 비가 내리니 어쩐지 기분마저 우울하다. 어제는 하루 종일 서울에서 살 때 지니고 있던 자잘한 물건들을 정리하였다.

1999년에 입주한 아파트에서 17년간 살다가 이삿짐으로 가져온 것을 정리하다 보니, 그동안의 전자제품 변천사를 보는 것 같았다. 필름 카메라와 사진첩, 캠코더, CD플레이어, DVD, 여러 개의 폴더 휴대폰, 여기에 딸린 전선 케이블과 코드, 많은 휴대폰 건전지 등이 가득했다.

21세기 이후에 수많은 전자제품들이 새로 나왔다가 일순간에 사라졌다. 그만큼 기술 변화의 속도가 빠르다는 증거이다. 지금 위에 열거한 물건들의 기능은 현재의 스마트폰 하나만 있으면 거의 다 그 성능을 사용할 수 있을 정도로 바뀌었다.

필자가 귀촌하여 이삿짐 잡동사니들을 정리해보니 왜 그토록 사용하지도 않는 물건들을 가지고 살아왔는지 나 스스로도 놀랐다. 요즈음은 5년만 지나면 우리가 가지고 있는 물건이 쓸모없는 것으로 변하는 경우가 종종 생긴다.

그러면 왜 그렇게 기술 변화는 가속화 되는가? 그것은 컴퓨터와 정보기술(IT), 인공지능(AI)기술이 눈부시게 발전하기 때문이다. 앞으로 10년 후에는 현재 가지고 있는 컴퓨터, 노트북, 스마트폰, 오디오 제품, 자동차는 전부 구시대의 유물이 될 것이라 예상된다.

지금 사용하는 컴퓨터나 노트북은 사물 인터넷의 발전으로 컴퓨터가 없어도 Wi-Fi(와이파이)로 인터넷이 접속되는 곳은 컴퓨터를 사용할 수 있을 것이고, 인공지능 자동차의 급속한 발전으로 자동차 속에서 컴퓨터 없이 인터넷을 하며, 자동차 카페도 등장하여 '움직이는 카페'도 출현되리라 예견된다.

이토록 정보통신기술(ICT)의 융합으로 이루어지는 4차 산업혁명으로 새로운 세상이 올 경우 우리 인간에게는 어떤 변화가 올 것인가? 이러한 기술 혁명의 바탕에는 물, 공기, 전기, 가스 등 기본적인 원자재가 있어야 하기 때문에 이와 같은 깨끗한 천연 재료를 확보하기 위하여 각 국가 간의 무한 경쟁이 이루어지고, 이를 보존하고 자원을 획득하려는 정책이 가장 중요할 것이다. 그리고 현재 사회에서 존경받고 젊은이들이 선호하는 직업들의 순위가 많이 바뀌고 대학에서 인기 있는 학과들의 변화도 생길 것이다.

위와 같은 변화의 물결은 이미 선진국에서 이미 시작되었고, 우리나라도 앞으로 젊은이들이 대학 진학이나 직업을 선택할 경우에 오십 년, 백 년을 내다볼 수 있는 비전과 안목을 가질 수 있도록 획기적인 정책을 수립하여 교육과 홍보를 강화하여야 할 것이다.

고독으로 밤을 잊은 그대에게

사람이 어머니 뱃속에서 태어나 자기 스스로 살다가 죽으면 홀로 떠나가야 할 숙명은 하늘이 미리 정해 놓은 것이다. 다시 말하면 인간에게 고독이란 '피할 수 없는 그림자' 같은 것이다. 그런데 요즈음 고독이란 모든 인간에게나 존재하는 것으로 받아들이지 않고, 이를 피하거나 벗어나고자 스스로 목숨을 끊는 사람들이 점점 증가하니 슬픈 심정이다.

이처럼 고독을 참고 이겨내지 못하는 사람들이 왜 많아질까? 최근에 우연히 방송에서 유명한 MC이었던 분이 미혼으로 혼자 살다 보니 많은 고독과 외로움을 느끼며 후배들에게 좋은 연인이 있으면 빨리 결혼하고 싶다고 호소하며, 또한 그가 지금 살고 있는 최고급 아파트도 빈 껍데기로 생각한다고 말하고 있었다.

그리고 단독 가구에서 독신으로 사는 사람들이 급증함에 따라 고독과 외로움으로 고통을 느끼는 사람이 많다고 한다.

영국의 작가 대니엘 디포(Daniel Defoe)의 장편 소설 『로빈슨 크루소』에서와 같이 갑자기 배가 난파되어 무인도에 도착하여 홀로 살게 될 경우를 가정해보자.

나는 이러한 상황에서 세 가지 부류의 인간이 있을 수 있다고 생각한다.

첫 번째는 한 달 정도 혼자 생활하다가 심한 고독과 불안으로 점점 고통을 참지 못하고 굶주려서 스스로 죽음을 선택하는 사람이다. 두 번째는 1~2년 정도는 무인도에 최대한 적응하여 나무 열매나 짐승, 물고기 등을 잡아서 생명을 유지하지만 끝내 고독과 외로움을 이겨내지 못하고 낭떠러지에 서서 거센 파도에 몸을 던져 익사하는 사람이다.

마지막 세 번째는 '로빈슨 크루소'처럼 언젠가는 살아서 나갈 수 있다는 희망을 갖고 성경을 읽으며 신은 자기를 버리지 않고 보호해 주신다는 굳은 신앙을 가지고 하루하루 즐겁고 감사하게 사는 사람이다.

'로빈슨 크루소'는 실제로 위와 같이 살다가 27년째에 영국 배가 나타나 구출된 사람으로, 30여 년 만에 고국에 돌아오니 낯설고 타국처럼 느껴졌으나 브라질의 농원에서 막대한 돈이 들어와 행복하게 살았다.

이글을 읽는 독자가 지금 고독과 외로움으로 고통을 받고 있다면 '위 세 부류의 사람 중 어떤 사람의 길을 선택할 지를 생각해 보라.'고 말하고 싶다. 위의 첫째, 둘째 사람은 삶의 목적을 뚜렷이 갖지 않고 살았기 때문에 귀중한 목숨을 쉽게 버린 것이다. 그렇지만 세 번째 '로빈슨 크루소' 같은 사람은 자기는 꼭 살아서 고국에 갈 수 있다는 신념과 하느님에 대한 굳건한 신앙이 있었기에 마침내 고국에 돌아가 인생의 행복을 찾을 수 있었다.

필자는 누가 지금 고독과 외로움으로 방황하고 있다면 '삶의 목적을 다시 세워서 신념과 신앙이 이끄는 삶을 살아 보라."고 말하고 싶다. 그리고 그대가 잘 아는 친지나 이웃 사람이 고독과 외로움으로 고통을 받고 있다면 고독이란 잠시 머물다 가는 무인도이라고 생각하고 '로빈슨 크루소'처럼 이를 참아 내며, 원시 불교의 경전인 '수타니파타'에 나오는 다음 시구詩句인 '무소의 뿔처럼 혼자서 가라.'고 말하고 싶다.

소리에 놀라지 않는 사자처럼 (여사자성불계如獅子聲不驚)
그물에 걸리지 않는 바람처럼 (여풍불계어망如風不繫於網)
진흙에 더럽히지 않는 연꽃처럼 (여연화불염진如蓮花不染塵)
무소의 뿔처럼 혼자서 가라. (여서각독보행如犀角獨步行)

지성찬

아호는 설정(雪庭)
1954년 연세대학교 상경대학 경영학과 졸업
1980년 <시조문학> 추천으로 등단
계간 <스토리문학> 주간, <시조세계> 편집위원
한국시조시인협회 감사
스토리문학상 대상 수상
수필 「깨끗한 그릇」이 중학교 1학년 2학기 교과서에 실림

시집 『서울의 강』, 『서울에 사는 귀뚜리야』, 『가을엽서』, 『하늘에서 보낸 편지』 『대화동 일기』 『백마에서 온 편지』(우리시대 우리시조 100인선), 『대화동 일기』 외 다스
수필집 『깨끗한 그릇』
가곡, 성가곡, 합창곡, 칸타타등 200여곡 작사

씨암탉을 잡아먹다

-꽃 같은 젊은이를 보면 눈물이 난다-

지 성 찬

(이 글은 2004년에 쓴 글로, 발표하지 못했던 것으로 글의 내용은 청년들에게 일자를 주지 못하는 현 사회에 관련된 글입니다. 그 당시에는 이를 심각하게 인식하지 못했던 관계로 지면을 얻을 수 없었습니다)

어제 밤에는 꿈에 한 요정이 나타나서 다음과 같은 재미있는 이야기를 생생하게 전해주었습니다.

옛날 옛날 아무것도 없는 찢어지게 가난한 어느 농가(한국)에서 어떻게 운 좋게 돈을 빌려서(차관) 씨암탉(공장/기업)을 몇 마리 샀습니다. 그래봤자 나오는 계란은 몇 개 안 되어 온 식구가 골고루 나누어 먹지 못했지요. 권위적인 가장인 아버지(군사정권: 박정희-전두환)는 장남(기업가/재벌)이 집안의 기둥이라고 특별히 장남에게만 계란을 먹이고 나머지 계란은 모두 시장에 팔아(수출) 씨암탉 수를 늘려만 갔습니다. 먼저 씨암탉수가 늘어야만 나중에 모두가 잘 먹고 잘 살 수 있다면서(선성장/후분배). 그렇게 해서 씨암탉 수가 늘어났는데도 아버지는 계란을 동생들에게는 계속해서 별로 나눠주지 않았습니다(권위주의의 지속). 반면 장남은 닭고기도 맛있게 먹을 수 있었지요. 항의하는 동생들에게 회

초리만 때릴 뿐이었습니다(유신/5.18). 그러던 중에 아버지가 불의의 사고로 죽고(10.26,79/87년) 동생들도 목소리를 높이게 되었습니다. 어찌 형만 계란을 먹을 수가 있냐고, 그래서 이제 숫적으로 우세인 동생들도 씨암탉에서 나오는 계란과 그로부터 나오는 수입을 마음껏 이용하게 되었고 급기야는 계란만으로는 성에 안차 씨암탉도 몇 마리 잡아먹었습니다(90년대초 임금상승). 어차피 늙은 씨암탉(저임금-수출산업)이긴 했습니다만. 이제 집안의 가장이 된 맏형은 동생들도 잘 먹여야 했기 때문에 더 많은 계란이 필요하다는 것을 깨닫게 되었습니다. 그래서 새로 산 씨암탉에게 많은 모이를 주기 시작했습니다(부채비율 증가, 중복투자). 또한 오골계烏骨鷄 같은 새로운 품종도 빚을 내서 들여왔습니다(신규업종진출: 삼성자동차, 기아특수강, 한보특수강 등). 그런데 이 씨암탉들이 알을 더 낳기는커녕 영양과다에 따른 비만으로 쓰러져 죽는 사태가 벌어졌습니다. 오골계 같은 새로운 품종도 길러 본 경험이 없어서 그만 비실비실하게 만들었습니다. 거기다가 몇몇 닭은 병까지 들었습니다(1997년 기아, 한보 위기등). 이 사실을 안동네 빚장이들이 돈 돌려달라고 난리가 났습니다(외환위기). 잘못하면 오래 살던 동네에서 쫓겨날 사태로 번지자, 어머니가 동네에서 제일 돈이 많다는 어떤 집(IMF)에 돈을 빌리러 갔는데, 그 집에서 와서 하는 말이, '닭을 잘못 길렀구먼, 우리가 시키는 대로 안하면 돈을 못빌려 주겠어요'라면서 '이 닭 저 닭 다 병들었으니 죽이라'는 것이었습니다(IMF에 의한 고금리 정책 및 일방적 구조조정 정책). 그래서 일부는 건강한데도 어쩔 수 없이 죽여야 됐고, 나머지 살아남은 닭들의 일부도 헐값에 팔아야만 했습니다(국부유출). 돈이 없어 모이도 변변히 주지 못하게 주니 일부 힘센 닭이 모이를 독차지했습니다(소수재벌의 성장). 너무 욕심을 부린 닭들은 죽고 말았지만(대우, 현대건설) 그래도 살아남은 힘센 암탉들(삼성, 현대차, LG)은 알을 잘 낳지만, 전 식구 생계를 책임지는 데는 한계가 있었지요. 더구나 어머니가 진 빚은 엄청나게 불어난 상태였습니다(공공부채). 그 상황에서 몇몇 부실한 닭(부실했던 사양업종 중소기업 및 대기업)을 어머니(정부-김대중)는 정성스레 길러서 어느 정도 건강하게 되돌려놓았습니다. 그런데 몇몇 철없는 동생들(노조)이 배고파서 이제는 더 이상 못 참겠다고 합니다.

그러면서 암탉이 낳은 알을 몰래 훔쳐 먹기도 하고, 심지어는 잡아먹게 해달라고까지 합니다. 하지만 너무 어린 막내 동생(청년실업/비정규직/비노조 노동자)은 그러지도 못하고 그냥 굶기만 하고 있습니다. 맏형(재벌-전경련)은 '너네가 계란 심지어는 씨암탉까지 잡아먹어 버려서 막내 동생에 주려고 해도 줄게 없다. 좀 작작해라'라고 말하지만 자기도 과거에 혼자만 닭고기를 맛있게 먹었던 적이 있고 몰래 계란을 먹은 적도 있고 집안에 곤란을 초래한 것도 본인이라 동생들에게 전혀 권위가 서지 않습니다. 오히려 동생들에게 자꾸 그러면 건강한 암탉을 데리고 자기 혼자 분가해서 다른 동네 가서 살겠다고 뻔뻔스럽게 위협만 합니다(해외이전). 동생들도 워낙 오랫동안 배고프다 보니 스스로 자제할 수가 없습니다. 더구나 먹을 수 있을 때 안 먹으면 다음에는 형 때문에 못 먹는다는 생각이 드니 말입니다. 맏형과 동생들 사이에 쌓인 갈등의 골은 너무나 깊어서 화해가 쉽지가 않습니다. 그런데 이런 아들들을 꾸짖거나 화해시켜야 하는 어머니(정부-노무현)는 그런 상황에서 도대체 누가 옳은지 알 수가 없습니다. 권위적이었던 아버지와 달리 인자하기만 한 어머니는 인자함의 도가 지나쳐서 그런지 그저 가정의 화목만 막연히 빌고 무대책으로 있을 따름입니다. 어떻게 하면 가족이 화목해질 수 있을지, 다 함께 잘 살 수 있을지에 대한 생각이 전혀 없을 뿐 아니라 그렇게 만들 능력도 없는 것처럼 보입니다. 그냥 아들들의 의견을 다 들어주면 될 거라고 믿는 것도 같습니다. 동생들이 계란과 씨암탉을 모두 먹겠다고 하면 오냐오냐 그래라 합니다. 다른 한편으로 경제권을 쥔 맏아들이 밖으로 나가 따로 살림을 차려 혼자 살겠다고 할까봐 눈치를 봅니다. 아들들을 꾸짖지도 않고 화해시키지도 못하니, 남은 빈방에 사람을 월세로 들이려고 해도(외국기업유치) 집안의 불화가 온통 소문이 나서 아무도 들어오려고 하지 않습니다. 가정의 화목의 기미는 보이지 않고 분란만 일어나니, 동생들은 곧 있으면 계란 뿐 아니라 몇 마리 남지 않은 목숨과도 같은 씨암탉까지 몽땅 잡아먹을 태세이고, 맏아들은 몰래 계란과 씨암탉을 빼돌리거나 어디론가 도망칠 궁리만 하고 있습니다. 그리고 한편 차가운 그늘에서 막내 동생은 영양실조로 시들어가며 고통받고 있습니다.

현 한국경제의 닭장에는 아직도 적지 않은 닭들이 남아 있는데, 몇 마리는 건강한 알을 잘 낳고 있지만, 늙어서 폐기해야 할 닭, 병든 닭, 알을 낳지 못하는 닭, 먹이만 축내고 성장하지 않는 닭뿐입니다. 어미닭으로 커야할 병아리가 없는 것도 이 닭장을 오래지 않아 철거해야 하는 원인입니다. 닭장을 철거해야할 처지가 되면 쓸 만한 씨암닭을 모두 시장에 내다 팔아야 할 것입니다. 절대로 팔아서는 아니 되는 씨암닭을 시장에 파는 것은 절망입니다. 자기의 닭장이 없어지고 보면 남의 집 닭장을 거지처럼 기웃거릴 것이고, 배가 고프니 산으로 뿔뿔이 흩어져 풀뿌리나 캐고, 물로 배를 채울 수밖에 없을 것입니다.

어디선가 들은 얘기에 따르면 천국과 지옥 둘 다 똑같이 쾌적한 환경이라는 것입니다. 유일한 차이는 천국과 지옥에서는 숟가락이 팔꿈치에 붙어있다는 것입니다. 사람은 절대로 자기 팔꿈치를 혀로 핥을 수 없다고 합니다. 거기에 붙어있는 숟가락으로 밥을 먹는다는 건 어림도 없습니다. 그래서 천국과 지옥의 차이는 식사시간에 드러난다고 합니다. 천국에서는 서로가 서로에게 밥을 먹여주는데, 지옥에서는 자기 욕심에 제각기 밥을 먹으려고 해도 먹을 수가 없습니다. 그래서 지옥에 있는 영혼들은 항상 배가 고프다고 합니다. 한국도 이와 비슷합니다. 혹은 자기 욕심 때문에, 하지만 보다 더 중요하게는 권위주의 부패정치와 분배의 불평등으로 점철된 그간의 역사로 인해 생긴 서로간의 불신 때문에, 서로간에 자기가 먼저 상대방에게 밥을 떠 먹여줘도 상대방이 자기에게 밥을 떠 먹여주지 않을 거라는 상당히 근거 있는 불신 때문에 한국도 모두가 배고픈 지옥이 되어가고 있습니다.

이러한 혼탁한 사회에 매년 첫발을 내딛는 꽃 같은 젊은이 70여만 명은 오랜 시간 동안 정성을 들여 길러낸 우리의 꿈나무입니다. 70여만 명의 젊은이들에게 일자리를 줄 수 없는 상황은 오늘날 한국의 비극이요 미래의 한국에 대한 절망의 서곡입니다. 젊은이들이 할 수 있는 일은 단순 노동으로만 가능한 서비스분야일 뿐이고 힘깨나 쓴다하면 조직폭력배밖에 될 수 없으니 필자는 우리 젊은이들이 너무 너무 불쌍하기만하여 눈물이 납니다. 마음으로라도 이 젊은이들에 대하여 생각해 본 적이 있으십니까? 사랑이 없는 세상은 사막이 됩니다. 종국에는 우리 모두가 죽음과도 같은 황폐한 그 사막에 살게 될 것입니다.

사막화 되어가는 이 사회에 한 그루 사랑의 열매가 열리는 나무를 심어야 합니다. 한국의 정책입안자들은 땜질식 방안 모색에 익숙해 있고 또한 많은 사람들이 한국경제의 건강상태를 매우 좋은 것으로 착각하고 있는 점도 큰 문제 중의 하나입니다.

그러한 가운데서 적절한 정책을 수립하여 실천하려는 의지는 전혀 없고, 자유방임의 상태로 지금 한국경제는 정처 없이 떠내려가고 있음은 매우 안타까운 일이 아닐 수 없습니다.

몇 품목을 제외하면 한국경제는 매우 허약한 상태로 빈사상태를 헤매고 있음을 정책당국은 전혀 모르는 것인지 숨기는 것인지 알 수가 없습니다. 알고 있다면 지금이라도 용기를 내어 알려주고, 몰랐다면 지금이라도 그에 대한 장기적 치유처방으로 이 나라를 살려야 하지 않겠습니까? 암에 걸려 시한부 인생을 살아야 하는 환자에게 의사가 환자의 상태를 솔직히 얘기해 주는 것은 히포크라테스의 정신에 의한 의사로서의 사명을 다하는 일인 것과 같이, 국가의 경영을 책임진 당국자는 성실한 관리자의 자세로서 한국경제, 사회의 모든 상황을 스스로 확인 분석하여 객관적 결론을 도출하고 이에 대한 대처방안을 마련하여 즉시 실천에 옮겨야 합니다. 한국경제가 유기체로서의 생명을 상실하여 객관적으로 시체로서 확인되어 사망진단서를 발급해야 하는 시점에 근접해 가고 있지 않나 하는 두려움을 갖고 있습니다.

필자는 6-70년대에 섬유류 수출에 종사하여 꽃 같은 젊음을 다 바쳐서 많은 외화를 벌어드려 한국경제발전에 미력하나마 힘을 보탰던 사람들 중의 한 사람으로 한국경제 재건에 일조한 긍지와 보람을 갖고 살아왔는데 이제는 그 모든 것이 물거품으로 돌아가는 이 시점에서 매우 허탈하고 안타까운 심정은 마치 어둠의 장막이 서서히 내리려는 황혼 무렵의 핏빛노을을 바라보며 울부짖는 어느 드라마의 무대를 바라보는 느낌입니다.

그렇게 일시적으로 화려했던 한국경제 성장의 드라마는 서서히 막을 내리고 있는 것입니다. 그러나 관객들은 다음에 막이 오를 희망찬 낙원의 드라마를 기대하지만, 그러한 드라마를 기획, 연출할 사람도 없고 유능한 배우도 없습니다.

희망은 절망의 현실을 극복할 수 있는 힘이며 보람찬 내일에 대한 기대입니다. 현재의 상황이 그리 비극적이지는 않더라도 우리에게 내일의 희망이 없다면 우리는 이미 절망 속에 있는 것입니다. 남미와 같은 유형의 "경제파탄"이 문 앞에 서서 문을 두드리고 있는데도 무대책으로 태평성대를 누리고 있으니 한심한 일입니다.

이미 십 수 년 전에 '경제파탄'이라는 이름의 옥동자를 잉태하여 이제 그 출산을 눈앞에 두고 산모의 진통은 이미 시작되었습니다. 이것은 선량한 국민들에게 뼈가 으스러지는 아픈 교훈이 될 것이고, 돌이킬 수 없는 역사의 한 페이지로 기록될 것으로 보입니다. 이미 돌아올 수 없는 다리를 건넜기 때문에 우리국민은 큰 고통에 시달릴 것이니 참으로 안타까운 일입니다. 이러한 결과를 초래한 것은 낭비와 과소비도 한 몫을 하였으니 이번에 닥쳐오는 이 심한 불황의 깊은 절망의 늪에서 우리 국민들은 깊이 자성해야 할 것입니다. 한국에는 각 나라에서 많은 공부를 하고 박사학위를 가진 수많은 경제학자가 있고, 수많은 엘리트가 숲을 이루는 이 정부의 어느 누구도 깨어 있지 아니하고 모두 진시황의 아방궁 같은 단꿈을 꾸면서 화려한 높은 누각에서 달콤한 잠에 취해 있으니 매우 통탄할 일이 아닐 수 없습니다.

현 정부는 너무 많은 숙제와 난제를 안고 있습니다. 화목하고 서로 합리적으로 타협-양보하는 노사관계, 그리고 생산적 기업체가 절대적으로 보호 육성되는 분위기와 정책이 없이는 어느 나라도 한국에 투자를 하지 않을 것입니다.

그런데 요즈음 소위 잘 나고 똑똑한 사람들은 우리나라와 같은 곳에서 골치 아프게 기업을 경영하려 하지 않는다는 사실을 당국자는 알고 있는지 모르겠습니다. 여기에 문제가 있습니다.

기업을 창업하여 많은 고용을 창출해야 할 사람들의 재화와 유능한 인력이 아파트 투기를 하고 땅 투기를 하는 수단으로 잘못 오용되고 있는 것입니다. 부동산 사업을 함에 있어서는, 호랑이처럼 무서운 노동조합에 시달리지 않고 당국의 시시콜콜한 시어머니 같은 간섭도 받지 않으니 이 보다 더 좋은 안식처가 어디 있습니까? 이 사회에서 가장 전망이 좋은 사업은 모텔 사업이 분명합니다. 그 이유는 해가 갈수록 이혼 가정이 늘어나니 자연히 시대적 특수를 누리며 번창하겠지요.

모텔이 날로 독버섯처럼, 악성종양처럼 돋아나서 화려한 황금시대를 구가하고서야 이 나라가 어떻게 온전할 수 있단 말입니까? 대낮에 일하지 아니하고 어린 소녀를 돈으로 사는 부도덕한 사회, 호화목욕탕이 점점 늘어가는 세태는 망했던 로마의 역사를 그대로 다시 옮겨 쓰고 있는 것에 다름 아니며, 소돔과 고모라도 이 보다는 훨씬 더 나았을 것입니다. 이 나라를 망치고 있는 원인은 "도덕과 윤리는 책 속에만 갇혀있고, 가끔씩 학생들의 시험문제에만 등장하기 때문입니다." 이 시대에 도덕과 윤리를 얘기하는 사람은 어리석은 사람, 미친 사람으로 취급을 받는다면 너무 과장된 표현일까요? 물질만능, 물질숭배의 바이러스 균이 이 나라를 병들게 하였습니다. 사탕발림식의 대통령의 말 한마디로 한국에 투자하는 어리석은 투자자는 이 세상 어디에도 없습니다. 숲이 좋아야 희망을 노래하는 새가 깃 들고, 물이 맑아야 은빛 물고기가 찾아옵니다. 이 혼탁하고 더러운 물에 싱싱한 물고기가 찾아오리라고 절대로 기대해서는 아니 되고 기대하지도 말아야 합니다.

우리는 먼저 사회의 혼탁하고 오염된 물을 깨끗하게 정화해야 합니다. 그래야 돌아갔던 물고기를 다시 불러올 수 있습니다. 이에 대한 책임은 모든 국민이 져야 할 것이지만 그 중에서도 저를 포함한 교회의 모든 성도들이 그 책임을 져야할 것입니다.

장로가 더 파렴치 하고 반도덕적이며 비윤리적이니 말입니다. 성직자가 어린이를 성폭행하는 저주 받은 나라가 되었습니다. 그러고도 어떻게 그 더러운 입으로 신령한 하나님의 말씀을 입에 담을 수 있단 말입니까? 하나님의 심판의 때가 찼습니다. 예수님이 말씀하시기를 "독사의 자식", "양의 탈을 쓴 늑대"라는 말이 떠오릅니다. 교회가 독사와 늑대로 가득한 동물원이 교회가 되었다고 하나님이 질책하신다면 우리는 어떻게 대답해야 합니까?. 그나마 이 나라가 지탱하고 있는 것은 숨어서 눈물로 기도하는 많은 성도가 있기 때문입니다. 이런 예화를 들은 적이 있습니다. 평생을 새벽기도에 참여하는 성도가 새벽에 기도가 끝나고 집으로 돌아오는 도중에 남의 집 울타리에 열린 호박을 무심코 따다가 착한 식구들의 식탁에 올린다는 이야기는 시사하는 바가 많습니다. 믿음의 모양은 있으되 삶이 없다는 예화입니다. 하늘나라에 가면 분명히 하나님이 문 앞에 서서 말씀하시기를 "내가 너른 모른다"고 부인할 것입니다. 매달 십일조에, 감사헌금에, 선교헌금에, 구제헌금에, 특별헌금에 주일헌금까지 내시고도 하나님이 여러분을 모른다고 하시면 너무 억울하지 않으십니까? 이윤이 많이 남는 장사를 하시기 바랍니다. 교회에 많은 물질을 바치고도 천국을 가지 못한다면 이 보다 더 밑지는 장사는 없을 것입니다.

부자집 문 앞에서 밥상에 흘려진 음식을 간절하게 기다리던 나사로를 아십니까? 그 나사로를 하나님이 사랑하신 것을 아십니까? 가난한 나사로를 왜 하나님이 사랑하셨습니까? 마음이 가난했습니다. 나사로와 같이 되지 아니하면 절대로 천국에 들어가지 못합니다. 부자로 지옥에 가시렵니까 아니면 나사로와 같이 마음이 가난하여 천국을 가시겠습니까? 마음을 비우십시오. 전지전능하신 하나님이 지금 이 순간 여러분의 마음을 투명하게 들여다보고 계십니다. 비밀은 없습니다. 하늘이 알고 땅이 압니다.

지금 여러분의 문 앞에 있는 "나사로"를 대접하지 아니하면 하나님은 "나는 너를 모른다"고 부인하실 것입니다.

땅 투기 아파트 투기는 가난한 사람들을 살인하는 행위임을 왜 모르십니까? 이 땅의 법에 의한 부동산거래는 적법할 수 있어도, 하늘나라의 법으로는 사형으로도 부족한 중죄중의 중죄입니다.

부자가 천국에 들어가는 것은 낙타가 바늘구멍으로 들어가는 것 보다 어렵다고 2천 년 전에 예수님이 말씀하셨습니다. 하나님의 아들딸들이여! 재물은 근심의 시작이요 죄의 씨앗이며 재앙입니다. 사람을 병들게 하는 바이러스입니다.

필자가 알기로는 평생을 다 바쳐서 지은 빌딩을 하늘나라로 옮길 방법이 없고, 소유한 많은 돈을 하늘나라로 송금할 방법이 없습니다. 그 작은 몸으로 어떻게 수십만 톤의 빌딩과

수백 톤의 돈다발을 하늘나라로 옮기시려고 하십니까?

하늘나라로 가는 용달차도 없고, 가는 길도 없습니다. 갖고 가실 수 없는 돈이라면 살아있을 때 나누어주시기 바랍니다.

사람이 하늘나라에 갈 때는 오직 자기 이름만 가지고 갑니다. 사람은 좋은 이름이든 나쁜 이름이든, 오직 이름만이 자기의 소유입니다. 여러분의 묘비에 어떤 이름이 새겨지기를 원하십니까? "평생 더러운 방법으로 많은 돈만 벌면서 이웃을 괴롭히기만 하다가 하나님의 심판으로 죽

은 사람을 여기에 묻었다" "이웃을 내 몸 같이 사랑하며 한 시대를 살았던 진실한 사람이 여기에서 천사처럼 승천하여 하늘나라의 품에 안긴 아름다운 곳이다" 예수님의 이름같이 아름다운 이름이 기록되기를 원하십니까? 아니면 가롯 유다와 같은 저주 받은 이름이 기록되기를 원하십니까? 예수를 재판한 빌라도는 그래도 자기의 잘못이나 알았지만, 많은 성직자들이 빌라도 보다 못한 것은 개탄할 일입니다.

2-3년 후에 이 나라가 혹독한 경제파탄과 사회혼란에 직면한다면 주권자 되시는 하나님은 반드시 하나님의 자기 백성들에게 하늘나라의 법으로 책임을 물을 것입니다. 이 글은 하나님이 여러분에게 등기 속달로 보내는 내용증명입니다. 각자가 가지고 있는 모든 소유를 하나님 앞에 내놓고 회개하라는 하나님의 음성이 들리지 않으십니까?

하나님은 우리를 사랑하시기 때문에 우리에게 고통의 아름다운 선물을 준비하고 있습니다. 이스라엘 백성이 얼마나 많이 하나님의 속을 뒤집어놓았습니까?

손에 든 냄새나는 떡, 썩어가는 떡을 놓으시고, 하나님의 영원한 진리의 말씀을 받으라고 재촉하십니다. 늦지 않았습니다. 즉시 그 명령에 순종해야 할 때입니다.

상대를 배려하며, 상대에게 양보하며, 상대를 도와주며, 사랑하는 사회, 도덕과 윤리가 가치관의 저울이 되어 우리들의 양심의 중량을 측정하는 사회가 되어야 합니다. 이기주의적 투쟁은 이 나라를 지옥으로 만들고 있습니다. 천국으로 가시겠습니까? 지옥으로 가시겠습니까

김명심

계간 <스토리문학> 수필 등단

고려대학교 평생교육원 시창작과정 수료

한국스토리문인협회 회원

자작나무수필 동인

큰오라비의 거짓 화해 외 2편

김 명 심

내가 초등학교 3학년 때로 기억이 된다. 큰오라비가 결혼하여 살림을 차려서 산지가 1년이 지난, 아직은 봄이지만 쌀쌀한 봄바람이 옷깃을 여미게 할 때였다. 달이 훤히 밝은 밤에 오라비가 양쪽에 보자기를 하나씩 들고 생글생글 웃으면서 우리 집에 오셨다. 어머니는 오라비의 출현이 그렇게 반가운 표정은 아니었으나 미우나 고우나 내 자식이라 떠밀어내지도 못하고, 주저주저 하면서 맞이했다.

오라비 : 아따 봄이 올 것 같으면서도 날씨가 풀리지가 않구만요. 건강은 어떠신다요?

아버지 : 보다시피 그냥 저냥 잘 지낸다. 넌, 어쩐 일로 이 밤중 집에를 다 찾아온다냐!

오라비 : 그동안 지가 어머니 아버지 속을 너무 많이 썩혀 드렸구만이요. 이제 고생 그만하시고 지랑 함께 사시면서 편히 모시고 살라고 돈 좀 벌어왔구만이요

그러면서 가지고온 보자기 하나를 풀어 보인다. 정말 돈이었다. 그때의 돈 일만 원 권이었다. 그 돈을 보신 아버지의 얼굴에는 화색이 만연하여 거침없이 "임자, 이제 우리도 큰 아들 덕에 잘 살 수 있겠네그려" 하시면서 살림을 당장 합하기를 원했지만. 어머니는 탐탁지 않는 눈치

였다.

어머니 : 늬가 살림을 나간지가 얼마나 되었다고 돈을 그렇게 많이 벌어야!

오라비 : 고마, 돈 버니라고, 고생 엄청나게 했습니다만 다 부모님 모실라고 그랑 건께. 그래도 할만 했습니다.

어머니는 그래도 그 마음이 풀어지지 않으시고 마땅찮은 대화가 오고 갔다.

어머니 : 그래도 돈 벌기가 그렇게 쉬운 긴가! 이 늙은이들을 위해서 돈을 벌어가 왔다고 허니 고만 고맙다마는 합치는 것은 그렇고 그 돈 가지고 너그나 잘 살면 되는 거구먼. 그러니 이돈 가지고 너그 집에 가서 집식구 헌테 맡기고. 이제 정신 차리고 잘 살 거라잉!

그리고는 놓여있는 보자기를 집어서 마루로 옮겨놓았다.

그때, 아버지께서 "헤햄! 아니 부모헌테 효도 한번 해보것다고 번 돈을 다 갖고서 왔구먼, 먼 노무 소리라야 잉, 거 돈 보따리 방으로 들여놓지 못한감."

어머니는 벌써부터 그 돈 보따리가 가짜인 줄을 알고 계셨다. 그도 그럴 것이 살림을 내 준지가 일 년 정도 밖에 안 됐는데, 무슨 돈을 그 큰 보따리로 하나도 아니고 두보따리로 벌어올 수가 있단 말인가! "지가 그렇게 돈을 버는 동안 다른 사람들은 모두 눈감고 있었나 말이제." 아버지는 이미 아들에게 속아 넘고 있었고, 어머니는 속지 않으려고 안간 힘을 쓰고 있음이 명백해 보였다.

어머니는 밤이 너무 늦었으니 내일 다시 의논하자며 아들을 돌려보냈다.

어머니 : 즈그 아버지, 어찌 그로코럼 어리석은감요, 아 그 돈이 진짜인 줄로 아는가부요잉! 갸가 어디 가서 그로코롬 많은 돈을 벌었겄소잉, 그로코롬 자기 자슥의 행실을 모르시오 잉! 지가 땀빼지게 농사를 지었소, 장사를 했것소. 필시 그 보따리는 돈이 아니라 신문지로 만든 가짜 돈일 거구만, 이제 보시오 잉. 내 눈빼기를 하더라도 나는 그렇게 걸꾸만이라잉.

그도 그럴 것이 오라비는 총각 때는 참 착했다고 한다. 부모를 위해 집안 살림을 도맡아서 했다고 한다. 동생들도 잘 돌보고 어디에다 내놓아도 효자였는데, 결혼을 하고서 사람이 변해도 너무 변했다고 했다. 집 안에 매어 놓은 소를 가져다 장에다 팔아버리기도 했고, 한해 농사를 지어놓으면 빚쟁이들이 와서 추수하는 대로 가져가버리는 통에 어머니는 가슴앓이라는 병을 얻게 되었다. 우리들도 마음대로 놀러가지 못했었다. 산에나 들에나 소를 매놓으면 가져갈까봐서 그 소 주변을 맴돌아야 했기에 어머니의 그 말씀엔 공감을 하고도 남았다. 언젠가 여름날이었는데, 그날도 장날이었다. 소를 참외밭 옆에다 매놓았는데 참외를 따서 목포로 가는 배에 실어주고 와서 보니 소가 없어졌었다.

분명히 큰 아들의 소행이라고 직감한 어머니는 아버지와 막내아들을 장으로 보냈다. 그런데 해남읍엘 다 가는 길목에서 오라비를 만났다고 했다. 마치 그날이 보름날이어서 날이 밝았는데, 앞에 소를 몰고 가는 사람을 보고 깜짝 놀랐단다. 생각이야 큰 아들 소행이라고 생각하고 그 먼 길을 소를 찾겠다는 일념으로 그 밤길을 가다가 우거진 숲 속에서 큰 아들의 소 몰고 가는 모습을 보고 아마 어머니의 성화가 아니었던들 어린 이제 갓 중학을 졸업한 막내아들을 앞세우고 어찌 그 밤길을 떠나셨겠는가! 아마 애초부터 아버지는 소를 찾으러 가셨던 것이 아니라 어머니의 분을 조금이나마 누구려 뜨리려고 떠나셨으리라고 나는 지금에 와서야 깨닫는다. 아버지와 막내아들이 그 큰 장정을 어찌 이길 수가 있었으랴마는 그래도 소 울음소리가 나기를 귀 기울이고 달 밝은 밤하늘에 철없이 반짝이며 별이 똥을 '좌…….'하고 싸고 또 싸기를 반복하는 것을 보며 깔깔대고 웃다가 결국 되돌아오고 말았었다. 그 반짝이던 별들은 어찌 그리도 속절없이 슬프게 많았던고.

그 후유증으로 막내오라비는 대인기피증에 걸리고 아버지는 쇠말뚝을 휘둘러서 귀가 다쳐 귀가 어두워지고 말았다. 소를 빼앗아오면 사람을 죽일 것 같아서 그냥 소고삐를 놓고 왔노라고 흐르는 눈물을 억누르며 먼 산을 바라보며 가슴을 치시며 벙어리처럼 입을 열지 못하셨던 아버지셨는데, 그래도 자식인지라 가짜 돈인 줄 어찌 모를까마는 알면서도 속아주는 부모의 마음을 어찌 그 바다같이 깊고도 넓은 부모님의 마음을 어찌 알아준단 말인가!

가을 외출

산들 바람타고 모처럼의 가을 외출에 나섰다. 새벽 여섯시에 나서서 분당고속버스 터미널에서 첫차인 일곱 시 차를 탔다. 전주까지의 소요 시간이 2시간 30분 걸린다. 짧은 시간이지만 어찌 보면 나에게는 긴 여행과도 같다. 멀다면 멀고 가깝다면 가까운 거리인데도 임이 잠들어 있는 임실까지의 세월이 3년이나 걸렸으니 아주 먼 거리임에는 틀림이 없는 듯하다.

차창 밖의 가을은 무르익어 가고 있다. 군데군데 한들거리는 코스모스 꽃이 무척 한가로워 보이고, 알알이 영글어 고개 숙인 벼 이삭의 한 알 한 알이 어쩌면 농부들의 땀방울처럼 엄숙해 보이기도 했다. 올해처럼 무덥고 뜨거운 태양을 당당하게 이겨내고, 개성장군처럼 이 아름다운 가을을 노래할 수 있다는 자부심에 박수를 보내고 싶었다.

일렁이는 벼이삭처럼 내 마음도 일렁였다. 그리움이 한 가득 밀려와서 내 눈이 나도 모르게 뿌옇게 흐려졌다. 내가 가면 간 줄을 알까! 오면 온 줄을 알까마는 임의 흔적을 보러간다는 그 마음만으로도 이리 가슴이 뛸 줄이야! 이 길을 나서기까지 내게 무슨 용기라도 필요했을까! 나서기를 참, 잘했다고 내 자신을 칭찬하며 창밖을 보니 도로변 언덕 위에 노오란 산국화가 이쁘게 피어있다. 임을 만난 것처럼 반가웠다.

우리가 처음 만났을 때 관촌역에서 산을 타고 걸었었다. 그때도 저리 이쁜 산국화가 우리를 반겼었다. 아, 그 임은 어디 가셨나! 20여 년 전 이 길을 갈 때에는 가슴에 돌덩어리를 수백 개라도 달고 간 것처럼 천근만근 무거웠었다. 임이 묻힐 고향에는 허리가 굽고 귀가 어둡고 눈이 어둡고, 머리는 하얀 파뿌리가 되신 팔순의 어머니가 살아온 아들을 기다린 것이 아니고, 죽어서 고향땅에 묻히려온 아들을 기다리고 계셨기 때문이었다.

아버님을 먼저 보내시고 고향집을 간신히 버티고 계시는 어머님께 또 하나의 구들장 같은 짐을 안겨드리는 꼴이 되었던 그날! 말이 남편을 잃으면 어깨에 묻고 자식을 잃으면 가슴에 묻는다고 하는데, 팔순의 노모에게 어깨와 가슴에까지 돌을 얹어 드리는 꼴이 되어버렸으니 나는 그날 죄인 중에도 상 죄인이었다.

상상한 데로 어머님은 마을 앞에 도착한 차 앞을 가로막고 대성통곡을 하셨었다. "내 아들이 왜 이 명절에 살아서 오지 않고 죽어서 내 집에 오느냐"고, "내 아들 죽어갈 때 에미 너는 어디서 무얼하고 있었느냐"고, "지금처럼 의술 좋은 세상에 왜 살리지 못했느냐"고, 여리신 손바닥으로 땅을 치며 통곡하시던 어머님의 울부짖으시던 그 음성이 이 길을 나설 때면 꼭 도둑질하다 들킨 사람처럼 움츠리고 놀라게 한다.

모두가 살아서 선물 보따리를 바리바리 싸들고 고향을 찾아가는 추석 명절이 나에게는 서러움의 보따리만 안겨드린 불효막심한 며느리였음에 지금도 그때를 생각하면 죄스럽다. 그토록 쓰리고 아픈 마음을 지금에야 더욱더 가슴 시리게 다가올까? 세월 탓이겠지, 나이 탓이겠지. 그땐 내 슬픔이 더 컸기에 나 외에 다른 사람의 슬픔은 생각지도 못했었다.

그때의 어머님의 통곡 소리를 귀로만 듣지 않고 마음으로 가슴으로 들었더라면 좀도 효도할 수 있었을 텐데. 이 길을 나설 때마다 후회와 함께 나선다. 그리고 눈물과 함께 돌아온다.

빨래

언제부터인지, 주 5일 근무제로 인하여 토요일은 정말 한가하다. 가을이 오늘 길목인지라 바람도 선들한데, 햇살은 뜨겁다. 이 햇빛으로 오곡 만물이 잘 익어가는 소리가 들리는 듯하다. 그동안 비로 인하여 쭐쭐하였던 이불들을 뒷마당에 널어놓고, 미루었던 빨래를 세탁기 대신 손으로 가루비누를 수북이 털어 넣고, 장화 신발을 신고 내 가슴에 쌓였던 서운한 마음이나 미워했던 마음을 하나하나 끄집어내서 지근지근 밟고 또 밟았다.

햇살이 너무 따사로워 하늘을 올려다봤더니 파란 하늘에 하얀 뭉게구름이 꽃밭을 이루고 있다. 너무 이쁘고 따사롭다. 이리 좋은 햇볕을 두고 쓰는 속담도 있다.

"봄볕은 며느리를 쬐이고 가을볕은 딸을 쬐인다."는 속담이 생각이 났다. 봄에는 뜨겁지가 않아서 자기도 모르는 사이에 살갗이 까맣게 그을게 되고, 가을빛은 뜨겁기 때문에 오래 쬐일 수가 없기 때문에 살결이 쉽게 그을지 않기 때문이란다. 아무리 며느리를 내 딸이라고 하지만은 미묘한 갈등과 대립의 관계에 있기 때문이라고 한다.

수도꼭지를 어지간히 틀어서 이불을 또 밟았다. 이번에는 수돗물이 넓은 다라 위를 흘러흘러 넘친다. 내 속에 있는 쓰디쓴 삶의 찌꺼기가 오랜만에 씻겨가는 느낌이다. 그동안 큰아들에게 서운하였던 감정들, 작은 아들에게 서운하였던 감정들을 깨끗이 씻겨내는 듯 가슴이 후련하게 밟고 또 밟았다.

또 두 며느리에게는 나는 딸이 없으니 내 딸처럼 여기겠노라고 하면서도, 대책 없이 미워하며, 이 따사로운 가을 햇볕에 내보내지 않고, 긴긴 봄날의 햇볕에 태우게 하지는 않았는지를 생각하며 서운한 감정이든 내가 잘못한 것이든지 모든 것들을 이 좋은 가을날에 밟아 빠는 빨래를 하면서 묻은 땟국과 함께 흘러 보냈다.

빨래 하나하나를 짜서 담장으로 처져 있는 연녹색 펜스 위에 걸쳐 올려서 이 좋은 가을 햇볕에 맡겼다. 내게 웅크리고 있었던 모든 것들일랑 바삭바삭하게 다 말라 버리기를 바라면서 이 아름다운 가을을 산뜻하게 맞이하고 싶어서…….

김재농

아호는 덕송(德松)
경남 산청군 출생
월간 <수필문학> 수필 등단
계간 <스토리문학> 시부문 등단
서울대학교 약학대학 졸업
고려대 평생교육원 시창작과정 수료
한국수필문학가협회 이사
한국스토리문인협회 회원
자작나무수필 동인
전국약사문인회 회장 역임
약사스쿠버다이빙 창립 및 회장역임

현 전국약사해외명산트레킹 간사

저서 『카이로 김약사의 지중해 이야기』 (여행기)
『깃털 같은 자유를 찾아』 (레포츠 수필)
『걷고 싶어라 저 아름다운 능선을』 (레포츠 수필)

난파선 리버티호와 잭-피시 외 2편

김 재 농

자유는 색도 형체도 없다.

그래서 아름답지도 우아하지도 않지만 인간의 어떤 가치보다도 더 귀하다. 인간은 종교적 정치적 때로는 인종적으로 자유를 빼앗기고 고통을 당해왔다. 그 자유를 쟁취하기 위해 많은 피를 흘려야만 했다. 기나긴 투쟁은 인간의 역사를 고통으로 얼룩지게 했다. 뉴욕의 맨해튼에 있는 자유의 여신상이나 파리의 에펠탑은 자유의 상징이 아닌가. 인류는 그토록 자유를 열망하며 살아왔고, 더디어 자유는 온 인류의 것이 되었다.

미국의 상선 “LIVERTY”호는 자유를 부르짖으며 태어나 자유롭게 대양을 항해했다. 6,200톤 급의 대형 화물선이지만 전쟁 중이라 대포로 무장하지 않을 수 없었다. 그러나 2차 대전 말기에 일본의 잠수함 공격으로 침몰하고 말았다. 대포 한 방 쏴보지 못하고 자유를 빼앗기고 만 것이다. 그 배가 인도네사아 발리의 동쪽 툴람벤 해안에 난파선으로 누워있다. 툴람벤은 그 배로 인하여 유명한 스쿠버다이빙 포인트가 되었으니 역사의 수레바퀴는 그렇게 돌아가는가 보다.

발리의 덴파사르에 있는 리조트에서 이른 아침 “툴람벤”으로 향했다.

해안도로의 비좁은 2차선에는 덴파사르로 출근하는 오토바이 부대가 길을 메운다. 모두가 헬멧을 쓰고 도로를 휩쓸고 질주한다. 그 모습이 구경꺼리라기 보다는 장관이다. 짠디다사를 거쳐 동으로 동으로……, 험난한 아궁산 기슭을 돌아 거의 3시간 만에 툴람벤 비치에 도착했다.

오랜만에 보는 수평선이다. 아름드리 야자수가 좁은 해변을 따라 늘어서 짙은 그늘을 드리운다. 비치에 서서 바라보니 마음이 스르르 녹아든다. 망망대해는 스트레스로 조여든 가슴을 탁 트이게 하는 힘이 있다. 파도마저 잠들어 좋은 다이빙이 되리라 기대해 본다. 리버티호야 내가 왔노라.

분위기를 즐길 틈도 없이 슈트며 장비 세팅하고, 브리핑하고, 바디 정하고……, 바쁘게 돌아간다. 수온이 따뜻하니 얇은 슈트에 웨이트(납덩이)도 가볍다. 더구나 후드도 필요 없으니 얼마나 간편한가. 차고 거친 동해바다 생각하면 그저 기분이 홀가분하다.

난파선은 해변 가까이에 있어 그냥 걸어 들어간다. 비치는 자갈밭인데 들어가니 바로 모래펄이 펼쳐진다. 검고 우중충한 모래다. 아궁산이 폭발하면서 흘러내린 화산재 때문일 것이다. 그런데 모래펄 위로 가든-일(Garden-eel)이 고개를 내밀고 몸을 흔든다. 보통 가까이 가면 게 눈 감추듯 숨어버리는데 이게 웬일인가. 몸통을 거의 내밀고 음악에 춤추듯 흔들어 댄다. 마치 고사리밭에 온 기분이다. 구경 잘하고 진행하니 바로 난파선이다. 천년의 세월이 고요 속에 잠든 듯 희미한 모습이 자못 신비롭다. 배의 형체는 알 수 없고 잔해만 어지럽게 흩어져 있다. 그러나 바다 생물이 엉겨 붙어 부서진 조각이라도 칼라-풀하여 아름답다. 마치 볼품없는 겨울나무에 눈꽃이 피어 새롭게 피어나는 것과 같다. 선미船尾쪽으로 돌아드니 배의 형태가 완연하다. 역시 웅장하다. 산호들의 번식이 한창이다. 부채산호며 해송海松, 그리고 항아리 산호가 제법 예쁘게 자랐다. 난파선은 아주 좋은 고기 집이다. 온갖 고기들이 숨바꼭질한다. 그들과 눈맞춤을 하며 선수船首 쪽으로 나오는데 느닷없이 나타난 잭-피시의 무리! 너무 좋아서 어쩔 줄을 모른다. 카메라 플래시가 불꽃을 튀긴다. 빙글빙글 돌아간다. 술래잡기를 하는지 강강수월래를 하는지 꼬리에 꼬리를 물고 돌아간다. 완전 축제 분위기다. 축구공처럼 둥글둥글 뭉치다가 일순간 확 퍼지는가 하면, 회오리바람처럼 치솟을 때는 탄성이 절로 난다. 그야말로 군무群舞다. 군무라면 연출자도 있어야 하고 음악도 있어야 할 텐데……. 그렇지 않고서야 어떻게 일사불란한 군무를 할 수 있으랴. 우리가 듣지 못하는 그들만의 독특한 음파가 있을지도 모를 일이다. 그들의 비밀을 알 수가 없지만 정말 신통하다. 난파선 구경은 잊어버리고 함께 어울려 시간 가는 줄 모른다.

2번째 다이빙은 배를 종주하는 것이다. 리버티호는 길이가 120m나 된다. 갑판이 내려앉아 허리가 꺾어졌다. 녹슨 거대한 대포를 발견했다. 겹겹이 녹이 슬어 마치 입술에 난 포진처럼 퉁퉁 부르텄다. 쓴 웃음이 난다. 대포는 크고 튼튼하다만 잠수함에 당했으니 대포 한 방 쏴보지 못했을 것이다. 얼마나 억울했을까. 배의 갈비뼈가 앙상하게 드러난다. 붉게 녹슨 모습이 그야말로 처절하다. 마치 하이에나에 뜯어 먹힌 얼룩말의 갈비뼈처럼 처참하다. 아니! 이번에도 잭-피시 무리를 만났다. 그런데 가만 보니 분위기가 좀 다르다. 어쩐지 슬픔을 머금었다. 한恨풀이 춤을 추는 것일까. 버선코를 세우고 사뿐사뿐 나아가다가 살풀이수건을 홱 뿌리며 격렬한 율동이 전개되는 살풀이 굿 말이다. 자유를 수호하려다 장렬히 격침된 리버티호의 한을 풀어주려는 것일까. 아니면 인간의 자유에 대한 염원을 기원하는 기도의 춤일까. 그들도 리버티호의 최후를 아는지... 군무를 하면서도 그들의 자세는 전혀 흐트러짐이 없고 엄숙하다. 말은 못하지만 촉촉한 눈시울이며 슬픔을 표현하려는 그들의 몸짓에 필자의 감정도 동화되는 것은 어쩐 일일까.

점심 식사시간이다. 현지식이라니 떨떠름하다. 이럴 땐 맛으로 먹는 것이 아니라 분위기로 먹어야 한다. 잭-피시 이야기가 나오니 모두가 감탄사를 토해낸다. 그 귀한 잭-피시의 군무를 두 번 씩이나 보았다고 행운에 감격했다. 그런데 현지 가이드의 말을 들어보니, 그들은 직원이라 했다. 그러니까 그 배에 근무하듯 언제나 있다고 해서 나온 말이다. 리버티는 쓸쓸하지 않겠다. 잭-피시가 늘 놀아주니까.

3번째 다이빙은 난파선 속으로 들어가 그 내부로 파고든다. 들어갈 때는 꽃 대궐처럼 아름다운 산호로 장식되었지만 오장육부는 모두 날아가고 텅 비었다. 어둡고 침침한 그 속엔 햇빛이 빗살무늬처럼 스며든다. 사다리와 뒤엉킨 철골이 붉게 녹슬어 핏빛으로 변했다. 그 고통이 얼마나 컸을까. 무릇 자유를 수호하는 데는 대가를 치른다. 인류의 역사가 그러했다. 지금 우리는 자유를 만끽하고 있지만 이렇게 되기까지 많은 선각들이 피를 흘렸다. 지금 세대들은 그것을 잊어버리고 살아간다. 잊으면 또 언젠가는 자유를 빼앗기고 말 것이다. 안타깝다. 나오려고 하는데 또 잭-피시를 만났다. 그들은 도대체 하루 종일 저렇게 군무만하고 있으니……, 언제 쉬고 또 먹는단 말인가. 그들의 생태를 알 수가 없다. 그런데 자세히 보니 지느러미를 흔들며 입이 쭝긋쭝긋한다. 무슨 말을 하고 싶다는 것일까. 가만히 귀를 기울여보니, 옳거니……, 들릴 듯 말 듯…….

"우리에게도 자유를 달라!" 그대들은 한없이 자유로운데 무슨 자유를 또 달라는 것이냐? "우리도 바깥 세상에 나가고 싶다" 바깥세상? 밖에 나가면 너희는 죽을 수밖에 없는데? "그러니까 자유를 달라는 것 아니냐?"이거 야단났네!"우리도 새처럼 하늘에서 군무를 하고 싶다." 갈수록 태산이네! 자유라는 것이 보잘 것 없는 저 미물(微物)에게도 그토록 간절하다니 하물며 우리 인간에게 있어서야……, 자유 아니면 죽음을 달라하지 않던가.

자유에는 한계가 있고 규범이 있다. 생명은 신의 섭리와 자연의 법칙에 따라 살아야 한다. 그것을 벗어나면 어느 종(種)을 막론하고 생명을 유지할 수 없다. 자유를 갈구하는 인간의 역사도 그것을 뛰어넘는 자유를 구하는 것이 아니다. 인간으로서의 기본적인 자유를 요구하는 것이다, 많은 피와 땀을 흘리고서야 기본권을 성취하였지만 그래도 자유가 부족하다. 깃털 같은 자유 말이다, 먹고 사는데 얽매여 주어진 자유도 향유하지 못하는 나 같은 사람이 너무도 많기 때문이다.

우리는 날이 어두워지기를 기다려 4번째 다이빙을 실시했다. 바로 야간 다이빙이다. 플래시를 켜 들고 암흑의 바다로 뛰어드는 것이다. 어둠에 젖어든 리버티호는 마치 유령의 집 같았다. 구석구석 고기들이 잠을 잔다. 잭-피시도 간 곳이 없는 것을 보니 낮 동안의 고된 군무로 피곤한 몸을 누이고 있는 지도 모르겠다. 대신 진귀한 것을 보았다. 바로 버팔로 피시다. 1m도 넘는 대형 버팔로 피시가 무리를 지어 서성이고 있는 것이 아닌가. 낮 동안에 대양을 돌아다니며 놀다가 집으로 들어오는 모양이다. 사람도 참새도 밤이면 보금자리를 찾는데 고기들도 마찬가지인 줄을 이로 하여 아는 구나.

밤하늘엔 별이 빛난다. 자유를 잃은 리버티호와 잭-피시의 군무를 남겨둔 채 우리는 떠나야만 했다. 깃털 같은 자유! 오늘은 정말 흐뭇하다.

- 2012. 3. 발리에서

빈집

딱, 탁, 딱.

벌써 몇 방을 물렸는지 모른다. 따끔따끔 물어대는 모기를 잡느라 내 살을 내가 때리고 있다. 밤 모기는 소리라도 나는데, 낮 모기는 소리 없이 다가온다. 팔다리를 물려가면서도 끈질기게 버티고 앉았다. 날씨가 무덥지만 딱히 어디 갈 곳도 마땅치 않다. 그래도 바람이 살랑거리는 감나무 그늘에 앉아 독서삼매경에 빠지니 이보다 더 좋은 피서가 있을까. 오랜 세월 타향살이를 하고 돌아왔으니 미물微物인들 반갑지 않으리오. 모기만 탓할 일도 아니다.

반세기를 떠도는 동안 형제자매 모두 떠났다. 그리고 부모님 여이고 덩그마니 비어있던 집. 세월은 돌고 돌아 내가 그 집에 다시 돌아온 것이다. 공허하고 적막한 그 빈집에……, 그런데 마음은 그렇게 편할 수가 없다. 돌 하나, 풀 한 포기, 어느 것 하나 정겹지 않는 것이 없다.

파랑색 지붕은 구름 낀 하늘처럼 퇴색되었고, 물받침은 간데없고 철근고리만 앙상하다. 질서정연하던 장독대는 난간은 허물어지고 깨어진 도가니가 즐비하다. 그러나 집을 빙 둘러싼 탱자나무 울타리는 좀 성글긴 해도 여전히 사납고, 울타리 따라 심어진 감나무는 대를 이어 지금도 성성하다. 이제 막 하얀 감꽃이 피고 예쁜 아기 감이 얼굴을 내밀고 있다. 옹기종기 탐스럽다. 이들은 그동안 한 해도 거르지 않고 과실을 맺으며 주인 오기를 기다렸을 것이다. 홍시가 좋은 대봉도 있지만 서리 맞으면 육질이 쫄깃쫄깃한 단성 감나무도 옛 그대로다. 우리 동네에는 집집마다 감나무 몇 그루 없는 집이 없어 얼핏 보면 마을 전체가 감나무 밭이다. 그래서 감나무에 대한 애정이 남다르다.

본채 맞은 편 감나무 그늘 아래에 의자 하나를 놓고 책을 읽는다. 예전에 이미 읽었던 케케묵은 소설을 다시 읽기로 마음먹은 이유는 어차피 나에게는 복고復古가 필요하기 때문이다. 50년을 거슬러 과거를 찾는데 묘한 희열을 느낀다. 몸과 마음은 물론이요 추억과 낡은 집마저도…….

독서를 하다가 본채를 바라보니 향나무 두 그루가 눈에 들어온다. 내가 아끼는 나무다. 심은 지가 어언 40년, 주인이 없는 동안 많이도 자랐다. 특히 아침에 전정을 하면 그 향내가 하루 종일 풍긴다. 그래서 향나무를 더 좋아한다.

그늘 따라 의자를 옮겨 가며 독서에 열중하는데 어디선가 불국새4) 소리가 들린다. 어쩐지 가슴 찡한 구슬픈 울음이다. 근처에 있는 큰 은행나무 위에서 나는 소리 같다. 귀 기울여 들어보니 “불국- 불국-” 4번 정도 반복하면 잠시 쉬었다가 다시 반복한다. 그런데 뜻밖에 멀리 뒷산에서 화답을 하는 것이 아닌가. 그들이 주고받는 울음을 가만히 듣고 보니, 울음이 아니라 이성을 부르는 노래라는 생각이 든다. 과연 화답을 몇 번 주고받더니 은행나무에 있던 불국새가 후다닥 날아간다. 수컷이 암컷 찾아 뒷산으로 가는 것이 틀림없다. 날아가는 새를 언뜻 보니 그다지 큰 몸집이 아니다. 비둘기 보다 작다. 그런데 그 새가 내는 울음소리는 먼 산까지 들릴 정도로 우렁차다. 까치나 참새처럼 목에서

4) 뻐꾸기, 즉 두견새의 다른 이름

내는 소리가 아니라 아랫배에서 터져 나오는 울림의 소리다. 종족 번식을 위한 새들의 오묘한 행태가 새삼 감탄스럽다.

불국새 소리가 들리지 않으니 집안엔 정적이 감돈다. 그때 눈에 들어온 것이 나비다. 하얀 나비와 파랑 나비가 정답게 꽃을 옮겨 다닌다. 정원에는 달리아나 나리꽃도 있지만 마당 곁에는 오이, 호박, 토마토 같은 꽃들이 한창 피어있다. 잠시 후 또 한 쌍이 사뿐히 날아든다. 그런데 뜻밖에도 이들이 한데 얼려 일전一戰을 벌리는 것이 아닌가. 반가운 몸짓인지 먹이 쟁탈전인지……. 여하튼 마당은 아수라장이 된다. 공중으로 솟구치는가 하면 곤두박질치면서 맞붙고 떨어지기를 거듭한다. 맹렬하다. 한참 실랑이를 하더니 침입자는 갈팡질팡 날아가고 제각기 꽃에 앉아 나래를 접는다. 나비들도 텃세를 한다는 사실을 처음 알았다. 더구나 기이한 것은 나비들의 나는 모습이다. 그들은 지그재그로 난다. 그냥 바르게 날아가면 될 것을 꼭 지그재그로 날아 방향을 혼란스럽게 한다. 그들이 가고자하는 방향이나 혹은 앉고자하는 꽃을 도저히 짐작할 수가 없다. 아마도 새와 같은 포식 조류로부터 자신을 보호하기 위한 수단 같은데, 정말 기발한 방법이다. 그때 머리를 스쳐가는 추억의 한 장면……. 아! 생각난다. 우리 아이들이 저 나비들과 어울려 뛰어놀던 모습들이, 그땐 웃음소리가 온 집안에 가득했었는데…….

일진一陣의 산들바람이 감나무 잎이며 마당의 꽃들을 흔들며 지나간다. 바람은 어디서 오는지 알 수가 없다. 그러나 수시로 집 안으로 들어와 집적거리고 간다. 그들이 지나가면 읽어가는 책장을 꼭 흩으려 놓는다. 성가시기는 하지만 뒷산의 소나무 향을 실어다 주니 오히려 반갑다.

이번엔 수십 마리의 참새들이 날아든다. 축담이며 마당 언저리에 자리 잡은 그들은 계속 조잘댄다. 그들이 조잘대지 않고는 잠시도 있을 수 없듯이, 고개를 까딱이지 않고는 한순간도 가만있지 못한다. 그러고는 휘리릭 한꺼번에 바람을 일으키며 날아간다. 누가 무슨 신호를 보내는지 알 수가 없다.

그러고 보니 빈집이라고는 하지만 빈집이 아니다. 이런 저런 생명들이 수시로 집안을 드나들 곤 하기 때문이다. 빈집이라는 개념은 순전히 사람 위주로 붙여진 이름에 불과하지 않는가. 봄, 여름, 가을, 꽃 피우고, 벌 나비 찾아와 놀아주고, 살랑바람 불어주니 무엇이 부족했으랴. 더구나 겨울엔 새들의 노래 소리가 끊이지 않고, 따스한 햇볕이 마당에 내리니 집안엔 자연의 축복이 언제나 가득했다. 이들은 사람의 허락을 받을 필요가 없다. 주인이 이렇게 앉아 있는데도 아랑곳 하지 않으니 말이다. 쇠로 된 대문이나 가시가 성성한 탱자나무 울타리도 아무 소용이 없었다. 사람이 없는 집을 자연이 이렇게 채워주고 있음이다.

마침, 어깨 위에 고추잠자리 한 마리가 앉았다. 자색의 예쁜 몸통을 가졌다. 살며시 잡으려 하면 잠시 자리를 떴다가 다시 와서 앉는다. 앙증맞고 사랑스럽다. 나비는 사람을 가까이 하지 않는데 어째서 잠자리는 스스로 가까이 오는 것일까. 고추잠자리와 함께 독서에 열중하니 이런 행복이 또 있으랴.

이제는 이 집을 떠나지 않아야겠다. 세속으로 얼룩진 마음도 깨끗이 비워야겠다. 비워진 마음은 자연으로 채우고, 그들과 더불어 즐겁게 살고 싶다. 굳게 닫힌 창문을 활짝 열고 자연을 호흡하게 하자. 물받침도 고치고, 화단도 가꾸면서 나비들의 생태도 알아보리라.

자, 강가에 나가보자. 피라미들은 잘 있는지……. 그리고 이웃들도 찾아보아야겠다. 그동안 있었던 이 마을의 내력을 들어보자꾸나.

잡초雜草

잡초 같은 인생이라 했다.

이리저리 부대끼며 어렵게 살아가는 삶을 비유해서 표현한 것이리라. 잡초는 우선 보잘 것 없고 아무 쓸모가 없다. 그래서 천대받고 멸시당하며 산다는 것이고, 다른 하나는 끈질기다는 것이다. 세파에 고통 받고 짓밟히며 살아가지만 자포자기하지 않고 목숨만은 이어가는 사람일 것이다. 그러나 끝내 일어설 수만 있다면 그럴만한 가치가 있지 않을까.

필자의 시골집엔 작은 텃밭이 있다. 이른 봄에 내려가서 언 땅을 뒤집고 이랑을 만들고 퇴비를 준 후 검은 비닐을 씌워둔다. 검은 비닐을 씌우는 것은 잡초를 자라지 못하게 하기 위함이다. 부추나 상치 쑥갓 같은 것은 씨를 뿌리고, 가지 고추 고구마 등은 모종을 심는다. 그리고 옥수수며 감자 토란 등은 종자를 심었다. 농사는 왕 초보라 파종 시기와 방법 또한 알 턱이 없다. 이 모든 것을 이웃에 물어물어 배워야 했다.

봄이 무르익을 때쯤, 채소며 구근 식물들이 싹이 나고 하루가 다르게 자라난다. 정말 재미있고 신기하다. 사람이나 식물이나 새 생명은 귀엽고 아름답다. 아침저녁으로 물주며 정성껏 가꾸는데 잡초가 웬 말이냐. 비닐 틈새로 용케도 비집고 올라온다. 더구나 비닐 없이 씨앗을 뿌린

데는 자기들 세상이다. 가차 없이 뽑았다. "어디 귀한 작물에 네까짓 게 끼어들어!"하는 식이다. 그런데 뽑으면서도 연민의 정이 없는 것은 아니다. 따가운 햇볕과 열기 속에 온갖 푸대접을 받으며 그래도 살겠다고 아우성치는 생명이 아닌가. 그런데 이들은 왜 버림받는 잡초가 되었을까. 뜬금없는 의문이 고개를 치켜든다.

그리스-로마 신화는 물론이고 이집트라든지 세계 어떤 신화에도 대지의 신은 있다. 주로 여자의 기능을 부여하여 "대지의 여신"으로 추앙한다. 과연 대지의 여신이다. 심는 대로 싹을 틔워준다. 어떨 땐 신기하다. 씨앗이나 모종이나 거의 95%정도가 싹이 난다. 나 같은 초년병이 심어도……, 정말 흙이 보배다. 흙은 생명을 잉태하고 키우는 힘이 있다. 그 힘은 상상을 초월한다. 그래서 흙을 여신에 비유하는가 보다. 흙은 작물과 잡초를 구별하지 않는다. 그런데 왜 어떤 것은 작물이 되고 어떤 것은 잡초가 되었을까.

잡초의 기준은 인간이 결정한다. 그래서 어떤 식물은 애지중지하고, 또 어떤 것은 무용지물로 홀대한다. 작물들은 오랜 세월동안 인간을 위하여 봉사해 왔다. 경작이 용이하고 맛이 순하고 독성이 없을 뿐 아니라 영양도 좋아야 한다. 잡초도 여신이 만들기는 했지만 인간의 구미에 맞지 않아 배척과 죽임을 당하고 있다. 하지만 어찌하오리까. 신이 잘못 만든 것을…….

이 잡초가 밭에만 있다면 그러려니 하겠는데, 마당(뜰)이나 집안 구석구석 흙이 있는 곳엔 잡초가 어김없이 터를 잡는다. 처음 싹이 틀 때 뽑으면 어떤 잡초도 잘 뽑힌다. 그래서 내가 설마 이 하찮은 잡초에게 지겠느냐 했다. 이웃에선 제초제를 쳐야 한다는 사람도 있고, 어떤 분은 아예 같이 살라고 충고하는 사람도 있다. 나는 제초제가 싫어서 고집스럽게 뽑았다. 며칠 걸려서 겨우 깨끗하게 하고는 열흘이나 보름 만에 내려가면 또 그대로다. 이렇게 몇 차례를 반복하는데, 새로 나는 잡초만 문제가 아니라 뽑은 것을 처리하는 것도 문제였다. 뿌리를 뽑아서 적당히 던져두면 햇볕 쨍한 낮에는 죽은 듯이 풀죽어 있다가 아침에 보면 싱싱하게 살아있다. 밤새 이슬 머금고 살아나는 것이다. 비라도 내리는 날이면 더욱 기세등등하다. 그래서 애써 돌이나 시멘트를 찾아 그 위에 올려놓기도 한다. 또 어떤 것은 마디마디 뿌리를 내린다. 그래서 큰 뿌리만 뽑는다고 해결되는 것도 아니다. 정말 잡초근성이다.

한여름이 되니 뿌리를 튼튼하게 내리면서 무섭게 자랐다. 손으로 뽑던 잡초를 호미로 긁다가 급기야는 괭이로 팠다. 마당이 절단 났다. 인해전술이다. 손으로 뽑는 다는 것이 불가능하다. 맑고 깨끗한 하늘에 무수히 떠돌지만 눈에 보이지 않는 씨앗들. 생명의 축복일까 아니면 저주일까. 그래 살려주마! 결국 내가 잡초에 지고 말았다. 대신 예초기로 상체만 잘라냈다. 그린 필드 같다. 기분이 좋았다. 진작 그렇게 할 걸……, 생고생을 했구나.

요즘 세상이 많이 변했다.

잡초에게도 볕들 날이 있나보다. TV에선 연일 장수시대를 맞아 항암효과니 면역력을 키운다느니 해독효소 운운 하면서 야단이다. 온 국민의 관심이 건강식품 쪽으로 쏠려간다. 그런데 가만 보니 좋다고 하는 것들이 거의가 잡초다. 지금까지 거들떠보지도 않고 가차 없이 뽑아버린 바로 그 잡초다. 어떻게 된 건가. 기나긴 세월동안 사람들이 거꾸로 알고 먹어왔단 말인가. 쇠비름, 질경이, 환삼, 심지어 귀리나 벼논의 피까지……. TV가 방송될 때마다 잡초가 춤을 춘다. 값이 뛸 뿐 아니라 품귀현상까지 일어난다. 이러다간 작물과 잡초가 뒤바뀔 날이 올 것만 같다.

해조류에도 마찬가지다.

미역, 다시마, 김 등 정규적인 해조류를 제치고 톳이니 매생이 함초 같은 보잘 것 없는 것들이 돈이 된다는 것이다. 그래서 어촌이 부유해졌다. 어촌의 부녀들은 느긋하게 바다에 나가 몇 시간 일하면 생활이 된다는 것이다. 정말 세상이 바뀌었다.

여신이 옳았다. 대지의 여신은 잡초를 만들지 않았다. 다만 인간이 잘못 이해했을 뿐이다. 하나도 버릴 것이 없다. 모두가 귀하고 유용한 작물이 아닌가.

요즘 우리나라의 자살률이 상상 이상으로 높다. 고통과 역경을 감내하지 못해서다. 참으로 안타깝다. 잡초 같은 인생이라 세상을 탓하지 말자. 낙담하거나 슬퍼하지도 말자. 끈질기게 살아서 악착같이 노력한다면 행복한 날이 반드시 찾아오리니.

이병옥

이병옥

고려대학교 평생교육원 시창작과정 수료
2004년 월간 <문학세계> 수필 등단
2016년 계간 <스토리문학> 시 등단
한국스토리문인협회 회원
문학공원 동인
자작나무수필 동인
수필집 『달과 별처럼 은은한 빛이기를』

동동거리는 이유 외 2편

이 병 옥

서울에서 친구와 만나기로 했습니다. 전날 미리 예매한 기차표만 믿고 아침에 늦장을 부렸지요. 그 기차를 타려면 서둘러도 시간이 빠듯합니다. 물 한 모금 마시고 성급히 집을 나섰건만 택시가 달리는 길에 신호등은 왜 그리 많고 길던지요. 오 분, 십 분이 휙휙 지나가서 애꿎은 발만 동동 굴렀습니다.

남춘천역을 막 출발하기 직전인 기차를 아슬아슬하게 올라타고 번호를 찾아 자리에 앉았지요. 긴장감을 긴 한숨으로 토해내고 책장을 천천히 넘기다 보니 어느새 종착역입니다.

기차가 멈추자마자 남보다 한발 앞서 내리고 약속장소로 달려갔습니다. 그런데 마중 나오기로 한 친구의 차량은 아무리 둘러보아도 없네요. 휴대폰의 숫자를 거듭 눌러도 계속 신호음만 들려옵니다. 연락이 전혀 닿지 않으니 만나기로 약속한 장소를 벗어날 수가 없었지요. 기온이 갑자기 하강한 초겨울 바람을 맞고 서 있자니 옷깃을 다시 여며도 추웠습니다. 사실은 응답이 없는 휴대폰을 손에 들고 구겨진 자존심을 끌어안은 마음이 더 시렸습니다. 춘천 택시 안에서는 휙휙 지나가던 시간조차 약을 올리는 듯 제자리걸음이고, 그때 일각이 여삼추란 말이 진짜 그렇게 가슴에 와 닿을 수가 없었답니다.

연락도 못하고 늦은 이유를 숨 가쁘게 쏟아내는 친구의 변명에 고개를 끄덕이며 나는 잠시 지나간 시간을 계산해봅니다. 집을 나와서 기차에 오르기까지의 긴박한순간이 딱 이십 분이요. 노상에서 지루하게 기다린 시간도 역시 이십 분인데, 구간마다 실제로 느낀 시간차는 엄청나다는 걸 알았습니다.

하루 스물 네 시간의 간격이 일정하다고요? 아니요. 매순간마다 다르던걸요. 마음이 급하거나 즐거울 때는 한 시간이 순식간에 지나가고, 싫거나 괴로우면 몇 분 넘기기도 고역이었습니다. 그러고 보니 그날 그때의 기분과 상황에 따라 하루해 하룻밤이 짧기도 하고 길기도 하더라고요. 더구나 느긋함과 조급함은 물론, 시간이 있고 없고가 고무줄처럼 내 마음을 당기고 늦추고 조종하기 나름이었습니다. 나는 결국 그 조정능력이 부족해서 무엇 하나 제대로 못하면서 늘 동동거리며 살고 있고요.

낙산사 홍련암에서 마음을 씻다

찜통더위로 기운이 쭉쭉 빠지는 칠월의 끝자락이다.

삼삼오오 웃음꽃을 피우며 걸어온 길모퉁이에 '마음을 씻는 물'이라고 안내문이 적힌 샘물을 만나자 반가웠다. 챙이 넓은 모자로 강렬한 햇빛은 가렸으나 몇 걸음 족히 걸어온 터라 졸졸 흐르는 맑은 물만 보아도 땀난 머리가 한결 개운해진다.

'홍련암 감로수'라는 샘물은 관음보살상 손에 든 호리병에서 쫄쫄 흘러내리고 있었다. 손잡이가 기다란 바가지로 물이 찰랑찰랑 차도록 받아 마음을 씻고 걸음을 재촉하였다.

여신도들의 전용숙소인 연하당을 돌아 오르는데, 처마 끝에 매달린 두 마리의 목어(木魚)가 흔들거린다. 바람 따라 손 따라 '땡땡 댕그랑 땡땡' 맑은 종소리로 법문을 전파하는 것 같았다. 길손들은 그 풍경소리에 귀 기울이는 듯 주춤하다가 답례로 손을 힘껏 펴 살살 흔들어주고 지나간다.

기암절벽 바닷가에 자리한 홍련암에 도착하기 전, 종무소 앞에 놓인 목기木器에 수북한 흰떡이 눈길을 끌었다. 떡 옆에는 '떡 맛있게 드시고 항상 좋은 일 있기를 기원합니다.'라는 단정한 글이 걸렸다. 알고 보니 오후 시간대라 출출한 길손을 위해 홍련암에서 배려한 나눔이었다. 감사한 마음으로 떡을 집어 한입 베어 물었다. 말랑말랑한 떡이 입안에 착착 감기는 것이 찰지고 맛나다.

신발을 벗고 홍련암 불전에 들어간 나는 바닥에 엎드렸다. 그리고 손바닥만 한 유리 구멍에 눈을 바짝 대고 의상대사가 파랑새를 쫓아 들어가 기도했다는 석굴을 들여다보았다. 암자 밑으로 출렁출렁 들락거리는 검푸른 바닷물이 신비스럽다. 그 굴 앞에서 기도하던 신라의 고승 의상이 붉은 연꽃 위의 관음보살을 친견한 후 세운 암자가 홍련암이고 낙산사의 모태가 되었다고 한다. 불교 신자들 사이에선 2005년 4월 낙산사 범종이 녹아내렸을 정도의 참혹한 양양 화재에도 불길이 닿지 않아 관세음보살님이 살아 숨 쉬는 영험한 기도 성지라고 알려져 있단다.

홍련암에서 석굴을 보고 나와 돌난간을 붙잡고 섰다. 잠시 휘둘러본 주변 풍광에 그만 넋을 빼앗겼다고 할까. 멀리 바라보이는 수평선과 맞닿은 연회색빛 하늘, 푸른 바다 위에서 한가로이 노니는 고깃배, 구부러진 산길에 알록달록 피어난 인人꽃들, 쉼 없이 밀고 당기며 발생한 갈등을 바위에 부딪쳐 하얀 거품으로 삭히는 파도, 한 장면 한 장면이 화려한 수채화인가 하면, 소박한 정감이 서린 수묵화였다.

그러나 겉으로 보기엔 한없이 평화로워 보이지만, 암자 밑에서 쉬지 않고 철썩이는 바닷물처럼 저 고요한 정경도 바짝 다가가 들여다보면 생존경쟁으로 한시도 잠잠할 날이 없을 게 분명하다.

잔잔한 바다 속에는 물고기 떼가 쫓고 쫓기고 있을 테고, 한가해 보이는 저 나룻배는 고기잡이하는 어부들이 구슬땀을 흘리고 있을 테지. 초록 산기슭 역시 수많은 생명체가 살아남기 위해 치열한 경쟁을 벌일 테고, 길고 짧은 옷만으론 부족해 색안경을 콧등에 걸친 멋쟁이들의 염원을 가늠해본다. 각자 등에 짊어지고 온 번뇌를 술술 풀어서 바다에 띄우고, 대신 부서지고 삭히며 하나가 되는 넓은 바다를 마음에 담아 매 순간 삶 안에서 접목할 수 있다면야 오죽이나 좋을까. 그 순간, 살랑 살랑 불어오는 해풍에 마음이 말갛게 씻기는 상쾌함, 바로 이 맛이 동해안 여름 여행의 백미이리라.

홍련암을 돌아 나오는 길에 산 언덕배기서 우리를 내려다보는 낙산사 해수 관음상을 카메라에 담으며 의상대로 올라섰다. 가슴이 탁 트인다. 길손들의 발길이 끊임없이 이어지는 육각형의 해안 정자 의상대! 그의 무릎에 걸터앉은 나는 언젠가 끄적거렸던 시 한 편을 흔들바람에 태워 넓은 바다로 띄워 보낸다. 국경 없이 훨훨 날아다니길 기원하면서.

하늘을 담은 바다

숱한 인연을 거부할 수 없는 운명의 흐름이
어찌 늘 평화롭기만 하였으랴
저마다 다른 만남의 깊이가 일치를 이루려면
왜 부딪치는 내적 갈등이 없었으랴
쌓이는 번뇌를 쉼 없이 깨뜨려온 억만년의 세월
부서지고 삭이다 저토록 푸른 멍이 들었으리
어깨동무하고 넘실넘실 구르는 저 몸짓
하나 되기 위한 거룩한 화관무는 아닐는지
목 타는 가뭄과 무너져 내리는 홍수로 흘린 눈물이
부패를 막는 짠물로 승화한 건 아닐는지
쏴 철썩철썩 쏴아 철썩 철썩

흰 거품으로 사라지는 파도에 가만히 귀를 기울이자
모든 생물의 에너지원이 된 바다
깊어지려면 부서져라
높아지려면 낮아져라
넓어지려면 깨어져라
하늘을 담은 바다가 거듭거듭 외친다
깊고 넓고 높아지고 싶은 인심을 향하여

낄끼빠빠

참 빠르다. 월요일인가 하면 금세 금요일이고, 초승인가 하면 벌써 월말이다. 한 달, 일 년이 수채 구멍 물 빠지듯 참 잘도 흘러간다. 달력을 넘기다가 문득 친정아버지께서 생전에 하시던 말씀이 입속을 맴돈다.

"팔순까지 어떻게 사나 했는데, 살다 보니 팔십이 금세 되더라."

"나이 팔십이면 엄청 많은 줄 알았는데, 살아보니 팔십이 하나도 안 많다."

살아갈수록 그 말씀이 절절히 실감이 난다. 열아홉 살 성탄절에 친구와 만나서 깔깔거리던 수다가 어제 일 같아 피식 웃음이 나온다.

"아유 징그러워, 우리가 벌써 스무 살이 된다. 얘!"

그렇게 스무 살이 징그럽다던 철부지가 스물네 살에 결혼하고 주인집 아이들에게 언니나 누나가 아닌 아줌마란 호칭을 처음 듣던 날의 당혹스러움은 또 어떠했던가.

"어떡해! 나보고 아줌마래."

나이 숫자와 호칭에 예민한 반응을 보이던 꽃띠 시절이 엊그제 같은데, 이제는 앞으로 봐도 뒤로 봐도 확실한 할머니가 되었으니 언제 이렇게 세월이 흘렀나 싶다.

아무튼, 빼도 박도 못하는 할머니가 분명한데, 어른 대접을 받기보다 누이로 살고 싶은 건 분수를 몰라도 한참 모르는 노욕이겠지.

예전에 집안에서 큰일을 치른 후 일손을 도우려고 일어서는 시어머니를 만류하며 항상 드리던 말씀이 있다.

"저희가 다 알아서 할 테니 어머니는 가만히 앉아 쉬고 계세요."

그러면 머쓱해 주저앉으시던 모습이 눈에 선하다. 평생 일만 하신 어머니가 손 놓고 앉아 차려주는 밥만 축내는 일이 더 고역이란 걸 왜 몰랐을까.

철들자 망령이라던가. 집에 놀러 온 내 친구들과 같이 어울리고 싶었던 어머니의 심정을 어렴풋이 이해할 수 있게 되었으니 말이다. 내가 아이들이 노는 걸 참견하거나 감시하려는 게 아니듯 어머니도 그러셨을 텐데, 왜 눈치 없다고만 단정해 버렸을까. 어른 노릇하기가 수월치 않다는 걸 깨닫는 순간 파도처럼 후회가 밀려온다.

시어머니는 내 친구들이 집에 놀러 오는 걸 무척 좋아하셨다. 그런데 한 가지 흠은 끝까지 곁에 앉아계시는 거였다. 근처 경로당이라도 다녀오시길 은근히 바라지만 어림도 없다. 내가 다과를 준비하기 위해 주방을 들락거리면 오히려 당신이 나서서 조곤조곤 대화를 이어 가셨다. 그때마다 대체 왜 저렇게 눈치가 없으실까 속으로 투덜거렸다. 어머니의 말끝마다 입에 혀같이 맞장구를 치는 친구도 다음에 우리 집으로 오라고 하면 너희 집은 어른이 계셔서 신경 쓰이니 나를 자기네 집으로 오라고 했을 정도였으니까.

그런저런 상황을 경험한 나는 어른이 되면 뭐가 달라도 한참 다를 줄 알았다. 그러나 나이가 들면 사리판단이 흐려지는가 보다. 젊은이들 틈에 어른이 끼면 무조건 어렵고 불편하다는 걸 누구보다 잘 알고 있는 내가 어른이라는 걸 까맣게 잊어버린다. 아니, 나는 분명히 옛날 어른들과 다르다고 생각했다. 그런데 어느 날 젊은이들과 대화하다 보니 행동이나 말투가 시어머니를 고스란히 닮아 있는 나를 발견하고 깜짝 놀랐다.

다를 것이라는 건 희망사항일 뿐, 젊은이들의 눈엔 나 역시 눈치 없는 어른에 불과했을 것이다. 그러자 더 앉아 있을 수가 없었다.

며칠 전, 인터넷에서 읽은 글 중에 '낄끼빠빠'라는 단어가 떠올랐다. '낄끼빠빠'는 '낄 때 끼고 빠질 때 빠지라'는 신조어로 분위기 파악을 잘하고 융통성 있게 행동하라는 뜻이라고 했다.

슬그머니 젊은이들 틈에서 빠져나왔다.

어린 시절에는 나이가 들면 몸만큼 마음도 늙는 줄 알았다. 그런데 그게 아니었다. 주름살은 늘어도 감정은 한결같은 이팔청춘이다. 인생이 뭔지도 모르고 징그럽다고 말한 스무 살이나, 살아보니 잠깐이더라는 팔순이나 삶은 다 살만하고 소중하다는 걸 이제야 깨닫고 있다.

세월에 속도감이 붙은 나이인지라 어물거리다 보면 한 살씩 척척 붙어버린다. 원하지 않아도 빠르게 올라가는 숫자의 속도가 부담스럽다. 더는 미적거리지 말고 '낄끼빠빠'를 확실하게 시도할 때인 것 같다. 매사 고집을 버리고 마음을 비우고 움켜쥔 것을 내려놓는 작업부터 실천해야겠다.

김정태

연세대학교 법학과 졸업
국제펜클럽 한국본부 회원
여울문학회 회원
문학의봄작가회 회원
문예춘추문인협회 회원
한국스토리문인협회 이사
시인부락 동인
문학공원 동인
자작나무수필 동인
동아꿈나무재단 이사(現)

수필집 『희망의 사다리』
시 집 『천사라 불러준다』

사랑하며 노래하며 외 2편

김 정 태

재건축조합에서 대의원회에 참석하라는 통지가 왔다. 그날이 수요일이라 '회의에 참석했다가 수요예배에 가면 되겠다' 생각하고 일정을 잡아놓았는데 이상한 문자가 왔다. '금번 대의원회의 안건인 상가재평가 문제는 조합원의 분담금 증액과 관련 있어 이사회에서 그 최소화를 위해 논의 중이었는데 결론이 나기도 전에 조합장 독단적으로 상정한 안건임으로 ~' 이런 내용에 이어 '최근 수차례 조합임원 명의로 대의원 여러분께 발송된 문자는 조합장을 흔들고 허수아비로 만들어 조합의 업무를 방해하기 위한 허위사실 유포행위로 ~'하는 조합장의 입장을 담은 문자가 왔다. 지금까지 한 번도 이런 일 없었는데 뭔 일이냐? 이러다가 삐끗 잘못되는 것은 아닐까싶어 불안하기 짝이 없다.

3단지 재건축은 개포단지 중에서 제일먼저 출발했고 제일 조건이 좋았는데 일부 상가소유자들의 알박기 식 방해 공작으로 인해 조합원들이 막대한 피해를 감내하고 있는 실정이다. 공정차질을 피하고 싶어 하는 조합원들의 심리를 이용해 상가 감정평가문제로 소송까지 제기했는데 참으로 천박하고 야비한 짓이었다. 상가의 요구가 비상식적이고 과도한 요구여서 1심에서 패소를 했는데 불복하여 항소를 했고 항소심에서는 화해를 종용하기에 이른다. 공인기관의 감정평가에 갑절이상의 평가액으로 수정을 요구하는 횡포에 대해 화해를 종용하는 법원의 처사 또한 무책임하기 짝이 없어보였다. 그러나 조합은 전후좌우 사정을 감안해 상가전체를 고가로 매입하여 그들을 재건축에서 분리시켜버렸다.

한두 명의 추악하고 이기적인 탐욕으로 인해 엄청난 공정의 차질을 가져왔을 뿐 아니라 조합원들에게 막대한 경제적 피해를 입혔다. 그런 상황을 겪고 여기까지 왔는데 이 시점에서 집행부가 싸움질을 하다니? 조합원들은 임원진을 믿고 희망에 부풀어 있는데 분열되어 감정적으로 흐르는 양상이 여간 괘씸하지가 않았다.

회의 당일, 여유 있게 회의장엘 도착했다. '600억 물어주고 300억 감정평가가 웬 말이냐?' 회의장 입구에 조합이사, 감사들이 목에 피켓을 걸고 시위를 벌이고 있었다. 50여 차에 걸친 대의원회의를 하면서 늘 집행부의 양식을 믿고 잘 되겠지 하며 회의에 참석하곤 했고 회의참석이 늘 축제처럼 평화로웠는데 이런 경우는 처음이다. 시위하는 사람들에게 사정을 물어봤다. 임원 9명 중 조합장과 이사 한 명을 제외한 7명이 안건에 대해 반대를 하고 있음에도 불구하고 조합장이 독단적으로 대의원회의를 소집해 버렸다고 한다.

생각을 정리해 보았다. 조합장의 생각이 조합을 위하여 올바른 조치라 하더라도 안건이 통과된 후 발생되는 후유증은 조합운영에 치명적일 것이다. 그런데 일단 안건이 상정되면 서면찬성이 있어 통과될 것이 뻔한데 어떡하나? 안건의 상정 자체를 막아야한다. 그런 후 이사회에서 뜻을 모아 다시 대의원회를 소집해야할 것이다. 회의가 시작되어 어물쩡 상정이 되면 큰일이니 '상황을 봐서 오늘은 내가 나서서라도 안건상정을 막아야겠다' 단단히 작심을 하고 자리에 앉았다.

회의가 시작되었다. 사회자의 멘트가 끝나고 조합장의 개회선언 망치

소리가 울리자 말자 여기저기서 발언요청이 쇄도했다. 의장인사말 후에 발언권을 주겠다고 겨우 진정시키고 인사말을 했다. 이후 회의장은 안건에 대한 열띤 토론으로 시간이 물 흐르듯 흘렀다. '발언자가 없어 일방적으로 끝나면 안 되는데'라던 나의 우려는 기우에 불과했다. 내가 나설 기회가 없도록 봇물이 터지듯 발언이 쏟아졌다.

십자포화를 받던 조합장이 겨우 기회를 잡아 입장표명을 했다. 상가 감정평가 건에 대한 이사회가 세 번 열렸는데 이사회에서 결론이 나지 않아 상황이 급하여 대의원회의를 소집 했다고 설명했다. 말썽부리는 상가를 조합에서 일괄매입하면서 부족분 224억원을 시공회사에서 연 5%고율의 이자로 차입했는데 그 만기일이 1월말이란다. 은행차입을 해서 갚아야하는데 관리처분 변경절차에 필요한 재감정평가가 시급하다. 1월말까지 상환이 안 되면 한 달에 2억 이상을 연체이자로 부담해야 되는데 이사회에서 차일피일 하니 대의원회의를 소집했단다. 조합장은 '조합의 이사회는 의결기관이 아니라 심의기구에 불과하다'며 법적 문제에 대비해 변호사까지 출석시켜놓고 절차적 정당성을 강변했다.

그때부터는 조합장의 소통부재를 문제로 감정적인 성토가 이어졌다. 대의원과 이사, 감사들이 격앙되어있는 가운데 일부 대의원들은 틈틈이 조정을 위해 애를 썼다. 그동안 대의원회의는 거수기나 다름없다시피 했는데 대단들 하다. 열 받아 눈에 불을 켜고 설치는 모습들이 더 이상 종전에 보아왔던 그런 순한 사람들이 아니다. 그렇게 일하려면 조합장 물러나라고 호통을 친다. 각 단지별 재건축 상황을 쫙 꿰고 있고 어떤 대의원은 조합장이 일을 잘하고 있는데 한번정도는 이렇게 브레이크를 걸어줘야 한다는 것도 알고 있었다.

사실 3단지는 훌륭한 조합장으로 인해 다행스럽게 여겨져 왔다. 조합을 위한 열정과 능력이 출중하고 정직해보여 감사하다. 주변 재건축 단지들은 이런저런 문제점들로 편안치가 않다. 4단지는 관리처분계획이 승인 나서 이주를 하고 있는데 세입자들이 생돈을 내어놓으라며 버티고 있다한다. '전세련'이라는 이상한 단체가 투입되어 밤마다 꽹과리를 치며 난리치는 통에 애꿎은 이웃 아파트에서 잠도 못자고 고통이 이만저만 아니란다. 두 시간여 숨 막히게 이어지던 회의장은 결국 조합장이 양보하여 소통부재를 인정하고 앞으로 잘하겠다는 다짐으로 마무리 지어졌다. 박수가 터지고 격려의 발언이 이어지는 가운데 결속을 위한 포옹과 악수로 살벌했던 회의장은 화기애애해졌다.

회의장을 나온 아내는 마치 전쟁터에 갔다 온 것 같다고 했다. 숨 막히는 상황이었지만 그러나 그것은 전쟁터가 아니었다. 그 정도는 활기찬 삶의 현장, 건강한 생활 현장일 뿐이었다. 분쟁과 다툼 속에서 양보와 승복이 있고 화합이 있는, 모든 사람이 함께 엮어가는 생활현장이었다. 무법천지의 살벌하고 야비한 전쟁터는 도처에 수없이 따로 있다. 치열한 암투가 끊임없이 일어나고 수단방법을 가리지 않고 상대를 죽여야 살아남는 곳. 불법과 파괴를 일삼으며 온갖 만행이 자행되는 현장, 권력의 자의적恣意的인 법집행으로 죄 없이 가슴조리고 숨죽여야하는 현장, 그런 곳이 전쟁터인데 무능한 정부 부도덕한 정부일수록 국민을 그러한 전쟁터로 몰아넣기 일쑤다. 안타깝게도 언제부턴가 이 땅에는 생활 현장은 사라져가고 냉혹하고 살벌한 전쟁터만 늘어가고 있다.

며칠 뒤 조합으로부터 연락이 왔다. 대의원님들께 심려를 끼쳐드려 죄송하다며 임원들이 화합하여 명품아파트를 만드는데 차질 없도록 매진하겠으니 많은 협조와 격려를 바란다는 내용이었다. 풍랑이 걷히고 평온을 되찾았나 보다. 비온 뒤에 땅이 굳어진다했는데 더욱 삼가고 화합하여 느슨해짐이 없이 달려가야 할 시점이기에 임원진의 분란이 오히려 전화위복이 된 것 같다. 양보와 화합 단결은 모두의 승리요 그 자체로 아름다움이다.

생활현장의 때때로 숨 막히고 살벌함은 불순물을 태우고 녹여 순도(純度)를 유지하려는 용광로의 호흡일 뿐이다. 이글거리는 용광로의 맥박은 살벌함이 아니라 희망과 환희의 불빛이다.

나는, 언제까지나 펄펄 끓는 생활 현장에서 사랑하며 노래하며 살아가고 싶다.

선운사 가는 길

선운사를 가기 위해 새벽 일찍 나섰다. 서울역에서 내려 후문 쪽으로 가고 있는데 저만큼 어둠속에서 어떤 아주머니가 다가와 서부역으로 가려면 어디로 가야하느냐고 물었다. '나하고 같이 가요. 나도 지금 그리로 가고 있어요'라 했더니 그 아주머니 얼굴이 안도로 활짝 펴진다. 전에 한번 왔던 기억대로 롯데마트 측면을 따라갔더니 출구가 막혀 길이 없다. 이상하다며 여기저기 살피다가 오던 길을 다시나와 물어물어 길을 찾았다. 광장은 벌써 여행복차림의 많은 사람들이 붐비고 있었다. 아주머니는 여동생과 둘이 선운사를 가기로 했다며 같이 갈 여동생은 시골서 올라온다고 했다. 나도 선운사를 가는데 이곳으로 버스가 올 것이라고 일러주었다. 그 아주머니는 동생을 찾느라 그러는지 금세 많은 사람들 사이로 사라졌다. 시간이 되어 버스를 타니 도우미가 인원점검 후 두 사람이 안 왔는데 전화를 안 받는다며 이런 경우 경험상 불참하는 것이니 차를 출발시키겠다고 했다.

토요일이라 그런지 고창까지 다섯 시간이나 걸린 것 같다. 점심식사를 마치고 찾은 고창읍성은 길이가 1,700m 높이가 5,6m되는 석성이다. 왜적의 침입을 막기 위해 쌓은 것으로 장성 입암산성과 함께 호남 내륙을 방어하는 전초 기지의 역할을 하였다 한다. 성곽 길에 오르니 고창

읍내가 한눈에 내려다보인다. 저 평화로운 삶의 터전에 도적떼가 몰려와 살육을 감행했을 것이고 반복되는 노략질에 살아남기 위해 관민이 뭉쳐 성곽을 쌓았을 것이다. 얼마나 수고로웠고 얼마나 힘들었을까? 곳곳에 목숨 걸고 지킨 성읍들이 많이 있었지만 지금은 고창읍성, 해미읍성, 낙안읍성 정도가 남아있다.

왜적들의 침략은 임진왜란, 정유재란에 이르기까지 대를 이어 끈질기게 이어졌고 끝내는 을사늑약으로 나라까지 집어삼켰다. 그리고는 민족의 맥과 정기를 끊기 위해 명당 곳곳에 쇠말뚝을 박는 망동도 서슴지 않았다. 그들은 애국지사들을 악질반동으로 몰아갔고 반역으로 처형했다. 참으로 갖은 멸시와 천대, 모진 압박과 설움을 용케도 견디며 지켜온 나라 아니었던가?

이제 살만하니 복을 까부느라 재벌 죽이기, 최저임금, 탈원전, 무상복지를 외치며 눈에 거슬리는 것을 칼질하기에 여념이 없다. 적폐청산 한다며 곳곳마다 워낙 요란하니 혹 역사지우기 하려는 것 아닌가? 다른 나라 만들려는 것 아닌가? 매국공작을 하는 것은 아닌가? 여기저기서 의구심으로 불안해한다. 최근에는 한때 북측이 최고의 악질반동분자라며 암살까지 시도할 정도로 싫어했던 김관진 같은 나라의 기둥을 뽑아 감방에 처넣고 있다. 도대체 어디로 가고자 하는 것인가? 과거를 지우고 역사를 말살하는 바탕에서 새 역사 창조를 한다는 것은 나라를 침략한 점령군들이나 하는 수법이다. 앗수루는 유대의 혈통을 지우기 위해 사마리아를 만들었고 일본은 이 나라의 정기를 말살하기 위해 갖은 수법으로 악행을 저질렀다.

어릴 때 들었던 이야기가 생각난다. 과수원, 양조장과 몇 백마지기의 농사로 면내 제일 부자로 소문난 어르신이 어느 날, 날계란 한계를 들고 망설이다가 큰마음 먹고는 '에라 내가 천년을 사나 만년을 사나~'하더니 계란 한 개를 깨어먹었다는 웃지 못할 일화가 생각난다. 그 어른은 가진 재물로 베풀기는커녕 날개란 한 개 제대로 먹어보지도 못하고 벌벌 떨며 살아온 가엾은(?)분이다. 지금 주변에는 운이 좋아 권력, 재력을 손에 넣은 자들이 제 가진 것 제대로 누리거나 쓸 줄 모르고 끌어안고만 있는 사람들이 너무 많다.

내가 자주 나가는 재건축 회의가 있는데 조합장이 일하는 것을 보면서 늘 신통하게 생각하여 박수를 보내곤 해왔다. 비록 재건축조합장에 불과하지만 그에게 주어진 힘과 권한으로 조합원들의 권익과 재산을 잘 지켜주고 있으니 참으로 감사하고 다행한 일이다. 이렇듯 국민들은 어떤 형태로든 각종 권력의 영향아래서 살아가게 되기 때문에 권력을 쥔 자들이 어떤 짓을 하느냐에 따라 치명적인 피해를 입으며 살아가야한다. IMF하에서 파멸에 이른 무수한 사람들이 20년이 지난 아직까지 회복불능으로 살아가고 있는 것은 참으로 끔직한 일이다. 권력을 함부로 휘둘러 국민을 아프게 하는 자나 무능한 지도자는 천벌을 받아 마땅할 자들이다.

선운사 가는 길은 단풍으로 울긋불긋 요란하다. 도솔천의 맑은 물과 단풍나무가 조화를 이룬 명품 단풍길을 거니는 사람들은 모두들 행복에 취해있는 듯 보였다. 이 땅이 보릿고개에 허덕일 때도 단풍은 저렇게 물들었겠지. 도적이 창궐하고 나라가 동강날 때, 그때도 단풍은 저렇게 물들고 있었으리라. 선운사 경내 역시 온갖 수목이 각양각색의 모양으로 가을을 물들이고 있다. 단풍에 취한 경내행렬은 마냥 평화롭고 즐겁기만 해 보이는데 선운사 뒤편 동백나무 숲은 미구에 닥칠 겨울을 대비하고 있는 양 일사불란한 진용을 갖추어 그 결의를 보여주고 있는 듯하다. 봄철에 천지를 빨갛게 물들이던 동백은 세월을 다 내어주고도 푸름 하나로 제 자리를 지키고 있다. 저 동백 숲이 다시 꽃을 피우면 그 위용이 참으로 대단할 것 같다는 생각이 들었다.

대웅전에는 손을 모아 기원하는 사람들이 많이 보인다. 친구 운암과 동대가 여느 아주머니에 뒤질세라 엎드려 기도하고 손 모아 비는 모습이 대단하다. 모두들 가정을 위해 나라를 위해 각자의 위치에서 기원하는 저런 힘으로 이 나라가 버티어주고 있는지도 모른다는 생각을 해보았다. 고인돌 유적지로 가는 길목에는 수백만 송이 국화꽃이 아름답게 피어있었다. 어렵던 시절, 관민이 힘을 합쳐 적들과 맞서 싸워 지켰던 그 성읍에 지금은 관광객유치를 위해 관민이 힘을 합해 온갖 정성을 쏟고 있는 모습이 참으로 아름답고 감동적이다.

수 십 만평 위의 저 수백만 송이의 국화꽃은 평화롭고 풍요롭게 살아보려는 고창지역민의 염원이요 열정이다. 나아가 이 나라 백성들의 꿈이요 희망처럼 보여 숙연해지기까지 한다.

버스 안에서 음주가무 금지, 집합시간 엄수를 강조하던 도우미의 주장에 부응한 것인지 한명도 집합시간을 어기는 사람이 없어 다행스러웠다. 술 취해 막무가내로 떠드는 취객이 있었다면 참으로 고역이었을 텐데 관광객들의 의식수준이 놀라울 정도다.

하루 종일 버스에 오르내리며 새벽에 보았던 그 아주머니 얼굴을 찾아보았지만 볼 수 없었다. 출발 때 안 왔다는 그 두 사람이 내가 새벽에 만났던 바로 그 아주머니 자매였던 것 같아 안타까움에 자꾸 마음이 쓰인다.

홍어냄새

영등포는 내게 참으로 사연도 많고 흥미진진한 도시였다. 거기는 늘 밝고 활기가 넘치는 곳이었지만 술집도 많고 소매치기도 많고 조폭들까지 설치는 무서운 우범지역이기도 했다. 그런가하면 영등포는 자주 찾던 복집, 낙지전골, 안동국시, 보신탕 등 다른 곳에서는 맛보기 힘든 독특한 맛집이 있는 것도 정감이 가는 요인의 하나다. 그러나 그 무엇보다 영등포는 내가 몸담았던 유서 깊은 회사가 있던 곳이어서 갖가지 추억으로 정겹고 그리운 곳이다.

입사한지 얼마 안 되어 회사직원 부친상이 있어 전남 함평에 문상을 간 일이 있었다.

우리 일행이 서울에서 함평 상가喪家에 도착했을 때는 비가 부슬부슬 내리고 있었다. 계절은 초봄이었지만 꽃샘추위에 비까지 내리고 있어 날씨가 음산했다. 마당한쪽에 자리한 우리를 위해 음식상이 나왔는데 막걸리에 볼품없는 고기토막 한 그릇과 초장이 전부였다. 우선 허기를 채우라는 뜻이었겠지만 서울에서 먼 거리를 내려왔는데 이집 인심이 참으로 고약하구나, 이걸 먹는 음식이라고 내어놓았나 싶어 몹시 언짢았다. 그렇게 한동안 앞에 놓인 생선접시를 멀뚱하게 처다 보고만 있는데 회사전무님이 도착했다. 전무님은 전주출신인데 우리 자리로 오자마자

'와! 전라도에서는 홍어를 최고로 치지'하며 그 이상스런 생선토막을 초장에 찍어 맛있게 드신다. 옆에서 바라보던 나는 저것이 먹어도 되는 음식인 모양이다 싶어 조심스레 한 점 찍어먹어 보았다. '세상에 믿을 놈(?) 한 놈 없다더니…….' 고약하고 야릇한 냄새에 입에 넣은 토막을 먹느라 죽을 뻔했다. 별 희한한 음식을 먹으며 좋아하는 전무님이 참으로 야속해보였다.

그러나 전라도 지방에서는 상이 나거나 잔치 같은 큰일이 생기면 반드시 홍어를 올리고 홍어가 빠진 잔치는 아무리 잘 차렸어도 돌아서서 '그 집 잔치에는 먹을 것이 없었어'하며 고개를 젓는다는 사실을 들어 알게 되었다.

홍어의 독특한 냄새는 암모니아 때문이라 한다. 홍어를 삭히는 과정에서 암모니아가 만들어지면서 강한 알칼리성으로 성질이 바뀌어 진다. 그런 강한 알칼리성 상태에서는 세균이 증식할 수 없다. 해산물의 경우 짠 바닷물에 수분을 빼앗기지 않기 위해 체내에 이를 막아줄 물질을 가지고 있는데 홍어의 경우에는 '요소'라는 물질이 이런 삼투압 현상을 막는 역할을 한다. 홍어를 삭히는 과정에서 이 요소가 효소에 의해 분해되면서 암모니아로 바뀌게 되는 것이고 그래서 냄새가 난다고 한다.

홍어 잡이는 주로 전라남도, 그중에서도 흑산도 주변에서 이뤄지는데 여기서 잡히는 홍어를 '참 홍어'라 부른다. 10Kg대의 최상품 참 홍어 가격은 70만 원대에 팔릴 정도로 귀하신 몸이다. 홍어는 그물로 잡는 것이 아니라 낚시로 잡는데 귀하신 몸이 아주 도도한 모양까지 한다고 한다. 잡힐 때 모습이 사람 표정 같이 웃는 것 같기도 하지만 화가나 째려보는 것 같기도 하다 하니 상상만으로도 피식 웃음이 난다.

홍어가 교미할 때는 웬만해서는 떨어지지 않기 때문에 번식 기에 암놈과 함께 잡히는 경우가 많다고 한다. 수놈이 크기도 작고 맛 측면에서도 암놈보다 많이 떨어지기 때에 몸값을 놓고 보면 수놈보다 암놈이 훨씬 비싸다. 그래서 과거에는 홍어를 잡으면 뱃전에서 먼저 수놈의 생식기를 잘라 회쳐먹고 암놈으로 위장해 파는 경우도 있었다고 한다. 마음대로 자르고 무시하니 '누굴 홍어×로 아느냐?' '만만한 것이 홍어×라더니'하는 말들이 유래되지 않았나 생각된다.

함평 문상을 끝내고 서울에 올라온 후 며칠이 지나자 이상하게도 그날 먹은 홍어의 묘한 맛이 혀끝에 맴돌았다. 내가 사는 집은 개포동이었는데 퇴근길 버스 안에서 보니 삼성동 어느 길옆에 '흑산도 홍어, 낙지꾸리'라는 간판이 눈에 들어왔다. 버스에서 내려 그 식당으로 들어가 홍어 한 접시를 시켜 맛을 보았더니 냄새가 심하지 않아 괜찮았다. 나는 혼자 먹기가 아까워 아내를 불러내었다. 내 홍어사랑은 그렇게 시작되어 여기저기 홍어를 찾아 설치고 다녔던 적이 있었다. 전라도 광주가 고향인 회사 선배에게 홍어를 사달라고 졸라 차를 타고 서울 시내를 두 시간여 동안이나 찾아다니기도 했고 후배들이 '어디에 홍어 횟집이 있어요.'하면 그곳에 찾아가기도 했다. 한번은 상무님이 '김 과장 홍어 좋아한다면서?' 하시더니 신문에서 맛 집 기사를 보았다며 중부시장 어느 홍어찜 집을 찾아 갔는데 좁고 허름한 가계였지만 신문에 보도된 탓에 줄을 서서 기다려야했다.

내 홍어사랑 이야기가 어떻게 회사에 퍼져 광주공장에 총무과장으로 있던 H과장이 계절마다 홍어를 한 박스씩 사서 올려 보내곤 했다. 홍어 박스가 올라오면 일단 다용도실 냉장고에 넣어두었는데 회사 곳곳에 홍어냄새가 풍기는 진풍경이 벌어지곤했다. 날을 잡아 퇴근 후 홍어 좋아하는 직원들을 운동장으로 초청한다. 운동장에는 여러 세트의 테이블로

즉석연회장이 설치되고 홍어를 못 먹는 일부 여직원들을 위해서는 족발을 준비해 홍어잔치를 벌인다. 홍어잔치를 벌이는 날 운동장은 참으로 푸근하고 인정이 넘쳤다. 그날은 계열회사 직원들까지 적극적으로 참여해 운동장은 사랑과 우정으로 화기애애해지곤 했다.

세월이 흐르는 사이에 경방의 지형도가 많이 바뀌었나 보다. 바람결에 들리는 소문이 늘 답답하기만 하다. 하기야 새 정부 들어선 후 앓고 있는 기업이 어디 경방뿐이겠나? 희희낙락하는 회사가 오히려 비정상이지. 경방은 그동안 회사가 어렵고 위기에 처하면 폭발적인 결속력으로 저력을 발휘해 해결 안 되는 문제가 없었다. 위기 때마다 발휘되는 '그 무엇'은 평소 잘 보이지도 나타나지도 않는 무색무취한 것이지만 고비마다 어김없이 위력을 발휘하여 업계를 놀라게 했다. 경방은 암울한 시대에 창립하여 어려운 시대를 관통하면서 늘 그런 저력으로 100년을 이어왔다. 경방정신은 입가에 맴도는 홍어의 맛과 같이 오묘하여 고비마다 회사를 하나로 결속시켜왔던 것 같다.

회사 운동장에 진동하던 그 홍어 냄새가 그립다. 막걸리에 홍어를 먹으며 활짝 핀 얼굴로 좋아하던 운동장의 얼굴들! 찬바람이 스산한 계절이기에 그 따뜻한 체취가 더욱 그리워진다. 연말에는 가까운 후배들 불러 영등포 복집, 동백집, 안동국시 집을 일순해봐야겠다. 30년 전통 보신탕집도 가봐야지 아! 이제는 40년 전통으로 간판이 바뀌었겠다.

이태순

아호는 승곡(承谷)
대구 출생
대구가톨릭대학교 불어불문과 졸업
경북 인동상업고등학교 영어교사 역임
계간 <스토리문학> 시조, 시 등단
계간 <글벗문학> 수필 등단.
한국문인협회 회원
한국스토리문인협회 회원
문학공원 시동인
자작나무수필 동인
독백시조 동인
자랑스로운경기문학상 수상
시집, 『참 괜찮은 여자, 『나도 초행이야』
수필집 『꿈은 나이가 없다』
e-mail : luckylts@hanmail.net

송강 정철의 수염을 뽑다 외 2편

이 태 순

나는 광산이씨 육일헌 13대손이다. 나는 순천박씨 남편과 결혼해서 시집 조상 사육신 충정공 18대조 박팽년 조부님의 단종복위 사건의 탄로로 멸문지화를 당한 역사를 이미 이 수필집에서 수록했다.

그러나 나의 시집뿐 아니라 나의 친정 광산이씨의 선조이신 조선시대 동암, 남계 쌍둥이 형제분의 이야기도 사육신 이야기 못지않게 처절한 정여립 모반 기축사화의 잔혹사와 연류돼 멸문지화를 당했다. 나중에 유성원의 탄원으로 신원이 회복되셨다.

동암, 이발[5]과 남계, 이길[6]은 형제분이다. 수필의 특성상 앞으로 존칭은 생략하겠다.

동암東巖 이발李潑은 1544(중종 39)~1589(선조22), 조선 중기의 문신, 본관은 광산光山, 자는 경함景涵, 호는 동암東巖·북산北山, 제학 중호仲虎의 아들이다. 1573년 알성문과에 장원, 이듬해 사가독서賜暇讀書를 하고, 이조정랑으로 발탁되었다.

1579년 응교, 1581년 전한, 1583년 부제학을 역임하고 이듬해에 대

5) 조선 중기의 문신. 정여립(鄭汝立)의 모반 사건에 연루되어 2번 고문당해 죽음을 당했다 1694년 신원되어 이조참판으로 추증되었다.

6) 조선 중기의 문신. 정여립(鄭汝立)의 모반 사건에 연루되어 귀양갔다가 죽음을 당했다. 1694년 신원되어 부제학이 추증되었다.

사간에 이르렀다. 특히 최영경崔永慶과 가장 친하였다. 또 이조전랑으로 있을 때에는 자파의 인물을 등용함으로써 사람들로부터 원망을 샀으며, 동인의 거두로서 정철鄭澈의 처벌문제에 강경파를 영도하여 북인의 수령이 되었다. 이로 인하여 스승인 이이李珥·성혼成渾 등과도 교분이 점점 멀어져 서인의 미움을 받았다.

율곡이 가장 아끼고 이끌어주던 두 인물은 송익필과 정여립이었다 한다. 기축옥사7)에서 두 사람은 원수가 되었다. 송익필은 정철과 합심하여 정여립과 동인들을 정여립과 모반을 도모했다고 모두 죽었다. 송익필은 종의 신분이었는데 그에게 면천을 해준 동암 이발의 82세 조모까지 죽게 배은망덕했다.

그 당시 동인의 영수였던 동암 이발(순백부터 10세에 되는 후손)과 주고받았던 편지가 발견되었다. 이러한 이유 때문에 동인의 영수였던 이발을 비롯한 천여 명의 동인이 죽거나 유배를 당하게 되어 우리나라 역사상 가장 참혹했던 기축옥사로 기록되고 있다. 심지어 이발의 조상이었던 이선제까지도 직위가 박탈되었음은 물론 동인에 해당되는 사람들은 삼족을 멸하였으니 그가 죽은 뒤 82세의 노모와 8세의 아들도 엄형嚴刑으로 죽었는데, 그 노모는 형벌이 너무 지나치다고 꾸짖으면서 끝내 역모에 관한 일을 승복하지 않았으며, 문생 · 노비도 모두 엄형을 가하였으나 승복하는 자가 없었다.

그런데 기축옥사가 사화로 불리우지 않고 옥사로 불리는 이유는 선비들이 주로 죽임을 당하는 사화보다 피해 계층이 두루 넓었기 때문이다.

기축옥사 위관(조사관)으로 임명된 정철은 조선의 정승에서부터 천민

7) 조선 선조 때인 1589년에 정여립을 비롯한 동인의 인물들이 모반의 혐의로 박해를 받은 사건.

에 이르기까지 남녀노소를 가리지 않고 무자비하게 숙청하여 역사에 씻을 수 없는 오점을 남긴다. 4대 사화士禍로 죽임을 당한 선비들을 모두 합친 것보다 더 많은 선비들이 기축옥사로 1,000여 명이 처형되었다

우리나라 국문학사에 찬란한 금자탑을 세운 문학인 송강 정철이 왜 이리 잔인하게 숙청에 앞장섰는지는 의문이다. 강직하고 청렴하나 융통성이 적고 안하무인격으로 행동하는 성품 탓에 동서 붕당정치의 와중에 동인으로부터 간신이라는 평까지 들었다

이러한 기록은 광산이씨 문중 기록 등 사료를 10여 군데 이상 검색해 알아낸 역사적 사실이다.

나는 친정아버님으로부터 들은 동암, 남계 할아버지의 인상깊은 일화를 이야기해 보겠다.

동암, 남계 형제분이 젊은 시절 바둑을 두고 있는데, 정철이 동암 이발의 아버지를 뵈려 왔다가 형제가 바둑을 두는 걸 보고 훈수를 했다. 이에 격분한 동암, 남계 형제분은 죄인의 자식이 감히 훈수를 둔다고 두 분이 합세해 정철의 수염을 뽑아버렸다. 정철이 얼마나 이를 갈며 분해하였겠는가? 역사는 물고 물리고 원수는 원수를 낳는 이유가 있다.

우리가 학교에서 배운 시미인곡, 관동별곡의 절창의 서정시인 정철은 인간 백정, 동인 사냥꾼이란 소릴 들었다.

정여립의 모반사건도 전라도 관찰사가 선조에게 바로 고변했지만 정철과 송익필이 주도해 사대부 1,000여 명을 정여립과 편지래왕만 있어도 모두 죽임을 당했다. 조선조 4대 사화에서 죽은 사람 합계 보다 더 많은 사람이 억울한 죽음을 당했다.

나는 정철이 동암, 남계 할아버지 형제분에게 수염을 뽑힌 사건을 맘

속에 새겨놓고 앙심의 보복을 한 소인배다 생각한다. 그의 시조가 아무리 서정적이고 절창이라 해도 그는 자식의 장사 날 선조를 찾아가 동인들을 1,000여 명이나 죽인 인간 백정이다. 서인들은 반대파 동인을 제거하려고 무자비한 살육을 일삼았다. 당시 세간에서는 정철의 위시한 서인들을 빗대어 '동인 사냥꾼, 인간 백정'이라 불렀다. 정철같은 소인배를 어찌 시인으로 존경할 수 있겠는가?

기축옥사의 구화자는 구봉龜峯 송익필과 송강松江 정철이다. 송익필은 일대의 문장이요, 모사요, 율곡의 친구였으니 그의 지모는 제갈공명 이상이라고 일컬어지던 '서인모주西人謀主'였는데, 그의 아비는 기묘사화 때 안처겸옥安處謙獄을 조작하여 좌의정 안당安塘 일가에게 멸문의 화를 안긴 사련祀連이고 할머니는 감정甘丁이다. 당塘의 아비 한돈후安敦厚가 형 관후寬厚의 비婢 중금重今을 첩으로 하여 얻은 소생이었다. 동인측의 주장에 따르면 감정은 돈후의 서녀가 아니라 중금의 전부소생前夫所生이며 아직 속량이 되지 않은 신분이었다 한다.

송익필 일가는 영화를 누려오다가 기묘사화 피화자가 복권되자 그 아비로 말미암은 질시가 많았는데 가상하여 서인모주로서 동인의 제거대상 제1호가 되어 갔다. 동인 이발李潑 등은 송익필을 매장해 버리려고 안당 후손 玧윤에게 송익필의 조모가 본래 안씨의 가비家婢임을 제소하게 하여 익필일가를 환천還賤시키고 말았다. 60년이 지난 추노推奴는 정리하지 않는 것이 당시 법인데 시효가 지났는데도 억지로 환천시키고 만 것이다. 50이 지나서 멸문의 화를 당한 구봉은 이발 등에게 '혈원血怨'을 품고 사지에 놓인 자신과 일가를 구출하기 위하여 또 혈원을 복수하기 위하여 어떻게 해서든지 동인천하를 뒤덮어야 했다. 고단한 도피생활 속에서 잠못 이루는 밤마다 그는 지모를 짰다. 그러나 신통한

계략은 떠오르지 않고 초조 속에 고민하던 송익필에게 구원의 나팔소리 같이 들린 것이 정여립 대동계大同契 소문이었다. 정여립의 역모의 증거로서 거론되는 것이 대동계 문제인데 이것은 역모의 증거로 볼 수 없는 것이다. 정철의 앙심과 송익필의 앙심이 동암 이발에게 화의 근원이 되었다고 나는 생각한다.

또한 송강의 모나고 너그럽지 못한 편협한 성격 탓으로 유배 중에 선조의 부름을 받아 명나라 사진으로 갔다와서 모함을 당하자 스스로 임금에게 사면을 청하고 강화도로 가서, 청렴한 성격에 여러고을에서 주는 것을 거절하고 1593년 12월 18일 58세에 추운 겨울 홀로 굶어 죽었다. 송강의 관동별곡, 장진주사, 사미인곡, 속미인곡 등이 후세에 널리 알려져 있지만 송강이 아사로 죽었다는 사실은 잘 알려져 있지 않다.

동태 대가리 두 개

오늘은 동태 대가리 두 개라는 좀 치사하고 찌질한 삶의 이야기를 해볼까 한다. 사실 나는 93세 시어머니 모시고 5남매의 장남에게 시집 와 40여 년이 지난 지금까지 시집살이깨나 하고 살았다. 시어머니께서 노령에 장수하시니 기력도 쇠하시고, 효자 아들딸이 우리 집에 수시로 오고 갔다. 게다가 남편도 나이가 칠순이다 보니 집에 있는 날이 더 많아져서 집에 두 노인을 남겨두고 맘대로 나다닐 수도 없다.

예전이나 지금이나 한평생 시어른 모시고 사니 대구 친정도 자주 못 가서 친정 질부와 조카자식들의 얼굴도 잘 모른다. 아마 길가다가 봐도 모르고 지나칠 것이다. 우리 집 두 노인네가 그런 걸 아시기나 할런지. 전자레인지에 떡이라도 데워 잡수시면 점심 한 끼라도 해결 않겠나 싶어 부탁했더니, 두 노인이 다 사용법을 모른다니 혀를 찰 일이다. 버튼만 누르면 될 텐데 배울 생각도 없고 참으로 답답하다.

장군 미망인 73세 시누이가 일주일에 한 번은 우리 집에 온다. 시어머니 편찮으시고, 내가 고관절 수술로 불편해서 시어머니 목욕시켜 드리러 오면서, 조기며 갈치며 동태며 사온다. 물론 간식인 빵도 떡도 사온다. 그런데 요즘은 계속해서 동태만 사온다. 남편도 안 먹는 동태를 계속 사오니 사실 나는 질린다. 시누는 요조숙녀에 얌전하고 엄전하다.

'시媤'자라 어렵지만 알뜰한 요리전문 가정과 출신이다.

동태찌개하면 내가 대가리와 머리를 먹어야 하니 지겹다. 시누이 가고 나면 버릴 수도 없으니, 그만 사오라 했더니 "자네랑 동생은 안 먹어도 어머니 잘 잡수시니 사온다."며 두 말 하지 말라 한다. 세 마리씩 사오던 동태를 요즘 들어 다섯 마리를 사온다. 동태는 버릴 게 없다고 대가리, 내장, 간 등을 다 받아 온다. 많을 땐 살코기 반은 불고기 양념을 해서 팬에 굽는다. 알뜰한 시누는 3~5개의 동태 대가리에다 보기만 해도 역겨운 동태 곤도 아닌 허연 내장과 아주 고소하다며 물컹하게 터진 간까지 넣어 찌개를 끓인다. 동태찌개에 기름이 둥둥 뜬다.

"저는요, 동태 머리랑 내장은 가져 오지도 않고, 먹지도 않아요." 해도 언제나 내장이랑 사 와서 다 넣어 요리를 한다. 몸통은 시어머니와 남편 주고, 터진 내장과 동태 대가리 1개, 꼬리 1개는 시누이 주고, 나는 동태 대가리 1개, 꼬리 1개를 떠서 먹는다. 어두일미라 했지만 동태 대가리에는 사방 1㎝ 머리 바로 밑의 살점뿐이다.

나는 동태 눈, 대가리가 보는 것도 징그러워 얼른 1센티미터의 살코기만 떼서 먹고 버린다. 동태 얼굴도 보기 싫어 얼른 음식쓰레기통에 버리고 뚜껑을 덮어 버린다. 알뜰한 시누이는 터진 내장과 눈이 큰 동태 대가리를 알뜰하게 쪽쪽 빨고 발라 먹는다. 나는 싫지만 싫다 해도 자기 어머니 좋아한다고 일주일에 한 번꼴로 사오는 시누이를 누가 말리겠는가?

그런데, 아침밥 먹으며 시누이 왈, 자신의 집에 혼자된 어려운 친구 하나가 더부살이를 한다고 했다. 시누이 보다 나이가 몇 살 적은 사람과 둘이 살고 있는데, 자신의 집에도 동태만 사 가는지 동태찌개를 끓였단다. 그런데 자신의 집에 얹혀사는 친구가 밥상에 찌개를 떠 주는데,

시누이 몫으로 동태 대가리 두 개를 달랑 떠주더란다. 물론 당사자는 몸통을 떠다 먹고 ㅎㅎ. 시누이가 동태 대가리만을 좋아한다고 생각했던 모양이다. 물론 동태 내장에 간도 들었겠지. 안봐도 비디오다.

시누이 친구는 나랑 동갑인데 나처럼 동태 대가리 싫어하나 보다. 하하하. 오늘 아침 그 이야기에 식탁에서 모두 파안대소 했다.

"누가 몸통 맛있는 줄 모르는 사람 있나?"하며 시누이 말이 친구에게 뭣같이 화를 내며 혼을 냈단다. 그 친구는 평생 못 잊을 정도로 혼이 났단다.

나는 시누이에게 동태 대가리 한 토막 주고, 나도 한 토막 먹었는데 나 들으라 한 소리는 아니겠지? 하하하.

그 친구 집도 절도 없이 시누이에게 얹혀사는 주제에 좀 심했죠? 말이 그렇지 대가리만 좋아하는 사람이 어디 있겠어요? 살코기 안 좋단 사람은 없지요. 여자라서 싫어도 남자를 못 주니 먹다보니 그렇겠지요. 시누이의 이야기에 오늘은 식탁에서 모두 포복절도抱腹絶倒한 날이다.

비데 물 쇼

오늘은 운동처방 및 체지방분석과 혈액검사를 하기 위해 보건소에 가는 날이다. 예약해서 금식을 하고 가서 검사를 하고 난 뒤, 양재역 '투플러스'에 갔다. 장미 언니 칠순생일 축하하며 내가 밥을 사고, 둘이 오붓하게 조잘조잘 재잘거리다가 서초구청 공터에 시골장에 갔다. 장미 언니가 강정 두 봉지를 사서 한 봉지는 나를 주었다.

카페에서 알게 된 언니랑 이렇게 마음을 터놓고 주야로 전화하며 재미있게 지낸다. 사이버에서 사귀어도 이렇게 진솔하고 허물없이 지내기가 좀처럼 쉽지 않지만, 우리는 서로 필이 통해 이렇게 소통하며 이웃사촌보다 친하게 지낸다.

그런 우리 둘을 보고 우리 남편은 "너거 언니한테 전화왔어~."하고 요상하게 웃는다. 친구, 동창, 선배, 친척도 아닌데 하루 이틀도 아니고 몇 년을 이렇게 죽이 맞아 전화를 하니 이상한가 보다. 그래도 같은 카페 회원이고 불어불문학 전공이 같아, 출신학교는 틀려도 서로 쉽게 소통돼 친구가 되었다. 언니 동생하면서도 말 놓고 친구처럼 화통하게 지낸다.

2년 전 내가 고관절 수술했을 때도 서울에서 분당 서울대병원으로 병문안을 왔고, 작년 10월 6일 큰아들 강남에서 결혼식을 축하해주러

왔다. 양재에서 언니랑 헤어져 오는 길에 지공[8]이라 전철 탄 김에 모란시장에 가서 참기름 2병 사들고 집으로 왔다.

그저께 비데 신청해 둔걸 설치기사가 휴대폰으로 연락이 와서 4시에 오라고 약속을 했다. 91세 시어머님은 화장실에 비데가 있어도 사용을 하지 않으셔서 그냥 철거만하고 아파트 입주 시 변기로 재설치했다.

다음 날 새벽, 시어머니께서 혼자 화장실에 가셔서 세숫대야에 뒷물을 하시다가 앞으로 꼬꾸라지셔서 알밤만한 혹과 피멍이 이마에 두 군데 생겼다.

세수는 세면대에서 잘 하시는데 35킬로그램의 뼈만 남으신 가냘픈 몸에 힘이 없으셔 넘어지셨다. 다행히 뼈는 부러지지 않으셔서 아프지는 않다고 하신다. 안 아프니까 병원을 가시지 않겠다고 하셔서 마데카솔을 발라드렸더니, 자고 나서 오늘 아침 보니 알밤같이 부은 혹이 싹, 없어지고 멍든 색이 옅어져 있었다. 만약 뼈라도 부러져 수술하고 몸져 누우시면, 큰일인데. 참으로 이상이 없어 불행 중 다행이다.

이번 사고로 비데를 인터넷으로 신청해서 뒷물을 비데로 하시라고 했다. 나는 아무래도 어머님께 비데를 설치해 드리는 것이 나을 것 같아 다시 설치하려고 미리 사용법을 어머님께 상세히 설명했다. 4시 정각이 되니 비데 설치기사가 도착해 조립, 설치해주고 갔다.

"어머님 소변보실 때는 원래 사용하시던 대로 그대로 사용하세요. 이것만 눌리는 것 아시죠?"

어머니는 언짢아하시며 그 정도는 다 아신다고 했다.

"어머님 대변을 보시고 나선 요걸 누르고요. 뒤를 씻으시고, 다음에 맨 앞에 빨강 단추, 요걸 누르면 물 나오는 게 정지가 돼요."

8) 만 65세가 되면 지하철이 공짜라서 붙인 말

어머님은 또 다 아신단다. 전에 비데를 사용하신 적이 있어 설명도 해드렸고 해서, 나는 부엌으로 와서 저녁 준비를 하고 있었다. 그때 갑자기 화장실에서 시어머님이 나를 다급하게 부르신다.

"야야~, 여기 와 봐라."

"왜 그러세요?"

나는 화급하게 화장실로 갔다. 화장실에서 소변을 보고, 화장실 문 앞에 나와 서 계신 시어머니 머리 위로 소방서 소화기 같은 위력으로 물줄기가 솟아오르고 있었다, 갑자기 현관 앞 화장실 복도는 물난리가 났다. 지금 지나고 생각하니 완전 소방 연습 같은 2분짜리 '비데 물쇼'였다. 지금에야 웃고 이야기하지만 나는 물줄기를 피해 머리를 숙이고 화장실로 진입에 성공하여 비데의 물을 중지시켰다.

물줄기는 그쳤지만 새 비데라서 그런지 그놈의 물줄기 수압이 어찌나 센지 천정까지 한 3미터는 물줄기가 날아가 온 마루를 물바다로 만들었다. 2분짜리 비데 물쇼다. 비데에서 쏟아지는 물은 정지했지만 잠시 혼이 나갔다. 물이 멈추자 움직이시려는 시어머니를 미끄러지실까 봐 그 자리에 꼼짝도 못하게 하고, 스핀 밀대를 갖고 와 물을 대강 닦고 어머니를 방으로 모셨다.

"소변보실 때에는 평소 사용하시던 대로 사용하시라고 금방 설명했잖아요, 어머님~."

"늙어서 금방 들어도 다 잊어버린다."

어머님이 힘없이 말씀하신다. 나는 어머님이 감기 들지 않게 얇은 이불을 덮어 드렸다.

'어머님과 나' 고부간에 혼이 빠진 하루였다.

박찬란

프로필 : 수필가
아호: 호청(號淸)
월간시사문단으로 신인상
제3회 황진이상 수상, 제13회 박화목문학상 수상
2005년 스토리문학관 올해의 작품상
한국수필가협회, 충북문인협회, 한국스토리문인협회
저서 『찬란한 아침 1,2,3권』

보탑사 가는 길 외 2편

박찬란

사계절 중 가장 아름다운 계절이 언제이냐고 누가 묻는 다면, 나는 서슴없이 5월이라고 말할 것이다. 그 오월 속에 내가 지금 서 있다. 5월 속에 산다는 것은 계절을 온전히 느끼고 잘 살고 있다는 사실 아닌가. 연둣빛 신록과 다양한 꽃들이 내 마음을 행복의 궁전으로 안내한다.

그동안 정신적 가치만 추구하며 살다보니 어느 새 육체에 무관심한 대가가 고스란히 피부로 느껴지는 쉰 고개를 넘은 것 아닌가. 나날이 불어나는 나잇살, 뻐근한 다리, 마음과 몸의 불일치가 현실이 된 시간이 내게도 어김없이 다가온 것이다. 이 '영·육의 불균형을 조절하기 위해서는 특단의 조치가 필요한 시점이 아닌가.'하여 그 방편의 하나가 바로 운동이 생활의 필수 과목인 것을 알게 된 것이다. 정말 살기 좋고 운동하기 알맞은 계절이 손님처럼 찾아온 봄이다. 살며 사랑하기 위해 태어난 시간은 내게 그리 풍요롭고 넉넉지 않다. 이제 인생이 무엇인지 조금은 알 듯한 나이, 오십 고개를 잘 넘기면 팔십 고개는 무난하게 넘어간다고 이성적인 사람들이 얘기하니, 그 말이 일리가 있는 듯하여 우리 부부은 요즘 부쩍 건강에 신경 쓰는 편이다. 그래서 틈이 날 때마다 야외로 트래킹을 나가지만, 장소 하나만은 남편의 직감대로 선택하는 편이다. 그는 내게 없는 눈이 하나 더 있기 때문이다. 바로 심안心眼이다.

오늘은 진천 보탑사로 드라이브를 떠난다. 가장 먼저 김유신 생가 터에서 차를 주차시켜 놓고 한적하게 둘이서 도란도란 한담을 즐기며 길을 걷는다. 보련산 깊은 계곡을 따라 걷다 보니 5월의 산야는 그야말로 아름답기 그지없는 산수화의 병풍으로 둘러싸여 있다. 하루가 다르게 약동하는 신록을 배경으로 산 벚꽃이 만개한 산 아래에는 쭉쭉 뻗은 낙엽송이 계곡을 따라 들어서 있고, 좀 더 시야를 산 중턱으로 올려다 보니 오월의 산빛이 그려놓은 색감은 신들의 정원, 꽃들의 경연장 아닌가. '아, 청량한 신록의 산바람이 나의 가슴을 푸른 물로 깨끗이 헹구는구나!' 이처럼 5월은 가슴 벅찬 산야를 통해 생명의 환희와 사랑의 기쁨을 느끼게 하는 자연이 주신 선물에 감사를 느끼는 달이 아닌가 싶다. 나는 사는 동안 오늘 같은 5월을 52번이나 맞이했건만 왜 그때는 이 아름다운 자연풍광이 가슴으로 들어오지 않았단 말인가? 왜냐하면 사는 게 너무 바빠, 아니 정확히 말하면 물질적 풍요를 쫓는 어두운 의식이 맑은 심안을 가린 것이 가장 큰 이유였으리라. 그래서 그랬을까, 늘 마음의 허기와 평정심을 찾지 못해 나는 굶주린 사자처럼 안절부절못한 세월이 그 얼마이던가.

물길을 걷다 보니 갖가지 이름 모를 야생화가 다채롭게 피어 있고 남편은 없는 길을 내며 가는 사람이라 저 만치서 앞장서서 걸어가고 있다. 그는 언제나 남이 가지 않는 길에 호기심을 갖고 따라오라고 손짓하는 사람 아니었던가. 그리고 그 곳에서 늘 자신만의 철학을 내게 강론하며 살지 않았던가. 그런 반쪽이기에 난 그를 이해하기 힘들었다. 쉽고 편한 길 놔두고 왜 저 사람은 길도 없는 곳으로 들어가며 그것을 즐기는 것일까? 그것이 늘 궁금하고 연구대상이었다. 그 생각에 젖어 걷다 보니, 어느 덧 계곡을 낀 숯공장에 들어선 게 아닌가. 호기심 많은 우리 남편 또다시 그곳을 지나칠 리 없다. 벌겋게 자신을 익혀 낸 토굴 앞에서 인부 둘이 삽으로 연신 숯을 퍼내어 식히는 작업을 하고 있다. 멀찍이 서서 그것을 바라보는 내게도 후끈한 열기가 전해진다. 바라보는 것만으로도 이렇게 참기 어려운데 불 앞에서 쉬지 않고 이 일을 하는 인부들은 얼마나 고통스럽고 힘든 일일까, 생각하니 밥벌이의 고단함과 생명의 소중함이 더없이 숭고하게 느껴진다. 한참을 그렇게 서서 바라보다가 다시 길을 가는 데 이번에는 길이 아니라 절벽이 보인다. "여보, 어떻게 해? 하였더니 "따라오세요." 하며 산 중턱에 난 도로 위까지 돌무덤을 타고 올라가는 산행 코스 아닌가.

저 산 중턱에 난 도로를 올라가야 보탑사 가는 길로 여겨져 엉금엉금 그곳을 기어오르는데, 울창한 숲 속에 소싯적에 뜯던 맛난 산나물이 보이는 것 아닌가. 하여 반가운 마음에 삶아서 저녁반찬을 하면 좋겠다는 생각에 여기저기서 마치 콩알을 줍듯 양손 가득 뜯었다. 하지만 곧이어 갈등하게 된다. 양손 가득 산나물을 들고는 돌 언덕을 오르기가 쉽지 않기 때문이다. 자칫 한순간 헛발질을 하다가는 절벽 아래로 돌과 함께 구르기 십상이이다. 산나물보다 생명이 귀한 것 아닌가. 하여 아깝지만 미련 없이 산 아래로 모두 버렸다. 삶도 이러하지 않나 싶어 혼자 겸연쩍게 웃는다.

보탑사가는 길을 따라 걷다보니, 연곡 저수지가 나온다. 그 큰 저수지를 바라보니 역시 땀을 식히는데 물보다 좋은 것이 없는 듯하다. 저수지에는 물오리들이 신호를 보내며 짝을 찾아 날아다니고 그 주위를 따라 이어지는 산의 풍광은 탄성을 지르기에 바쁘다. 한참을 그렇게 걷다보니 다리가 아파올 즈음, "산모롱이"라는 찻집이 눈에 확 들어온다. 저기 가서 잠깐 쉬었다 가면 좋으련만, 하는 데 느닷없이 남편이 "여보,

우리 여기 가서 대추차 한 잔 하고 갈까?"하는 게 아닌가. 이게 이심전심의 이치가 아닐는지.

2층 베란다에 비치된 자연 카페에서 대추차 두 잔을 시켜놓고 주위를 둘러보니 아름다운 5월, 산이 뿜어내는 맑고 상쾌한 공기, 쉬지 않고 출렁대는 저수지의 물바람, 그리고 운치 있는 카페 음악을 말이 통하는 사람과 마주 앉아 도란도란 담소를 나누고 있자니, 이곳이 바로 행복이고 지상천국 아닌가 싶었다.

이 싱그러운 신록과 꽃들도 모두가 한때 아닌가. 우리가 사는 이 시간도 한 시절의 과객일 진데, 무엇에 마음을 빼앗겨 이렇게 아름다운 5월을 무심히 그리고 냉담하게 지나쳐 버린단 말인가. 저 신록과 꽃들도 혹독하고 긴 겨울을 이겨낸 저마다의 승리의 날갯짓이 아닌가. 그런데도 우리는 그 꽃들의 축제를 아무 의미 없이 성의 없게 지나쳐 버리기 일쑤다. 마치 자동차를 타고 지나가듯 계절을 보내는 것이 참으로 아쉽다. 한 번 지나가면 다시 볼 수 없는 시절인연의 꽃들일텐데 말이다. 그것은 꽃들과 신록에 대한 우리 사람의 예의가 아니다. 꽃들이 사람의 그런 이기적인 마음을 알게 되면 얼마나 서운해 할 것인가. 꽃들에게 서운한 감정을 들게 하고 어찌 인간이 생각하는 성공 잔치에 그녀를 초대할 수 있을까 생각하니, 마치 폭포 소리를 들었을 때처럼 정신이 번쩍 난다. 아무리 바빠도 그렇지, 잠시 차 한 잔의 여유를 갖고 꽃들의 궁전에 참석해 관망할 여유는 있지 않은가. 다 마음이 없는 것이다. 우리가 그렇게 할 때만이 그들도 나의 성공이 빛으로 빛날 때 충심으로 다가와 축하의 꽃다발을 내밀 것 아닌가. 내가 바라보는 저 신록, 꽃, 나, 모두 이 세상에 한 시절에 온 형제이자 자매다. 자연 만물의 한 인연의 네트워크는 아닐까, 곰곰이 생각해 본다.

한참을 그렇게 "산모롱이" 찻집의 분위기에 취해 있다 보니, 시선을 사로잡는 풍경이 하나 보인다. 잘 다듬어진 강 건너 편의 산소의 주인이 누구인지 무척 궁금하게 느껴졌다. 푸른 잔디로 잘 지어진 죽은 자들의 성스런 집, 그리고 정원처럼 꾸며진 나무와 꽃들, 입구에는 연보랏빛 꽃잔디가 매혹적인 자태로 우리를 반긴다. 하지만 풍수가인 남편은 보기와 달리 고인에게 맞지 않는 나쁜 집이라고 말한다. 풍수이론에는 합당한 자리인데 땅속에 암반수가 있어 흉지가 되었고 납골묘로 많은 선대 조상님을 모셔 후손들이 걱정된다고 한다. 보기만 아름다운 여인이었지, 심성은 그리 좋지 못한 흉지 터인가 보다.

이곳은 비구니 사찰이다. 그런 만큼 야생화로 아름답게 가꾸어놓은 정갈한 보탑사는 계곡의 끝 아래인 연곡리 버선골 보련산 자락의 큰 절터인 연곡사지에 세워졌다. 이 절의 특징은 흔히 절에 있는 일주문은 없고, 대신 "보련산 보탑사"란 현판이 우리를 반긴다. 또한 통일대탑은 신라 황룡사 9층 목탑의 전통방식을 전승한 3층 목탑이다. 이 절의 높이는 14층 아파트와 같고, 목탑을 떠받치는 소나무 기둥은 29개로 만들어 졌으며, 못을 전혀 사용하지 않은 것이 특징이다. 1층은 대웅전, 2층은 법보전, 3층은 미륵전으로 이루어져 있다.

보탑사 가는 길은 영원한 즐거움인 열반을 말하는 것이리라. 삶의 고통을 승화하여 어떠한 욕망에도 마음이 흔들리지 않는 삶, 그것이 바로 마음이 곧 부처인 세상을 말하는 것이리라. 고통이 없다면 삶은 날마다 즐거울 수 있을 것이다. 그렇다면 고통을 느끼지 않는 방법은 과연 무엇일까?

부처의 가르침에 이런 말이 있다. "손에 상처가 없는 사람은 뱀의 독을 만질 수 있다. 건강한 손에는 독이 위험하지 않기 때문이다. 악행을 저지르지 않는 사람에겐 악이 해롭지 않다." 그렇다.

마음이 강한 자는 아무리 나쁜 악마가 와서 상처 주는 말을 해도 요지부동이다. 하지만 사람이나 외물에 따라 마음이 흔들린다는 것은 손에 독이 묻은 것과 같다. 한 방울의 독은 마음의 균열로 인해 온몸으로 퍼지기 때문이다. 그 독은 남의 말에 상처를 잘 받는 사람들로 마음이 굳지 못하고 상처가 기존에 나 있는 사람들 아닌가. 그러니 사람들이 무심코 던진 작은 독 한 방울에도 쉽게 독이 퍼지는 유형이라 이것이 심할 경우 사망에 이르기도 한다. 악성 댓글로 죽은 연예인도 이런 경우다. 하지만 가슴의 상처에 따라 같은 말을 할지라도 반응은 사람에 따라 다르게 나타난다. 누구나 마음의 흐름인 그 실체를 정확하게 이해하지 못하면 이 독 때문에 늘 감정이 요동치는 법이다. 그래서 범부의 감정은 하루에도 오만 가지 곡선으로 출렁거리는 것 아니겠는가. 이는 마음이 호수와 같기 때문이다.

그렇다면, 나는 과연 어떤가? 나도 한때는 가족에게 쏟은 헌신적인 사랑을 잘 모르는 것 같아 서운한 마음에 불면의 밤을 보낸 적이 있었다. 나의 희생이 한때는 매우 무의미하게 느껴져 가족을 닥달하며 불편하게 했던 그 세월 말이다. 이게 우울증의 시초라 한다. 하지만 남편의 도움으로 지혜롭게 극복했다. 우울증의 시초는 마음의 문제였다. 이 진리를 알고 보니 원인은 상대에게 있는 것이 아니라, 오직 나 자신인 마음을 어디에 두고 사느냐에 따라 감정의 희비가 엇갈린다는 사실이다. 마음의 주인으로 살 것인가, 아니면 외물의 노예로 살 것인가는 오로지 자신이 선택하기 나름 아닌가. 남의 말에 그리고 체면에 신경 쓰다 보니 마음이 우울하고 괴로웠던 것이다. 이것은 마음이 외부 영향의 노예로 산 세월 아닌가. 단지 그것은 마음이 강하지 못하고 외부의 영향에 자주 흔들렸던 것은 내게 주인 의식이 없었던게 가장 큰 원인이었다. 이처럼 생명은 성숙의 단계를 오를 때마다 값비싼 대가를 치르고 아프게 배우는 것이다.

나뿐 아니라 만물 또한, 이처럼 상처를 딛고 일어나 꽃을 피우고 열매를 맺는다. 자신이 죽지 않고 깨달을 수는 없지 않은가. 죽음은 자신의 의식을 깨는 일로 곧 희생과 기다림의 세월을 말한다. 잎이 떨어진 자리에 꽃이 핀다는 것을 알았다면 이제는 불평은 하지 말 일이다. 사람이기 때문에 고통과 죽는 것을 싫어하는 법이다. 하지만 잃지 않고 얻는 것이 있다면 우리에게 공평히 주어지는 나이일 뿐이다.

사는 게 다 그런 것이다. 꽃이 진 자리에 열매를 맺는 것처럼 희생 없고 고뇌 없는 출산이 어디 있던가. 내가 죽어야 네가 사는 게 자연의 이치건만 세월을 멈추라고 소리친 내가, 5월의 보탑사 가는 풍경 속에서 나 또한 저 매혹적인 분홍빛의 연산홍처럼 여성으로서 해야 할 세상 소임을 생각해 본다. 만물은 저마다 때가 되면 어김없이 타고난 꽃으로 우주를 환하게 밝히는 무대의 주인공이 될 수 있다. 우리 삶도 마찬가지다. 그것이 바로 생명을 가진 자의 특권이며, 신의 인간에게 내려주신 존재의 가치를 발견하는 것이 생의 이성적인 기쁨이라고 생각하니, 나의 기분은 오월의 신록처럼 청신(淸新)하다.

축제festival

오늘 아침, 용돈 때문에 아들에게 피살된 헤지펀드 창업자 토머스 길버트가 신문 지상에 회자되었다. 아버지를 살해한 혐의를 받고 있는 아들(토머스 길버트 주니어:30세)은 미국 유명 사립 초중고와 명문 프린스턴대를 졸업한 것으로 알려졌다. 아버지는 아파트 월세와 용돈을 주다가 최근 용돈을 33만 줄였다고 언론은 보도했다. 뉴욕데일리 뉴스는 길버트 부부가 아들에게 아파트 월세를 더는 주지 않겠다고 전했다. 성인이 돼서도 부모에게 기대 살다 끝내 아버지를 살해한 혐의를 받고 있는 아들이기에 세계인의 충격은 가히 우레 수준이다. 왜냐하면 우리가 앞만 보고 쫓아가던 물질이 정신을 하마처럼 한꺼번에 삼켜 버린 엄청난 사건이기 때문이다. 이것이 비단 미국 가정만의 문제이자 교육이 아니기에 더욱 그러하지 않은가.

우리는 돈이 많으면 행복할 것이라고 착각하고 산다. 이 사례를 보더라도 우리 삶의 도구인 물질문명이 결코 삶의 목적인 행복이 될 수 없다는 사실을 생생하게 보여주고 있지 않은가. 그럼에도 그 돈을 현대인이 놓지 못하는 이유는 과연 무엇인가. 생명유지에 없어서는 안 되는 방편이기 때문이다. 자동차로 치면 기름이다. 그것을 다스릴 수 있는 것은 오직 정신문화에 달려 있다. 그 방편의 하나로 나는 사람으로서 꼭

해야 할 일과 어떠한 일이 있어도 하지 말아야 할 일을 구분하여 자녀 양육의 중심 키워드로 삼고자 한다. 그래서 우리 일상에서 오뉴월 김을 매다가 불어오는 바람에 그늘에 잠시 쉬면서 일 년 농사의 기쁨을 생각하듯, 가훈을 세우고 실천하는 일도 의미 있는 일 아닐까. 그 선상의 하나가 바로 제사를 축제로 생각하면 어떨까, 생각해 보았다.

조상을 생각하고 부모의 은혜를 생각하는 시간이 잦다 보면, 자연스럽게 습관이 성격이 되고, 성격은 그 사람의 운명이 되기 때문이다. 그만큼 반복의 힘이 무서울 뿐 아니라, 우리 인생을 안전하게 주행할 수 있는 경험이 아이들을 좋은 습관으로 이끌지 않을까, 하는 부모의 마음에서 착안한 생각이다. 한 사람의 철학은 정장 입은 상식이라고 했다. 가끔은 번거롭더라도 의식이 반드시 필요할 때가 있다.

우리 집의 축제는 다름 아닌 부모의 제삿날이다. 그 축제 횟수는 다섯 번이다. 오늘이 그 행사의 하나인 시아버지의 기일忌日이다.

어제저녁에 다섯 자녀에게 내일 축제가 있음을 고지告志하였다. 아침부터 마음이 바빠진다. 우선 남편과 제수 장만을 위해 가까운 대형 상점을 찾았다.

이것저것 필요한 제물을 기본으로 준비하지만, 그 가운데서 중요하게 생각하는 것은 고인故人이 생전에 좋아하시던 음식을 올려놓고자 노력한다. 거기에 더하여 우리 식구가 잘 먹는 음식 재료를 사기도 한다. 조상님과 제관들도 좋아하는 먹을거리는 일거양득一擧兩得의 효과를 얻을 수 있기 때문이다.

오후 4시부터 나는 갖가지 전을 부친다. 조상님의 기일일 때는 내가 모든 준비를 하지만, 우리 고유 명절 때는 음식 준비만 하여 딸들에게는 전을, 아들들에게는 산적거리를 양념하여 숯불에 굽게 한다. 고기 굽는 것은 장남이 잘하는 종목이자 즐기는 집안 행사다. 그 일이 끝나면 나는 삼색 나물을 무치고 볶는 과정과 탕국과 닭고기를 삶아놓는다.

모든 제사 음식은 그냥 만들어지지 않는다. 청결과 정성, 그리고 기원이 담긴 마음으로 하기에 하나하나를 정갈하게 준비하지 않으면 안 되는 음식들이기에 잔 손길이 많이 가는 편이다.

자시子時가 가까워지면 가족들의 발걸음이 더욱 분주해진다. 남편은 밤을 치고 이어 지방을 쓴다. 딸들은 상을 피고 준비해둔 음식들을 제기에 예쁘고 정성스럽게 담는다. 아들은 구운 고기를 담아오고 나는 메밥을 짓기 시작한다.

분침과 시침이 일치를 이루는 시간이 찾아오면 병풍을 치고 향을 피우면, 제사상 앞에 온 식구가 다 모인다. 왜냐하면 하늘의 시간이 되었기 때문이다. 영혼은 하늘에서 와 하늘로 돌아가는 생리로 그 정점이 자시(子時:11시~1시)에 이루어진다. 드디어 그날의 주인공 이름을 쓴 지방 앞에 엄숙히 제관들이 모여 서 있다. 집안의 큰 어르신을 영접하기 위한 의식이다. 이어 시간이 조금 흐르면 무겁고 엄숙한 기운이 제상 중간에 좌정坐定한다.

맨 먼저 첫 술잔을 드려 축제의식이 시작됨을 알린다. 그리고 의식에 따라 몇 순배의 술과 절이 이어지고 나면 영가靈駕가 메를 드시는 동안, 우리는 불을 끄고 주방과 거실을 이어주는 간이 커튼을 치고 제관들은 각자 편안한 자리로 이동해 식사가 끝나기를 조용히 기다린다.

영가가 천천히 편안하게 드실 시간을 충분히 드린 다음, 헛기침을 두어 번 하고 다시 술을 한 잔 올리면 그날의 제사는 여기서 1막 종료된다. 하지만 가장 중요한 축제는 2막으로 지금부터 시작된다.

제관이던 장녀부터 조상님께 술잔이 올려지고 개인 인사와 소망을 비는 순서이다. 이제 직장 3년 차인 장녀는 절을 하면서 소원을 조상님께 고한다. 이어 차녀, 셋째 딸. 그리고 우리 집의 대들보인 장남, 이어 축대처럼 의젓한 막내아들의 인사가 끝나면 철상撤床을 한다.

남편은 지방을 떼어 밖으로 나가 소지 종이를 태운다. 가벼운 재는 마치 흰나비떼처럼 너울거리며 하늘로 날아오른다. 그사이 나는 탕국을 데우고 제관들이 먹을 비빔밥을 준비한다. 여기에 딸들이 예쁘게 깎아 놓은 과일 상이 더하면, 축제 파티는 이야기꽃과 함께 무르익어 간다. 남편은 할아버지가 자신에게 했던 일화를 얘기하면, 아들은 자기 일인 양 관심 있게 듣는다. 장남이 초등학교 시절 할아버지 제삿날임에도 피곤하여 자는 것을 깨웠더니 짜증을 심하게 부렸다. 이 일로 인해 아버지께 맞은 일을 상기하여 가족 모두가 웃고 떠들면, "하지 마,하지 마!"라고 한다. 장남으로서 그때의 잘못된 행동이 몹시도 부끄럽게 여겨지기 때문이리라. 이제야 자신의 위치가 어디인지 비로소 안 것이다.

이렇게 우리 집의 축제는 저마다 바쁘게 살아가는 현대인의 생활 가운데 하나의 의식으로서 자리매김한 지 오래다. 아무리 시대가 변해도, 또한 그 다음 날에 기상 시간이 불편해도 우리의 제사 시간은 자시子時를 고수한다. 왜냐하면 그 시간은 영가가 활동하기 매우 좋은 시간이기 때문이다. 축제의 의미는 주인공을 위한 사랑과 배려이자 참석자 모두가 즐거운 놀이가 되어야만 의미 있는 일이다. 그런데도 다섯 아이가 불평불만 없이 기쁘게 자발적으로 참여한다.

셋째 딸은 기氣가 센 편이다. 직감이 아주 발달한 아이이다. 그래서 그런지 밤늦게 공부하다가도 제삿날만 되면 일찍 와서 행사에 적극적으로 참여한다. 마치 효도를 하는 기분이라서 몸은 힘들지만 그렇게 정성을 다해 제를 올리고 나면 자기도 모르게 기분이 한층 업그레이드되며, 또한 하고자 하는 일이 술술 잘 풀리는 마법의 힘을 피부로 느낀다고 한다.

나는 효를 생각할 때 가장 먼저 부모의 음을 생각하는 편이다. '어떻게 하는 것이 부모 마음을 기쁘게 하실까?' 이것에 가장 주안점을 둔다. 부모가 흐뭇하게 웃는 모습을 보면, 내가 마치 큰 효도를 한 것 같아 사는 보람을 느낀다. 그래서 그럴까. 나도 그 점을 아이들에게 강조하는 편이다.

나도 부모 나이가 되고 보니 자녀들의 안전이 출세보다 우선으로 생각된다. 그래서 그럴까, 애면글면 자식 걱정을 달고 산다. 그게 부모 마음인 것 같아 지난날 자식의 삶인 때를 돌아보면, 알게 모르게 불효를 저지른 일이 많은 듯해 무척 죄스런 마음이다. 왜 사람은 그 나이가 돼 보지 않으면 알 수 없는 존재인가.

시아버님은 아픔이 많은 분이시다. 당신 자식을 가난과 질병 그리고 전쟁을 겪으면서 다섯 명을 앞세우셨다. 자식이 죽으면 부모 가슴에 무덤이 생긴다는 말처럼 그 아픔과 후회, 아쉬움이 평생을 그림자처럼 삶의 장막을 드리웠으리. 그렇기에 남은 자식에게 가두리 양식처럼 자식을 끼고 살았다. 그것이 훗날 남편을 매우 가슴 답답하게 조여 왔던 시절이 있었다고 내게 고백한 것을 보면, 지금은 시아버지 그 마음을 나는 조금은 이해할 수 있을 것만 같다. 내게도 동병상련처럼 그런 마음이 없지 않았기 때문이다. 딸 셋을 낳고 아들을 낳았으니, 그 걱정과 근심을 세어서 무엇 하리.

그때는 하지 말라는 것이 왜 그다지도 많았을까, 원망도 해 보았지만 내가 부모가 되어 보니 그 마음이 백분 이해가 된다. 자식의 자유를 위해 안전을 걱정하며, 가슴에 불덩이를 안고 살지 않으면 안 되는 그 부모의 역할과 세월……. 하지만 이제는 아들에 대한 한恨이 있었던 당신이 그토록 원하던 아들에게서 손자 두 명을 얻었으니, 보지 않아도 그 마음이 얼마나 대견하고 뿌듯하실까?

당신 젯상 앞에 목숨처럼 아끼던 큰아들의 식솔이 모두(아들 둘, 딸 셋) 엎드려 재배를 하니 천하가 발 아래 있는 듯 포만감을 느꼈으리라. '아, 이젠 됐다. 며늘아기야 수고했다'라고 하는 소리가 들리는 듯하다. 그것도 이제는 아버지 키만 한 두 아들이 빨랫줄과 바지랑대처럼 든든하게 버티고 서 있는 것을 보면 나도 이렇게 가슴 뻐근하고 흐뭇한 데, 당신 마음은 오죽하실까.

사람마다 축제를 생각하는 의미는 모두 다르겠지만, 우리 집의 축제는 뭐니 뭐니 해도 선조의 기일이다. 그날은 가족의 뿌리를 통해 나는 누구이며, 앞으로 어떻게 살아야 하는지를 생각해 보는 의미 있는 날이기 때문이다. 가족은 함께하는 시간만큼 추억과 감동으로 결속하고 미래로 성숙하는 것이 아닌가 한다. 뒤돌아보면 내 속에 부모가 있고 내 안에 자식이 자라는 것 같다. 부모와 자식은 함께하면서 뜻으로 강물이 되어 흐르는 자연 일부가 바로 내 삶의 과정이다. 그게 바로 생의 축제이기 때문이다. 음복이 끝나자마자 엄마는 고생했다면서 방으로 떠밀고, 오 남매가 사다리 타기를 하여 치우기와 설거지, 제기 넣기까지 마치고 각자 방으로 들어간다. 그 모습을 보면서 훗날 저런 작은 기억들이 아름답게 그들의 기억 속에 회상되리라 생각하니 입가에 미소가 번진다. 이처럼 집안마다 다른 축제는 알게 모르게 체득하여 가훈으로 이어질 것이다.

세계 부자 길버트처럼 물질은 남부럽지 않건만 자식 교육은 잘못시켜 집안의 패가망신거리가 되었다. 왜 이런 결과를 낳았을까? 부모 자식 모두에게 문제점이 발견된다. 자식의 타고난 기질은 바꿀 수 없더라도 교육 환경과 방법에서는 얼마든지 개선의 여지가 보이기 때문이다. 가랑비에 옷 젖듯이 서서히 직장을 잡을 때까지 시간을 두고 점진적으로 먹이를 뗐다면 이런 극단적인 선택은 하지 않았을 것이다. 벼룩을 잡으려다 궁전을 태우거나 단칼에 무를 자르는 방법은 매우 위험한 극약 처방으로, 얻는 것보다 잃는 경우가 더 많기에 안타까움이 더한다. 또한, 그 아들 역시 감정보다는 이성으로 자신을 한 번 냉정히 돌아보며, 아버지가 왜 이렇게 밖에 할 수 없었는가, 하고 아버지 입장에서 조금만 생각하고 그 해결 방법을 모색해 갔다면 그 집안의 비극은 초래되지 않았을지도 모른다는 생각에 부모의 한 사람으로서 아쉬움도 적지 않다. 또한, 이런 유사한 사건은 우리 모두의 문제로 언제든지 메뚜기처럼 갑자기 우리 앞에 뛰어나올지는 아무도 모르는 일 아닌가.

인간은 경건하고 엄숙한 의식을 통해 유전자로 이어지는 조상님과 깊은 유대와 친밀감을 통해 우리는 육체의 소중함과 감사를 체득하게 된다. 그리고 그동안 깨닫지 못해 불효를 저지른 지난날의 반성과 인간의 성숙한 은혜를 다시 한 번 생각게 하는 성찰의 시간은 반드시 필요하다. 이처럼 생각하기에 따라, 마음 한 번 고쳐먹기에 따라 어렵고 힘든 일, 귀찮고 성가신 일도 축제로 받아들인다면 생의 즐거움은 꽃처럼 피어날 것이다.

사람의 도리를 즐겁게 행할 때 우리는 생의 리듬(엔도르핀)인 덕德이 새끼를 쳐서, 행복이란 손님이 우리 대문을 빠끔히 열고 들어오지 않겠는가. 또한, 그 축제를 통해 부모와 자녀들이 푸르게 성장하는 모습을 보는 것은 내겐 생의 또 다른 기쁨이다. 왜냐하면 작으나마 내가 이승에 머무르다 갔음을 말해주는 '있음의 흔적'이 여기에 존재하기 때문이다.

아무리 후미진 구석에서 사람의 눈길 한번 받아보지 못한 무명초라 해도 가을이 되면 제가 서 있던 자리에 씨앗을 떨어뜨린다. 그 알의 씨앗은 바로 이듬해 그 꽃이 거기에 있었음을 말해주는 훌륭한 표적이 된다. 하여 조상의 기일은 바로 '있음의 흔적'을 기억하고, 미래 나의 유전자의 힘을 재확인하는 의미 있는 집안 축제로 어느새 자리 잡은 듯하다.

은자는 존재한다

우리의 인간관계도 유유상종類類相從의 이치인가. 살다 보니 만나게 될 사람은 어떤 계기로도 꼭 만나게 되는 인연을 보면서 드는 생각이다. 내가 천안 원장을 소개받은 과정을 보면, 더욱더 그러한 생각이 앞선다. 그 인연은 내가 결혼 생활 중 가장 힘든 시기였다. 남편이 주식 후유증으로 인해 가정 경제사정이 매우 어려웠다. 설상가상으로 시어머니마저 노환으로 안방에 누워 계셨다. 하물며 아이는 넷이나 두었으니 측은한 마음도 없지 않았을 것이다. 그 모습을 옆에서 묵묵히 지켜보던 어느 눈 밝은 형님이, 내게 그분을 소개해 주셨다.

아이들이 자라나면서 자주 아프다 보니 병원 신세를 면하기 위해 보약을 지어 먹이고 싶다고 했더니, 그분의 연락처를 내게 알려 주셨다. 단, 조건이 있다고 곁가지를 붙인다. 정심(正心)을 가진 사람이 아니라면 약을 처방해 주지 않는다는 것이었다. 마음이 바르지 않으면 의심이 많아 남을 잘 믿지 않기에, 아무리 좋은 명약을 써도 잘 듣지 않는다고 한다. 요즘 세상에 어디 이런 사람이 있단 말인가. 병원 의사도 돈부터 예약해 놓아야 수술과 약을 주는 시절에, 도대체 어떤 분이기에 '덕승재德承才'를 마음에 두고 사신단 말인가. 시절 인연이 닿으면 곧 만날 수 있겠지. 간절하면 하늘 인연이 다리를 놓아 주시겠지. 그런 마음임에도 나는 '어떤 분일까?' 하는 호기심을 숨길 수 없었다.

혼란한 세상을 피해 숨어 사는 은자들이 예나 지금이나 존재한다. 은자는 야은野隱과 이은吏隱으로 나눈다. 야은은 초야에 숨어 사는 장량 같은 사람을 말하고, 이은은 낮은 벼슬이나 장사 등을 하면서 세상 속에 숨어 살면서 때를 기다리는 강태공 같은 사람을 말한다. 하지만 나는 그분을 우리 집 주치의로 여기게 된 이유에는 그리 오랜 시간이 걸리지 않았다. 그분은 나를 보자마자 나의 건강을 마치 거울 보듯 얘기 하는 것이 아닌가. 'OO하구먼!'했다. 그 모습이 너무 신기해 어떻게 아느냐며 옆에 있는 남편에게 물었더니, '타고난 분!'이라고 한다.

천안 원장님은 분명 은자다. 바로 이은吏隱이다. 그분의 할아버지는 생전에 임금께 탕제를 달여 올리시는 궁중 어의御醫이었다고 한다. 그 할아버지는 손자가 자신의 유전자를 많이 닮은 듯하여 의술을 가르치고자 하였지만, 사시사철 집안에 붐비는 환자들과 탕약 냄새가 너무 싫어 자신은 그 길을 가고 싶지 않았다고 한다. 그래서 그 당시 가장 인기학과인 인하대학교 항공학과로 들어가서 졸업을 하고 더 나은 기술을 배우고자 일본에 유학한 촉망받던 인재였다. 하지만 어쩐 일인지 생각만큼 앞길이 순탄치 않았다. 타지에서 꿈과 희망을 걸고 쫓아다녔지만, 번번이 실패하고야 말았다. 모든 걸 접고 고향에 내려와 서예 학원도 해보았지만, 그것마저 신통치 않았다. 하는 것마다 실패하니 분명히 내가 하는 길에 무슨 뜻이 있다는 생각이 들자, 곰곰이 지난날을 반추하며 그 옛날 할아버지가 쓰시던 약방에 들어가 서책을 들여다보게 되었다.

그런데 이상하게도 그 책들이 재미가 있었다. 그렇게 몇 년을 혼자 공부하니 눈앞에 훤히 거울을 보듯 인체의 밑그림이 그려졌다. 그렇게 의술과 약제를 배운 뒤 가족과 지인들에게 탕제를 지어 먹이니, 이상하게도 병이 조금씩 낫기 시작했다. 한의학에 이십 년을 몰입하다 보니, 이젠 병원에서 포기한 불치병 환자도 많이 고쳤더니, 그 소문을 듣고 전국에서 찾아오는 사람이 많다. 그분의 말씀을 듣고 나니 하늘이 내린 중국 명의, 편작의 일생이 문득 떠오른다.

편작은 발해渤海지방에서 태어났으며, 성은 진秦이고 이름은 월인越人이었다. 편작遍鵲이라는 이름은 후에 그가 유명해졌을 때 사람들이 지어 준 별명이다. 편작은 젊어서 어느 고관 댁에서 손님맞이 하는 일을 하고 있었다. 어느 날인가 장상군(長桑君)이라는 손님이 그 집에 찾아왔는데, 그냥 보기에도 범상한 사람이 아니었다. 장상군은 그 뒤로도 자주 그 집에 찾아왔으며, 편작은 늘 그를 정성스럽게 모셨다. 그렇게 10년의 세월이 흘렀다. 그러던 어느 날 장상군은 편작을 불러 사람의 만병을 치료하는 비방秘方과 품속에서 약을 꺼내 주면서, "풀잎에 맺힌 이슬을 받아 이 약과 함께 한 달간 먹어 보게. 그러면 무엇이든 볼 수 있을 걸세."라고 말하고 순식간에 자취를 감춰 버렸다고 한다. 그 후 그는 장상군이 일러준 대로 했더니 담장 너머 사람 모습까지 볼 수 있는 직관력인 통찰력을 스스로 얻게 되었다. 그뿐만 아니라 병자들의 내장 속까지 모두 볼 수 있게 되었다. 하지만 다른 사람들이 이상하게 생각할까 봐, 사람들에게는 그저 맥을 짚어서 알 수 있노라고 말할 뿐이었다. 이런 속내에도 불구하고 편작의 명성은 순식간에 널리 퍼지게 되었다.

원장님도 끝없는 열정으로 천부적인 능력을 연마하니 세상 이치며 얼굴만 쳐다봐도 장기의 건강상태를 알 수 있는 경지에 오를 수 있었다고 한다. 그런 능력을 자신조차도 어떨 때는 신기하여 믿기지 않는다고 한다. 원장님에게는 명의의 씨앗이 원래부터 존재했던 것이리라. 그것을 단지 편작처럼 늦게 발견한 것뿐이다. 사실은 편작도 명의 집안의 후손이었다고 한다.

사람은 저마다 타고난 씨앗이 있다. 장군 집안에 장수가 태어나고, 명의 집안에 명의가 태어나는 것처럼. 손자가 쓴 『손자병법』이 나온 지 150년 만에 『손빈병법』이 나온 것처럼 왕후 장상의 씨는 부정하고 싶지만, 반드시 그 씨앗은 세대를 걸러 우성 유전으로 내려오는 멘델의 유전 법칙과 선조들의 동기감응에 의한 결과라 하겠다.

내가 아는 원장님 집안처럼 그렇게 말이다. 그는 분명 세상 은자다. 전화 목소리를 듣거나 얼굴 한번 쓱 쳐다봐도 어디가 어떻게 아픈지 알 수 있다고 한다. 사람의 혈맥은 고무호스처럼 하나로 연결되었기에 가능한 일이다. 오장육부가 얼굴에 나타나며 손바닥과 발바닥도 건강의 지표라고 한다. 혈액순환이 잘되지 않으면 모든 곳에 이상 기류가 흐른다. 무서운 암도 혈액순환이 막혀 기가 잘 흐르지 않아 생기는 악성 종양으로, 얼굴에 그 증상이 나타난다고 한다. 그래서 거울 보듯 쉽게 알 수 있다고 한다.

사람은 어릴 때부터 그 천부적인 재능을 일찌감치 알아서 뚜벅뚜벅 걷는 사람이 있는가 하면, 편작이나 원장님처럼 중반을 넘어서 전혀 예기치 않던 일을 겪게 되면서 대기만성의 길을 걷는 사람이 소수 있다. 사람이나 하늘의 능력은 올바른 그릇이 되었을 때 비로소 그때를 기다려 큰 재주를 담을 수 있는 능력을 전해 주는 게 아닌가 싶다. 편작이나 원장님에게 공통분모가 하나 있다. 자신이 하는 일에 최선을 다해 그때그때 즐기는 자세로 임하는 것과 자신을 필요로 하는 곳이면 어디든 돈에 관계없이 찾아가는 큰 덕이 존재한다는 사실이, 보통 사람과 무척 다른 철학관이다. 이런 삶의 자세로 사시니, 신이 어찌 손을 잡아 주지 않겠는가!

'덕승재'! 를 실천할 사람은 과연 누구인가? 세상을 홍익인간 정신으로 다스릴 사람 그릇을 말한다. 그래야 자신이 가진 재주를 개인 욕심에 쓰지 않고, 어떤 외압에도 흔들리지 않고(공정), 어렵고 불쌍한 이웃(평등)에게 진정한 도구(재주)로 쓰이는 세상 은자는 신의 선물 같은 사람일지도 모른다. 그런 사람은 우직하게 자신이 목표한 일을 포기하지 않고, 끝내 이루고 마는 집념의 사람에게만 있는 능력을 말한다.

세상엔 그 어떤 경우에도 우연은 없다. 모두가 알고 보면 다 필연으로 연결돼 있다. 내가 걸어가는 길 위에서 만나는 어떤 장애물과 행운도 다 그만한 이유와 뜻을 내포하고 있다. 그것은 바로 내가 천부적으로 태어난 길을 가기 위해 반드시 겪어야만 하는 과정의 길이기 때문이다. 그런 시련 속에서 하나둘씩 배우게 되고, 다른 방법을 끝없이 찾아가면서 목표를 향해 포기하지 않고 걸어가다 보면 어느새 결승선 앞에서 승리의 기쁨을 얻게 되는 것이다. 어떤 일이든지 포기하지 않는 한, 실패는 없다. 포기하는 그 순간, 실패로 남는 것이 아닌가.

인간이 비로소 성숙한 영혼이 되었을 때, 세상 은자와 신은 회심의 미소를 보낸다. 왜냐하면 단단한 사람이 되었기 때문이다. 사람이 알맞게 익을 때까지 부단히 노력하면서 기다리다 보면, 어느 날 자신도 모르게 어느 단계에 도달해 있다는 걸 본인도 느끼게 된다. 그게 바로 그 사람의 때다. 그때 은자는 말한다. 한 사람의 얼굴을 보면, 심안에 비친 수양의 깊이를 한눈에 알 수 있다고. 이처럼 인물은 수많은 시련과 실패 속에서도 깨지지 않고 단단하고 올바른 사람 그릇이 되었을 때, 비로소 세상 재주(소임)를 신은 영감으로 알려주는 것이 아닌가 한다.

은자의 말에는 또한, 내가 전미개오轉迷開悟하지 못한 우주의 큰 뜻이 담겨 있을 수도 있다. 그 언중유골言中有骨은 적어도 10년 뒤를 내다보고 하는 혜안일 수도 있다. 아니 앞으로 내가 걸어가야 할 세상 소명이 담긴 지도책과 그 속에 달란트로 숨겨진 나의 열쇠가 있을지 그 누가 아는가? 왜냐하면 우리가 그토록 찾던 지적 보고寶庫와 성숙할 내면의 기회는 모두 경험하지 않고는 배울 수 없는 것들이다. 하지만 그 이치와 진리는 이미 선지자의 지혜로운 말씀 안에 다 기록되어 있지 않은가. 다만, 내가 그것을 체득하고 깨닫지 못했을 뿐이다.

은자는 세상 길을 먼저 깨닫고, 뒤를 따라오는 인생 후배에게 바르고 정확한 삶의 실체를 알려준다. 그러하기에 우리 삶에서 희망과 용기를 주어 어둡던 마음을 환히 밝히는 등대 같은 사람을 말한다. 그가 바로 세상 은자다. 주위의 지인知人을 잘 살펴보자. 그 가운데 은자가 반드시 존재할 것이다. 서로가 마음의 달이 되어 비춰주는 은덕을 지닌 사람이 곁에 있다면 그가 바로 세상 은자다. 그가 있는 한 세상은 무섭고 두렵지 않으리.

유인자唯仁者 능호인能好人 능오인能惡人이라고 공자는 논어에서 말했다. "오직 인자만이 능히 사람을 좋아하고, 능히 남을 미워할 수 있다." 유유상종의 이치는 그 사람의 인품과 경지에 버금가는 호형호제好兄好弟일 때만이 가능한 일이다. 그럴 때에 비로소 은자와 좋은 인연은 존재하며 그 관계 또한, 오래도록 수성守城할 수 있으리.

이선덕

전남 여수 출생
전남대학교 대학원 조형미술학 석사
계간 <스토리문학> 시 등단
계간 <현대문예> 수필 등단
한국스토리문인협회 회원
문학공원 동인
자작나무수필 동인
현대문예동부작가회 회원
여수수필문학회 회원
서양화 개인전 2회 전시
순천미술대전 추천작가

삶의 빛깔 외 2편

이 선 덕

나는 아주 욕심이 많은 여자다. 겉보기에는 후덕스럽고 선심을 잘 쓰는 나이든 평범한 여자다. 그러나 내 안 깊숙이에 앉아 있는 마음 한쪽에는 불씨를 안고 있는 질투심과 아집으로 남들보다 우월하고 싶은 욕망이 꿈틀거리고 있다. 하얀색과 검정색. 빨강색과 파랑색, 노란색과 보라색처럼 보색 대비가 표현될 것이다.

나를 아는 사람들 대부분이 나의 외면에 드러난 빛깔로 나를 읽어 내려간다. 그래서 나는 이제껏 나의 속내를 남에게 들키지 않으려고 꼭꼭 깊이 감추고 있었다. 그런 오랜 습성 때문에 간혹 누구에겐가 내 속을 들켰다 싶으면 그 생각으로 몇 밤을 설치고 하얀 밤을 보내기도 한다. 간혹 혼자 있을 때 무섭고 외로워 깊은 수렁으로 떨어질 것만 같은 고독감에 몸서리치는 것은 나의 외면으로 읽을 수 없는 내면의 빛깔 때문일 것이다. 겉으로 나는 평범한 가정주부지만 내면에서 갈구하는 삶은 누구나 다 이루고 사는 현실 생활이 아니다.

나는 색깔이 뚜렷한 삶을 살기를 원한다. 여류 시인이 되어 좋은 글을 발표하여 사랑받으며 사람들 틈에 살기를 원하고, 또한 나만의 그림 세계를 만들고 행복한 화가가 되어 넓은 세상으로 꿈의 여행을 떠나기도 하고 화려한 배우가 되어 모든 사람의 선망의 대상이 되기도 하고,

시골 널따란 과수원의 여 주인이 되어 한여름 밤 내가 키운 새콤달콤한 포도송이를 바구니 가득 따 아들 딸 함께 먹으면서 옛이야기를 하고 싶다. 조요한 오후 가만히 눈을 감으면 나는 눈 덮인 평원에 첫 발 자국을 찍는 환상에 가슴 벅찬 꿈을 꾸기도 한다. 하지만 삶이 나를 힘들게 할 때는 언젠가 가 본적 있는 독신자 아파트를 생각하기도 한다. 나의 내면의 빛깔은 너무나 다채로워 이름 붙이기에 너무 복잡하다.

친구들은 내 얼굴을 보면 너무 평범해서 평안하다고들 한다. 또 나를 알고 있는 후배들은 내가 마치 시골집에 사는 이모 같기도 하고 돌아가신 친정 엄마 같기도 하다고 한다. 때로는 어린애 같은 내 생각에 모두들 무아지경에 빠진 겁 없는 어린애를 대하는 것 같다고 말한다.

그것 모두가 나의 본래의 모습은 아닐 것이다. 그렇다고 본성 전부가 바뀐 것은 아니다. 여고 시절 꿈도 야무졌고 꿈을 향해 전진하는 나의 노력은 쉬지 않았다. 지나치다 할 만큼 끈기가 있어 언젠가는 성공할 것이라 했는데, 세월이 지난 지금 나는 여기 이렇게 가만히 서 있는 것 같다. 뚜렷하고 명쾌한 색은 흐려지고 지금 나는 나의 색에 의미를 잊고 있다. 그러나 삶이 주는 무딘 심성이 나의 와형의 색깔을 만들고 다듬어 오늘 새로운 나만의 무지개를 만든 것 같다. 마지막 웅어리져 있는 내 삶의 덩어리가 나를 힘들게 하고 심한 통증으로 나를 괴롭혀도 나는 나의 색을 만들어갈 것이다.

말은 마음에 그림

뜰 앞에 펼쳐진 가을 들녘을 한참을 생각 없이 바라보다 문득 내가 하는 말에 대하여 생각을 하게 되었다. 말은 마음의 그림이라는 속담이 생각난다. 사람의 품성과 인품에 따라서 마음을 그림처럼 보여 주는 게 말이 아닌가 생각한다. 친절하고 부드러운 성품, 거칠고 부정적인 성품, 자신 만을 생각하고 불쑥 말하는 성품 등, 각양각색 성품을 그 사람이 하는 말에서 색깔을 구분할 수 있기 때문이다. 말은 엎질러진 물처럼 한번 뱉은 말은 주워 담을 수가 없기 때문에 말은 아주 위험하다.

나는 종종 마음의 긴장을 풀고 수다를 떤 다음에 후회스러움으로 얼굴을 붉히며 부끄러워 한 적이 많다. 그럴 때마다 할까 말까 하는 생각이 많은 말은 안 하는 쪽이 덜 후회스럽다는 것을 공감한다.

"사람이 말을 할 때는 침묵 보다 더 좋은 것이어야 한다"는 아라비아 격언이 있다. 이것은 말의 소중함을 일 깨워 주는 말이다. 알면서도 잘 행하지 못 하는 것이 또한 말조심이다. 입에서 나오는 말이 남의 허를 들추어 그 사람의 마음에 고칠 수 없는 마음의 병을 준다면 어찌할 것인가. 내가 한 말이 독이 되어 부모 형제가, 친구가, 마음의 병이라도 얻게 된다면 어찌 할 것인가. 평생 선을 행하여도 한마디 말의 잘못으로 모든 것을 망치는 경우가 많다.

우리 주변에는 말 때문에 상처 받는 일들이 너무 많은 것 같다. 조금만 조심하면 서로의 마음을 다치지 않을 것인데 순간의 판단이 잘못되어 치유할 수 없는 상처를 만들기도 한다. 부부 사이, 자식과의 관계, 친구 사이, 인간의 다양한 관계 속에서 말은 천개 만개의 색깔을 띠고 서로의 마음에 상처를 주는가 하면 금보다도 더한 가치를 다른 사람을 구해 내기도 한다.

이런 이야기가 있다. 매일 같이 붙어 다니던 친구가 하루는 별 뜻 없이 지나가는 말로 "너 눈이 단추 구멍처럼 작아 답답해 보여 이번겨울에 눈 성형 수술이나 해라" 친구는 지금까지 살아오면서 작은 눈 때문에 처음 만나는 사람 앞에서 마주보고 이야기하는 것을 부담스러워하였는데 친구의 그 한마디에 마음의 상처를 너무 크게 받아 친한 친구 사이가 멀어져 그 이후에 그녀들은 만나는 것을 기피하게 되었다.

또 이런 웃지 못할 이야기가 있다. 전날 밤에 술이 잔뜩 취해 들어왔던 남편이 잠에서 깨어나 아내의 살과 닿게 되자 "징그러워요 저리 비켜요"하고 쏘아부쳤다. 그러자 남편의 마음속에 있던 아내에 대한 미안한 감정은 사라지고 오히려 아내를 징그럽게 여겨지게 되어 별것 아닌 징그럽다는 그 한마디가 불씨가 되어 그 부부는 결국 이혼을 하게 되고 말았다.

나는 상대방이 들어서 즐겁고 흐뭇한 말을 할 줄 아는가, 상처 받은 사람을 위로할 줄 아는가, 절망에 처한 사람에게 희망을 불어넣을 줄 아는가, 비록 짧은 말이라도 말하기 전에 마음속으로 늘 생각하고 또 생각해서 상대방이 들어서 병이 되는 말보다 들어서 약이 되고 희망이 되는 말을 해야겠다.

가을은 이렇게 오다

벌써 입추가 지난 탓일까. 새벽의 썰렁한 찬바람에 이불깃을 목에까지 올린다. 여름 내내 열어둔 창 사이로 가을이 흠뻑 들어온 듯싶다. 밤새워 기다리던 그리운 님 반기듯 가슴 설레이며 가슴으로 가을을 반긴다. 나는 이불 속의 포근함을 벗어버리고 가을의 새벽을 음미하기 위해 발소리를 죽여 가며 부엌으로 나가 커피포트에 물을 올리고 끓기를 기다린다. 올 여름은 유난히 더워 여름 내내 뜨거운 커피를 멀리했는데 가을과 함께 다시 뜨거운 커피를 즐기게 된 것이다.

갑자기 마음이 바빠지는 듯하다. 할 일이 눈앞에 당장 놓여 있는 것도 아닌데 마음이 한 걸음 앞서 간다. 올 가을은 새로운 마음으로 반짝이는 계획을 세워보고 싶다. 커피 향이 온몸으로 스며들자 갑자기 어디론가 떠나 보고 싶다는 생각으로 가슴이 떨려온다. 내가 불쑥 불쑥 어디론가 떠나고 싶어 한 것은 흔한 말로 여자로서는 좋게 만은 볼 수 없는 성격이다.

알뜰하게 살림을 잘 꾸려갈 능력도 없고 그렇다고 뚜렷하게 사회생활을 반짝이게 하는 것도 아니고 장한어머니상도 아닌데 다가선 가을바람에 설레이며 어디론가 달려가고 싶다.

그러나 나는 알고 있다 . 나의 현실은 눈부신 가을과는 상관없이 가정에 충실해야한다는 마음속의 교훈이 내 발목을 잡고 있다. 나는 언제나 생각과 행동을 같이 하지 못하고 현실과 비현실을 왔다 갔다 하며 살고 있다. 그런데 이른 아침 가을을 담고 뜰에 핀 국화꽃을 만지고 있는데 주머니 속에서 요란하게 휴대폰이 경쾌하게 울렸다. 들뜬 친구의 목소리에 나도 행복해 진다.

오늘 친구의 남편 서울 출장 갔는데 만나서 같이 점심도 먹고 수다도 마음 놓고 시간을 보내자는 반가운 전화다. 나는 어디론가 가고 싶었는데 친구가 내 마음을 읽은 것 같아 기뻤다.

들뜬 마음으로 집안 정리를 대충하고 시간에 맞추어 약속 장소에 갔더니 창가에 자리하고 있던 친구가 손을 들어 반겨 주었다. 매번 만나면 하는 이야기가 그 이야기 인데 친구와 만나 이야기 하면 언제나 새로운 이야기 하는 것처럼 흥분을 감추지 못한다.

시시콜콜한 가정 이야기 남편 이야기 시집간 딸들 이야기 이제는 하나 더 늘어 손자 이야기까지 시간 가는 줄 모른다.

오늘은 친구가 더 들떠있는 것은 지쳐있던 몸과 마음에 가을이 왔기 때문 아닐까 생각이 든다

갑자기 친구가 벨을 눌려 맥주 한 병을 주문한다. 둘 다 술을 즐기지 않아 약간 의아했지만 싫지는 않았다. 우리는 맥주 한 잔씩 들고 잔을 부딪치며 "건강을 위하여 " 외치는 순간 모든 스트레스가 허공 속으로 사라지는 기분이다. 행복이 그리 대단한 것은 아니다. 이 순간을 즐기면 그것이 행복인 것 같다. 수다 떨고 낄낄거리던 시간이 지나니 왠지 잊고 있었던 지난 기억들이 주마등처럼 등장한다. 잘 살던 친구의 갑작스럽게 병으로 떠난 기억, 만나면 즐겁고 씩씩했던 진구가 어느 날 교통사고로 불구가 된 기억들 우리는 갑자기 우울해졌다. 인간이란 얼마나

변질하기 쉬운 감정의 동물인가. 찝찝해지면서 갑자기 앉아있던 장소가 답답해졌다. 시원하게 탁 트인 야외로 달리고 싶어졌다. 우린 누가 먼저 생각 했는지 모르게 서로 마음이 같아져 자리에서 일어났다.

밖은 아직 여름이 남기고 간 더위에 최후의 몸부림을 치고 있다. 햇볕이 따갑기는 했지만 시원하게 트인 야외로 나오니 마음이 가을로 달려간다. 바람도 우리 뒤를 따라 달린다. 친구와 나는 마주 보고 크게 웃어 본다.

가을은 이렇게 오는가 보다.

김석준

안산 별망성백일장 장원
<동방문학> 수필, 시 등단
<스토리문학> 시조 등단
한국문인협회 회원
한국스토리문인협회 회원
안산문인협회 회원
자작나무수필 동인
고백시조 동인
시집 『고무락엔 누가 있나』

해병대 헬리콥더의 추락 외 2편

김 석 준

2015년 12월 22일 화요일, 나는 1970년의 나를 만나러 이포 나루터를 찾는다. 이유가 재미있다. 지난 주 화요일 북한산 둘레길 을 돌다가 4.19묘지 뒷산에서 길옆에 방카진지가 있는 것을 본다. 거기에 시공 중대장 이름이 페인트로 표시돼 있는 것을 보고, 어! 여주 이포 나루터 부근에 "내가 만든 진지가 있다" 했더니, 배 목사 왈 보자는 것이다.

김일성이 서울에 와서 환갑잔치를 하겠다고 했다. 68년 1월 21일 김신조 등 일당 31명이 아군복장과 신분을 위장하고 청와대를 습격하려고 부근까지 접근했다. 북괴 124특수부대 요원들이었다. 그들은 실패했다. 전멸하다시피 했다. 전원이 아군 포위망 속에서 도주했다. 1명 생포 1명 생환 도주 , 나머지 전원 사살되었다. 뒤이어 울진 삼척 간첩침투사건을 저질렀다. 효과로는 예비군 창설하는 계기가 되었다. 아군 피해도 컸다. 종로경찰서장이 순직했고 연대장 한명도 전사했다. 그리고 전군 전투준비로 무장도 했다. "나는 공산당이 싫어요.하고 울부짖는 이승복 어린이의 입을 찢어 총검으로 무참히 살해했다. 이승복 어린이 동상이 초등학교마다 세워졌다. 그들은 아이러니 하게도 우리의 반공사상을 한없이 키웠다.

그 반작용으로 수도권 방위공사가 추진되었다. 나는 여주 이천 거점

공사에 중대장으로 투입되었다. 나는 공병장교로서 보병30사단 91연대 3대대 11중대장으로 명命 받았다. 하천선 방어개념으로 남한강 이포나루를 좌우로 그 뒷산을 배경으로 방어진지가 구축構築된다. 적이 한강을 도하지 섬멸하기 위하여 수십 개의 엄호진지를 만들었다. 대대씨피방카, 중대씨피방카, 엘엠지방카. 에이알방카 등을 구축했다. 콘크리트 프리스트빔과 철근콘크리트로 설계되었다, 그 공사를 위하여 통제단이 구성되었는데 단장은 민 00준장이었고, 그 위에 6관구 사령관은 이소동이었다. 방카 위치 선정 시에는 하천선 방어개념에 의하여 수시로 변경되었다. 상급부대 지휘관(2군사령관 등)이 올 때는 진지 구분별로 색깔 표시된 깃발의 위치가 올라갔다 내려갔다를 반복했다. 방카 위치 선정을 전술적으로 검토하고 실행하기위해서 전술 감독이 별도로 편성되었다. L.M.G와 A.R 총기가 사격을 했는데 사계청소 마비 등으로 적을 사살하지 못했다 할 때는 전술 감독관(중령급)의 책임이었다. 또한 적의 화기나 포탄으로 진지陣地가 무너질 때는 시공 중대장의 책임이었다. 그래서 진지마다 출입구 콘크리트 벽에는 중대장 대위 김석준 이라는 이름이 부각 표시되었다.

공사 기간 중 에피소드가 좀 있다. 대표적인 것 하나가 해병대 헬리콥터가 조종사의 오판으로 강변江邊에 추락한 것이다, 김포해병여단에서 장군 한 사람이 자기 부대에서도 방어진지 공사 관계로 견학 왔다가 남한강을 가로지른 전선줄에 걸려 강변에 추락했으나 다행히 인명 피해 없이 구조되었다. 당시 대대장大隊長 신00와 중대장中隊長인 내가 현장에 있었는데 대단히 놀라고 당황스러웠다. 나는 그때 조종사 의 낯빛과 얼굴 표정을 잊을 수가 없다. 창백한 얼굴을 푹 숙이고 세상을 포기한 사람 표정이었다. 군軍 S.O.O상으로 장군이 타고 있는 헬리콥터가 추락

시 비행사飛行士는 사상 배경검사 대상이었다. 본체는 우리 중대 병력을 투입해 인력으로 들어 올렸다. 포구에 있던 팀 스프리트 훈련 때 사용했던 문교에 싣고 대안으로 옮겨 빠르게 정비했다. 그리고 그날로 날아갔다. 당시 해병대사령관(해병대장 고00)의 입장에서는 고마웠던 모양이다. 며칠 후에 해병대 사령관 명의로 감사패를 전달 받았다. 그런데 더욱 놀라운 사실은 감사패를 가져온 해병상사 장의선이 고향친구라는 사실이었다. 어론 초등학교 1년 선배, 원주중학교도 1년 선배인 그는 일찍이 소년 해병으로 입대해서 세월과 더불어 해병 고참 상사. 나는 중대장으로 조우한 것이다. 나도 놀라고 그도 놀라고 주위에 있던 사람들도 경이로움 속에서 박수가 터져 나왔다. 아마 지금도 30사단 91연대 11중대장 실에는 그 감사패가 고이 간직되어 있을지도 모르겠다. 세월은 대한민국의 역사를 엮어가면서 45년이 흘렀으니까, 31세였던 육군대위가 지금은 80을 바라보고 있다.

그런데 진지가 그대로 있고, 내 이름이 거기에 남아 있을까? 있었다. L.M.G방카 A.R방카에서 '중대장 대위 김석준' 이라는 이름이 콘크리트 벽체에 음각으로 새겨진 채로 진지와 함께 잘 보존돼 있었다. 외롭지 않게 다른 줄에는 전술 감독관 중령 김호기라는 이름도 병기돼 있었다. 45년이라는 세월 속에서 주변 환경이 너무도 많이 바뀌었다. 45년이라는 세월 속에서 주변 환경이 너무도 많이 바뀌었다. 10년이면 강산이 변한다고 했는데, 다섯 번은 바뀐 것 같았다. 첫째 적군이 도하 시 섬멸하려고 설치한 조준선 방향 사격射擊 범위 안에 이 포보와 이포대교가 들어와 이었다. 그 당시에는 하폭 중간선으로 물이 흐르고 양쪽 대안에는 모래벌판이었다. 이포는 얼마나 아름답게 건설되었는지. 백로白鷺알을 형상화해서 만들었다는 보의 기둥 역할을 하는 조형물은 건축예술작

품이었다. 둘째 그 넓은 백사장이 웰빙 캠핑장으로 바뀌어 있었다. 해병대 헬리콥터를 정비했던 대안 일대가 60대의 차량을 수용할 수 있는, 35,262평방미터의 오토캠핑장으로 바뀌었다. 셋째 물길이 바뀌었다. 이포 쪽으로 물길이 대폭 이동해 있었다. 45년 전 나루터 뱃사공이 잠자던 집이 통째 없어져 물속에 잠겼다. 그래서 그 앞 너래 반석 위에 아바론 진지 식으로 내가 구축했던 LMG방카는 상상도 안 되었다. 헬리콥터가 추락했던 자리, 위치도 물속에 잠겼다. 대대장과 내가 헬기를 유도하기 위해 연막탄을 피우고 솔가지를 꺾어와, 연기를 피웠던 그 자리의 흔적도 물속에 잠겨있는 것으로 추측될 뿐이다.

천만다행으로 이포나루터 유적지였다는 비석이 세워져 있어 부근을 어림짐작 할 수 있었다. 이포나루터는 강원, 충천, 경기도에서 농산물과 특산물을 실은 배들이 들락날락하며 수로 교통의 요지였던 것으로 적혀 있다. 6.25때는 용문산을 뺏기고 뺏으며 점령과 철수를 반복했을 아군과 적군의 중요 접근로로써 도하작전渡河作戰을 감행했을 것으로 추리가 가능하다.

진지를 찾는데 쉽지 않았다. 우거진 수풀은 낙엽이 되어 떨어졌지만 덤불줄기가 앞길을 가로막았다. 수십 년 전 공사 당시를 회상하면서 전진하고 피해가고, 쓰러지고 자빠지기도 했다. 일행 중 다른 팀은 다른 능선으로, 나는 또 다른 접근로를 상상하면서 올라갔다. 방카 발견! 심마니들을 흉내 내면서 발견했다는 소리를 질렀다. 나는 돌아서서 멀리 용문산 쪽을 바라보면서 남한강을 내려다보니 절경이었다. 전직 대통령이 명예를 걸고 수행한 4대강 보중 하나인 이포보가 위용을 자랑한다. 전술, 전략적으로는 장애물일 수도 있고 목표물일 수도 있는 구조물이었다.

작계5027 수도권 방위선이었던 알파, 브라보선은 살아 있을까?

일행과 함께 45년 전 30사단 91연대 3대대 11중대장 김석준의 이름과 만나고 오는 발걸음이 가볍지만은 않음은 무엇 때문일까? 이포보 준공식 날 이명박 대통령이 앉았던 식당에서 모두 둘러앉아 막국수 하나씩을 해치웠다. 추억을 씹는 자리였다.

남면 어론리 582번지

인생칠십고래희人生七十古來稀라는 말은 옛 말이 되고 있는 느낌이다. 요즘 만나고 있는 사람들 대부분이 70대 중반을 넘고 있다. 80이 가깝다. 나는 1961년 5월 13일 육군소위로 임관하였다. 55주년 모임 날에 78명이 모였는데 거동이 불편해 보이는 두 세 사람을 빼고는 건강을 유지하고 있다.

나는 10년 후면 89세의 상노인(?)이 되어 있을 것이다. 그러나 『백년을 살아보니』의 저자 김형석 교수의 활동사항을 접하고 보니 앞으로 20년은 활동할 시긴이 소인에게도 주이지지 않을까 사료되이 금년 문학출생 1년의 애기로 눈을 뜬것이 헛된 일은 아니로구나 하고 생각도 해본다.

출생은 강원도 인제군 남면 어론리於論里 582번지에서 태어났다. 해방이 되고 소양강을 경계로 38선이 남북을 갈라놓으면서 홍천군 신남면 어론리로 행정구역이 바뀌었다. 지금은 면사무소가 신남에 있지만 38선이 그어지기 이전에는 관대리에 면사무소가 있었다. 38이북에는 소련군이 진주하고 이남에는 미군이 진주하면서 인제군 남면은 두 동강이 난 것이다. 관대리에는 인공기가 펄럭이고 어론리에는 새로운 면사무소가 생겨서 태극기가 휘날리게 되었다. 나의운명, 우리가족의 운명은 이때부터 회오리바람 속으로 빠져들기 시작 하였다. 1939년에 김홍식 아버지와 이광순 어머니 사이에서 생生을 받은 김석준의 운명도 역사의 물결을 타기 시작했다.

운명의 1도라는 한국전쟁 회고록을 쓴 사람은 에드워드 로우니Edward L Rowny 장군이었다. 인천상륙작잔 부대인 미 제 10군단의 공병여단장을 지냈고, 1971년 한미 제1군단이 창설될 때 초대 군단장을 역임했던 에드워드 로우니 장군은 책에서 다음과 같이 기록했다. 경계선이 1도 더 올려서 39도선에서 평양과 원산을 잇는 선線으로 그어졌다면 세계역사는 달라졌을 거라고……? 그러나 38선이 그어지는 바람에 내 운명까지도 180도로 방향을 바꾸어 놓았다. 지구적인 크기의 토네이도가 한반도 전체를 휩쓸고 지나갔다. 제1파가 나의 고향 인제 일원을 휩쓸고 있었다. 1950년 6월 25일, 마침 그날이 일요일, 초여름의 햇볕이 쨍쨍한데, 뽕나무에 올라가 오디 열매를 따먹고 있었다. 그런데 피난민이 38선쪽에서 올라오고 있는 것이다. 조금 있으니 딱쿵 총소리도 들리고 대포소리도 들리는것 같았다.

나는 지난번에도 장남까지 피난 갔다가 돌아온 적도 있고, 두촌까지 갔다가 돌아온 적도 있었다. 6.25전에도 일 진 일퇴를 거듭하는 38선 충돌이 있었으나 아군 트럭이 군가를 외치며 북진하면 수복했다고 3일 만에 돌아온 적도 있고 일주일 만에 돌아온 적도 있다. 그날도 또 그러려니 하고 가볍게 개나리 피난 보따리를 이고 지고 거리고개를 넘었던 것이다. 그러나 이번엔 그게 아니었다. 두촌을 거쳐 홍천을 지나 삼 마치 고개를 넘는데도 피난민 무리는 계속 커지고 이어지면서 남행을 계속하였다. 횡성군 공근면에 이르니 아니 벌써! 인민군이 먼저 도착해서 공화국 천지天地가 되어 있는 것이다. 어떻게 북한군이 전광석화電光石火

같이 앞질러 우리를 포위하고, 이제 고향으로 돌아가란다.

우리는 더 이상 남쪽으로 피난을 못하고 집에 돌아가 적치敵治 90일의 생활이 시작되었다. 신남 면사무소는 불타버렸고 신작로에는 완장 찬 노동당원이 활보하고 다닌다. 지서가 있던 자리에는 내무서원이 김일성 노래를 부르며 들락거렸고 안모퉁이에 있던 우리 집에는 인민군이 차지하고 소대인지 중대인지 숙소로 쓰고 있었다. 우리가족은 사랑채, 뒷방에서 생활할 수밖에 없었다. 당시 홍천군 신남면장은 김00씨라고 했는데 아들이 서울대 농대생이 하나 있고, 춘천농고생도 하나 있다. 하루는 불타버린 면사무소 건물자리를 청소하고 정리하는 자리에서 금고 비슷한 4각 철제박스가 발견되었다. 누군가가 나무를 쪼개려고 도끼질을 하는데 내 친구, 진기 아버지가 "이 사람아! 아군이 다시 돌아오면 다시 쓸 것인데"하니까, 6.25발발 전 이북 어디에서 살다 넘어와서 우리 동네에 살면서 이집 저집 농사일 도우며 사는 손00이라는 사람이, 역기들 듯 이 반짝 머리 위로 치켜들고 "삼천리강산에 배추 한 폭이 안 심어먹고 살았다, 간나 새끼!"하면서 벼랑으로 내동댕이치려고 한다. 주위 사람이 뜯어 말려서 거기에서 끝났지만 그 후로 그 사람은 빨간 완장을 팔에 더 높게 잘 보이게 차고 흔들면서 온 동네를 설치고 다녔다. 며칠이 지나니 여성동맹 위원장이 탄생하고 학교 문이 열리고 등교 하라고 해서 학교에 나가보았다. 애국가 대신 김일성 노래를 가르치고, 「깃 대봉 아래 뜰에 우뚝 서 있네 장 하도다 우리의 어론 학교」 교가 대신 빨치산 노래를 가르친다. 특히 김00 선생이 주도적 여할을 하였다. 그해 여름은 왜 그렇게 덥고 길었는지 모르겠다. 9월 중순 어느 날, 서쪽하늘이 불게 타면서 칠흑같이 어두운 밤을 서광이 번뜩이고 아주멀리서 하늘에서 들리는 천둥 같은 소리가 들려왔다. 농대생, 농고생이 낀 동네 청년들로 조직된 결사대(決死隊)가 준동하고 있었다. 그 결사대원 중 한사람이 자기 마누라에게 D-day 를 귀띔해주고 그날은 장모님보고 내무서에 가지 말라고 한 것이 마지막 말이 되었다. 여성위원장인 장모가 그대로 내무서에 고발하였고 그날 밤 결사대원 전원이 철사 줄에 꽁꽁 묶인 채 체포되어 인민군 쓰리쿼터에 태워서 싸라진 뒤 오늘날까지 소식이 없다. 공산당에 의해 동네 청년, 학생들이 떼죽음을 당한 것이다.

사랑이 무엇인지도 제대로 모르는 두메산골 청춘 남녀가, 가족 구성원인 딸과 어머니가, 남편과 아내가, 사위와 장모사이가 하루아침에 밀고하고. 죽이고 살리는 짐승이 돼버린 것이다. 어론리 1,2구를 합쳐도, 아랫말 윗말, 양골 절골 갑둔리를 합쳐도 100여 호도 안 되는 농촌 마을이 면사무소가 있었기에, 지서가 있었기에, 군부대가 있었기에 인생 역정이 얽히고 설킨 것이다. 역설적이게도 적치90일이 끝나고 아군이 들어왔을 때, 김 선생과 손 누구누구는 월북하지 않고 있다가 대한민국 경찰에 체포되어 거리고개 신작로에서 총살당했다. 1953년7.29 휴전이 되었을 때 휴전선이 포물선 그라프를 그리면서 중동부 전선이 38선보다 훨신 북쪽으로 휴전선이 그어지면서 인제군 거의 대부분이 수복되었다. 내 본적도 홍천군 신남면 어론리에서 인제군 남면 어론리 582번지로 또 바뀌었다.

그러나 면사무소 자리는 관대리를 못 찾고 신남리에 그대로 존재하면서 해방공간의 아픔과 6.25의 상처를 간직한 채 군사적 중요성은 그대로 간직하고 있다. 옛날 그 자리에는 0군단 사령부가 위치하여 있었으나, 다른 지역으로 이동했다, 새로운38대교 등 남면지역이 새롭다. 1973년 소양강댐이 다목적으로 건설됨으로서 29억 톤의 물이 저장되어 호

수 변 환경이 개념을 달리하고 부평리에는 도하작전을 위한 부교중대가 존재한다. 그리고 우리집터와 논, 밭 산은 공병대대, 병기대대, 과학훈련 부대들이 사용 하고 있다. 나의 고향 나의 집은 꿈속에서나 나타난다.

남면 어론리 582번지는 38선의 한 토막, 휴전선의 한 토막, 대한민국 역사의 한 토막이다.

과부의 임신

와수리는 고요한 밤이면 북한군 오성산 초소에서 대형마이크로 선전하는 대남방송이 들리는 곳이다. 오성산을 쳐다보며 구축한 우리 백골부대 GP초소와 북한군초소는 직선거리 700미터도 안 된다. 마주보고 소리치면 육성으로도 말하고 들을 수 있다. 손 흔들고 초소 안을 들락날락하는 모습도 마주 본다. 나는 공병소대장으로서 GP막사를 신축한 경험이 있다. 괴뢰군 초소보다도 열악한 상태에서 우리 요원들은 근무하고 있었다. 우리가 신축하기 전까지는……, 우리 공병 소대가 지피 막사작업을 끝마치고 내려올 때 그들이 방송하는 것을 들을 수 있다. 그런데 그들은 거짓말을 하고 있는 것이다

'막사 작업에 고생하시는 3사단 공병대 장교 사병 여러분! 여러분은 지금 와수리 초등학교 건물을 뜯어다 공사하고 있습니다.'하며 말도 안 되는 방송을 내보낸다. 얼마나 웃기는 일인가. 우리는 직접 공병 1003 보급소에서 수령한 미제 2x4 각재를, 1x6 판재를 4x4각재 등 신품 지원목재로 공사를 하고 있으니까 거짓말인줄 알지만 북한 GP병들은 눈으로 확인이 안 되고 귀로 듣기만 하니까 진짜로 받아들일 수 있을 것이다. 그러니까 그들은 우리를 상대로 선전하는 것이 아니라 자기네 병사들을 상대로 거짓을 선전하고 있는 것이었다. 나는 처음으로 생생하게

북한 괴뢰군의 허위 방송을 확인할 수 있었다.

지피막사 건축공사 현장에서 보면 그들 지피 쪽에는 아주 큰 대형 스피카(24x24정도) 한 개로 높게 설치되어있고 아군은 가로4줄(1줄x6개) 소형 스피카24개를 한 묶음으로 연결된 방송망을 설치했기 때문에 양쪽에서 틀어대면 오성산 일대가 잡소리로 뒤덮여 무슨 소린지 알아들을 수 없었다. 그래서 그들은 조용한 깊은 밤 쉴 새 없이 틀어대는 모양이다. 와수리 신수리까지 들리게. 자기들을 위한 거짓 방송을 하고 있었다.

와수리가 현재는 철원군 서면 와수리로 되어있지만 당시는 김화군 서면 와수리였다. 중동부전선 최북단 철의 삼각지에서 아랫선 오른쪽 꼭짓점 부근에 와수리가 있고 평강을 잇는 직선 중간 지점에 오성산이 솟아 있는 것이다. 6.25때 철의 삼각지 전투에서는 수십 만 명의 아군과 적군이 죽고 다쳤으며 휴전 직전에는 수 십 번씩 고지高地주인이 바뀌는 전사戰史기록이 남아있는 곳이다. 와수리에서 버스를 타면 운천을 거쳐 서운로 가는 코스가 있었고 신수리를 거쳐 일동 이동을 거쳐 가평을 거쳐 사단지역을 벗어나는 코스도 있었다. 먼저 말한 노선은 주로 행정도로이며 전시에는 주기동로, 주보급로였다. 후자는 전술, 군사도로로 주로 사용하였다.

그때 백골사단 사령부가 신수리에 있었고 내가 속한 공병대工兵隊대는 와수리 쪽에 있었다. 외출을 가면 와수리 쪽으로 나갔고 당시 와수리에는 여인숙도 있었고 다방도 한 개 있었던 것으로 기억된다. 휴전선休戰線이 새로 생기면서 포화가 멎은 지 채 십년이 되지 않은 시점이었다. 와수리 어느 촌가에는 과부가 애를 낳는데 평강 쪽에 살고 있는 남편이 몰래 넘어와 씨를 뿌리고 간다는 말들이 흘러 다니고 있었다.

또 하나 잊을 수 없는 추억이 있다. 그날은 대대장大隊長이 사단 참모 회의에 가고 없는 날이었다. 나는 그 당시 지피 작업을 마치고 매일 밤 소대원에게 문자교육을 시행하는 등, 전방 말단 소대장 임무를 마치고 대대 참모부에서 기재장교를 하고 있던 시절로 기억된다. 무엇 때문인지 대대장실에 들어갔는데 최 소위가 거기 있었다. 당시 최 소위는 정작과에 근무하고 나는 군수과에 근무하고 있었다. 장난으로, 무심하게 벽에 걸려있는 대대장 권총을 내가 끄집어내어 최 소위를 향해 손들어! 하고 자세를 취했다. 물론 장난이었다. 그는 에이 치워하는 반응을 보였다. 왠지 나도 섬칫한 기분이 들어 방향을 바꿔 사격 연습 자세로 거울 속에 있는 사람을 향해 정 조준하여 총구와 총구를 일치시킨 다음 방아쇠를 당겼다.

빵! 하고 총알이 발사되어 거울이 산산 조각이 나고 옆 사무실 에 있던 3과장 4과장이 뛰어 들어왔다. 나는 혼비백산되어 멍 하니 서 있었고 최 소위는 너무 놀라 역시 멍청히 서 있었다. 3과장 염 대위는 최고참 대위였고 4과장 박창빈 대위도 고참이었는데, 아주 침착하게 우리를 불러내고, 특히 나를 보고는 자기 3호차를 내주며 밖에 나가 한 바퀴 돌고 오란다. 머리도 식히고 반성도하고 얼마나 고마운지, 그리고 얼마나 다행인지. 지금 생각해도 고참 다운 선배였고 훌륭한 스승이었다는 생각이다.

나는 운전수와 둘이 앉아 대대 위병소를 나와서 와수리 쪽으로 다리를 건너면 23연대 쪽으로 뚫어진 도로를 따라 철원 쪽으로 차를 몰았다. 천천히 아주 천천히……! 23연대 정문앞을 지나 천천히 문혜리까지 가서 우회전으로 다시 서울-와수리 행 버스가 다니는 도로를 따라 또 신수리 사단사령부 쪽으로 가다보니 수십 키로의 원을 그리며 드라이브

한 꼴이 되었다. 우리대대 정문이보여 부대에 도착했다.

오발한 흔적은 거의 완벽하게 처리되어 있었다. 산산 조각이 난 거울은 똑같은 것으로 교체했고 총알이 밑으로 스치면서 상처를 낸 긴 의자는 다른 사무실 같은 규격, 같은 재질로 교체되어 있었다. 그리고 탄알이 한발 소진되었는데 다른 사람 권총에서 빼어 보충해 놓았단다. 리벌버 45구경 권총이었는데 사람의 직감이란 있는 것인지, 대대장이 사단참모회의에서 돌아오자마자 권총 탄알을 확인하더란다. 7발인가? 탄창만 제거해서 눌러보면 확인이 되는 것이다. 탄알이 부족하면 스프링장치로 쑥 들어가니까. 나는 일생 일대 큰 경험을 한 것이다. 만약 그것이 최순일 소위에게 꽂히었더라면 나는 일찍이 군법회의 회부되어 전혀 다른 인생의 역정歷程을 걸었을 것이다. 그리고 살인자가 되었었을 것이다. 그 훌륭했던 선배님들도 이 세상에서 저 세상에서 안녕하신지.

그런데 아름다운 추억도 있다. 내 삶의 동반자 아내 옥정자 마리아를 만난 것이다. 휴전된 지 십년도 안 되는 시기였다. 중부전선 최전방인 것이 와수리다.

이월순

본명은 이석신, 1937년 충북 보은에서 출생
<세기문학> 수필부문 수상, <동서문학> 시부문 맥심상 수상, 월간 <文學世界> 동시부문 신인문학상 수상, <장 폴 사를 에이아르 사르트르> 동시집부문 우수상, 월간 <文學世界> 아동문학 동시 본상 수상, 대한기독문학상 수상
한국문인협협회 회원, 한국스토리문인협회 회원, 세계문인협회 회원, 한국기독교문인협회 회원, 동서문학회 회원, 대한기독문인회 이사, 한국기독교작가협회 회원. 충북수필문학회 회원

시집 『풀 부채 향기』 『내 손톱에 봉숭아 물』 『할머니의 귀여운 젖통』
신앙시집 『왜 나는 그를 사랑하나』
동시집 『바보 같은 암소』
수필집 『시가 있는 수필 질그릇』
E-mail :sw2524@hanmail.net

재봉틀 외 2편

이 월 순

어느 수필가의 수필 '다듬잇돌'을 읽으며 나도 불현듯 생각이 났다. 지금은 베란다 구석에 처박혀 있는 쓸모없는 재봉틀이지만 전에는 나의 유일한 여가 일동무였다.

55년 전으로 거슬러 올라 1962년의 일이었다. 둘째 임신 중이었는데 보은읍에 양재학원을 개원한다는 소식을 접하면서 6촌 올케 언니에게서 부탁이 왔다. 때마침 6촌 오빠의 둘 째 딸이 중학교에 입학을 했으나 며칠 다니다가 안 가겠다고 놀고 있으니 '작은 아씨가 와서 함께 데리고 양재학원을 다니면 좋겠다.'는 부탁이었다.

"내가 잠재워 주고 밥해주고 도시락 싸줄 테니 제발 와."

그런 간곡한 부탁이었다. 곰곰이 생각해보니 첫째 아이가 세 살이었고 둘째 임신 중이니 쉽게 대답할 일은 아니었다. 남편에게 이런 사실을 이야기하며 우리 용기를 내 보자고 설득을 해서 쾌히 허락을 받아냈다. 지금 임신 중 아이는 양재학원 졸업달인 6월이면 출산하게 되어있었다.

나는 어머니가 아들이 없이 두 딸만 키우셨는데 언니는 튼튼하고 둘째인 나는 어려서부터 뼈가 약해서 잘 다치고 어머니의 애물단지로 자라났다. 아버지는 아들을 얻겠다고 작은 부인과 살아가고 언니는 기독교 가정 장로님 댁 맏며느리로 출가를 했다. 어머니는 몸 약한 둘째 딸을 도우며 함께 살기를 항상 원했기 때문에 나는 자라나면서 이것이 세뇌교육이 되어 있었다. 그러자 마침 일가친척 아무도 없는 혈혈단신 9대독자 인 남편을 소개받아 어머니를 모시고 24세에 남편과 결혼을 하게 되었다,

남편은 총각 때 시골 마을 자기 텃밭에 외딴 곳에 새 기와집을 짓고 신접살림을 시작하게 되었다. 밤이면 밤마다 마을꾼들이 놀러 왔다. 어느 날 중년 과부 집사님이 느닷없는 질문을 나에게 던졌다.

"새댁! 신랑 나이가 몇 살이야?"

"저 보다 한 살 아래래요."

이 말이 떨어지자 모두 뒹굴며 깔깔대고 웃는다, 아하! 내가 뭔가를 속았나보다. 직감이 왔다. 소개하는 이가 분명 한 살 연하라고 했는데 주위 모두의 이야기가 신랑 막내 외삼촌과 동갑내기라고 했다. 그렇다면 네 살 연하인 것이다. 그때는 대부분 남자가 5세 이상 연상으로 결혼을 하는 때이고 결혼을 늦게 하는 추세였다. 그리고 중매쟁이가 속이는 일이 빈번한때였으나 나와 진분이 있는 신앙인이기 때문에 나이를 속이리라고는 전혀 생각지 못했다. 그래서 실망이 좀 컸으나 어쩔 수 없는 노릇이다.

신접살림이 서투른 나에게 어머니는 이모저모로 얼마나 정성을 쏟으시며 아이를 잘 보살펴 주시는지……! 가정은 어머니와 남편에게 맡기고 편안한 마음으로 양제학원을 갔다. 보은읍 장속리 큰집에 가 있으면서 열심히 양재학원을 다니며 장래 희망을 계획했었다. 그러던 중 원장과 강사 사이에 무슨 문제가 발생해 옥신각신하더니 중도에 문을 닫게 되는 어처구니없는 일이 발생했다. 내가 너무나 서운해 하며 맥이 빠져 있을 때,

원장은 누가 재봉틀을 팔겠다. 는데 사겠냐고 물어왔다. 그래서 함께 가 보고 원장이 기계 점검을 해보더니 메이커는 '싱거 라이온스'로 얼마 쓰지도 않은 좋은 제품이라며 소개를 했다. 재봉틀 사는 것으로 중도하차의 허전함을 달래며 가정으로 돌아와 시도 때도 없이 바느질을 해 보았다. 시집 올 때 해왔던 모시적삼 옷소매를 싹둑 잘라 첫아이 러닝도 만들어 입히고 전화 받침대며 할 수 있는 것들은 거의 다 만들었다, 남편친구가 천을 사다주며 옷 한 벌을 부탁한다기에 감히 그것도 만들어 주었다.

첫아이(맏아들)가 자라나 결혼을 해 민병회 산부인과에서 첫딸을 낳았다. 며느리는 교사이기 때문에 할미인 내가 병원에서 받아온 손녀를 애지중지 기르며 옷을 만들어 입혔다. 청주직물에 찾아 가 맘에 드는 옷감을 사서 예쁜 원피스도 만들어 입히고 모아 두었던 수건으로 잠옷도 만들어 입히며 재봉틀은 나에게 수십 년 취미생활이 되어줬다.

그러던 재봉틀이 지금은 베란다 구석에 방치되어 쓸모없는 고물이 되어 있는 것이다. 언제부터인지 재봉틀이 꼭 필요한데도 펴기가 싫어졌다. 내가 아무리 생각해도 이상한 노릇이다. 삯을 주며 옷 수선 집이나 세탁소에 맡길지언정 재봉틀은 전혀 펴기조차 싫어졌다. 골목길을 다니며 '재봉틀 삽니다.' 외치는 소리가 들리기에 큰 아들보고 저 재봉틀 팔자고 말했더니 옛것에 애착이 많은 아들은 전혀 못 팔게 했다. 그러니 베란다 구석에라도 모셔 놓을 수밖에 없었다. 그렇게도 좋아하던 재봉틀 취미생활이었는데 내가 왜이리? 되었을까! 곰곰이 생각해 보니 아! 이제야 떠올랐다. 내가 60세 되던 해 컴퓨터를 배우고 글을 쓰면서 부터였다. 밤낮으로 시도 때도 없이 컴퓨터 앞에 앉아 시와 수필과 동시를 쓰면서 부터였다. 재봉틀 보다 훨씬 더 좋은 취미생활을 발견했기 때문이다. 컴퓨터는 내 곁에 더 가까이에서 가족이 되어주며 나를 위로

해주는 친구가 되어줬다. 어쩌면 가족보다 더 가까이에서 용기와 희망과 열정을 안겨 준 문학 텃밭이다. 행복을 안겨준 이 고상한 취미생활은 과거 재봉틀 취미생활에 비교가 안 되기 때문에 재봉틀은 베란다 구석에 방치되어 쓸모없는 고물이 되어있다.

재봉틀만 쓸모없는 고물이 아니다. 곰곰이 나를 생각해보면 나도 이제는 쓸모없는 고물이 되어있다. 전에는 팔팔하게 다니며 아이들 5남매에게도 꼭 필요한 존재였지만 모두 각각 제갈 길로 떠나버린 지금! 아이들에게 효도 마음껏 받아보고 취미생활에 행복도 누려보고 모든 것 다 누려보았다. 고장 난 육체의 삐거덕 거리는 쓸모없는 몸은 저 재봉틀처럼 어디에 방치해 버릴 수도 없고 더 살아야할 아무런 이유가 없다. 지구촌에 비교가 안 되는 저 좋은 하늘나라가 마냥 그리워도 내 맘대로 갈수도 없다. 신의 섭리에 따라 기다릴 수밖에……. 그럼에도 아직 식지 않는 문학에 대한 열정은, 내 영혼에서 나오는 아주 귀중한 보배이기 때문이다.

노년에 배운 컴퓨터

컴퓨터, 하면 이젠 모르는 사람이 없다. 그러나 이 컴퓨터를 사용하는 사람은 모두 다가 아님을 나는 아쉬워한다. 왜냐하면 내가 컴퓨터를 배울 땐 우리 또래와 인터넷으로 E-mail도 보내고 채팅도 하는 즐거움을 생각했었는데 내 나이 또래에는 E-mail을 가지고 있는 사람이 아직은 많지를 않다. 중학교 동창모임에 가서 대학을 나온 친구에게 물어봐도 E-mail `주소가 없다고 했다.

모처럼 컴퓨터 앞에 앉아 채팅을 해보려면 이제 갓 대학교에 다니는 20대 청년들이 눈살을 찌푸리게 하는 은어와 준말, 까불대는 말만 쏟아져 나왔다. 60대의 할머니인 나에게는 어느 이방나라에 잘못 들어온 느낌으로 실망하며 속속히 빠져 나왔다. 우리 년대와 이야기를 주고받으면 얼마나 좋았을까! 노년이 될수록 컴퓨터가 우리의 생활에 얼마나 많은 도움을 주는지를 생각해 보았으면 한다.

'세계는 하나로'라는 구호를 많이들 외치지만 인터넷만큼 세계를 하나로 묶는, 띠 역할을 하는 것은 없다고 생각되었다. 컴퓨터의 위력 앞에 나는 무한 고마움을 느낀다.

컴퓨터를 배우기로 결심한 동기는 94년도에 골다공증으로 인해 앉다 다치고 서다 다치고 양쪽 무릎을 다 다치는 어려움을 겪었다. 그렇게 되고 보니 나의 남은 인생을 생각해 보지 않을 수가 없었다. 더 늙어지면 밖에 외출도 할 수 없고 친구도 뜸해져 모든 소식이 단절될 것만 같았다. 내가 필요로 하는 생활용품 구입문제며 많은 어려움이 눈앞에 불 보듯 뻔하다. 그래서 컴퓨터를 배우기로 결심을 했다.

1996년 11월 1일 오후 2시, 나는 진천우체국 무료 컴퓨터 강좌에 학생의 일원이 되어 책상 하나를 차지하고 60세의 둔한 두뇌를 채찍질하며 열심히 배웠다. 딸 또래 같은 선생님은 자기가 엄마 되고 내가 딸 된 것처럼 혹독하게 혼내며 가르치는 것이었다. 내 뒤에 젊은 아기 엄마는 한 번 혼나고 그만두었다. 열 명이 수강을 받았는데 수강이 끝나는 30일에는 50대 남자 한 분과 30대 여자 한 명, 나 이렇게 세 명이 종강을 했다.

이렇게 애써 배우지만 집에 컴퓨터가 없으니 연습도 못하고 어제 배운 것 그날로 다 까먹었다. 주일날 큰아들이 왔기에 이야기했더니 제 컴퓨터를 끙끙대며 가지고 왔다. 나는 얼마나 고맙고 재미있었는지 날마다 컴퓨터 앞에 앉아 옛 기억들을 떠올렸다. 첫 번에 떠올린 것이 내가 자라나던 고향 마을 논둑에 높이 자란 미루나무 가지 위에 까치 둥지였다. 까치가 둥지에 들어갔다 나오기만 하면 무슨 말인지 '깍깍' 짖어댔다. 내가 어렸을 적엔 어머니께서 하시는 말씀이 '까치가 우리 집에 와 깍깍깍 짖어대면 그날은 기쁜 소식 오는 날이라'고 하시기에 막연하나마 편지를 기다리기도 하고 누가 놀러 오지나 않을까 하는 기다림 속에 기분이 상쾌했다. 그래서 컴퓨터를 까치둥지와 비교를 하며 처음 넣어 본 글이 '까치의 뉴스'다.

질그릇

> 여호와께로부터 예레미야에게 임한 말씀에 가라사대 너는 일어나 토기장이의 집으로 내려가라 내가 거기서 내 말을 네게 들리리라 하시기로 내가 토기장이의 집으로 내려가서 본즉 그가 녹로로 일을 하는데 진흙으로 만든 그릇이 토기장이의 손에서 파상하매 그가 그것으로 자기 의견에 선 한대로 다른 그릇으로 만들더라. 때에 여호와의 말씀이 내게 임하니라 가라사대 나 여호와가 이르노라 이스라엘 족속아 이 토기장이의 하는 것 같이 내가 능히 너희에게 행하지 못 하겠느냐 이스라엘 족속아 진흙이 토기장이의 손에 있음 같이 너희가 내 손에 있느니라(예레미야 18: 1-6).

내가 우측 뇌경색으로 왼편이 마비되어 청주 성모병원 중환자실에서 일반병실로 옮기던 날, 제일 먼저 찾아온 이는 하나밖에 없는 언니와 형부(박영규 목사)였다. 형부는 병실에 들어서자 앉지도 않고 서서 크게 소리를 내여 기도하기를 “아버지 하나님! 하나님 귀하게 쓰시고 사랑하시던 딸이 지금 질그릇과 같이 깨여졌나이다. 하나님의 선하신 뜻대로 다른 새 그릇으로 만들어 주시옵소서! 그렇게 되어질 줄 믿습니다. 예수님의 이름으로 기도 하옵나이다. 아멘.”라며 이렇게 기도하고 가신 후 23일간의 입원 중에 수많은 목사님 사모님 또 많은 교우님들이 오셔서 기도를 하고 가셨다.

이때 마침 우리 진천 중앙교회에서는 1월 28일, 총동원 전도주일을 계획하고 24시간 공백 없이 두 주간, 릴레이 기도를 시작하는 기간이었다. 많은 교우님들이 나를 위해 울면서 기도를 하고 있다는 소식이 들려왔다. 항상 주일날 11시 예배 때면 수년을 내 우측 바로 옆에 바싹 붙어 앉아 예배드리는 맹 집사님은 새벽마다 얼마나 애통을 하며 나를 위해 기도를 하는지 그 모습이 마치 연인을 위해 하는 것 갔다는 것이다.

1999년 10월 28일 입원했다가 11월 20일 퇴원하는데 11월 18일 언니와 형부께서 또 오셨다. 19일 날은 미국에 시집가 사는 작은딸(박희은)에게 갈 예정이라 출국하기 전에 한 번 더 보려고 오셨다. 형부의 말씀이 "요즈음 성경 어디 봐?"라 물어서, "우리 교회에서 새벽기도 시간에 시편을 보다가 왔기 때문에 시편을 날마다 두 세 편 씩 보고 지금은 이어서 잠언을 봐요."하자, 형부의 말씀이 "아니 거기 보지 말고 내일 아침부터는 예레미야 18:을 봐. 나는 과거에 꼭 죽을 번했을 때 이 말씀을 얼마나 울면서 읽었는지 지금도 이 말씀만 읽으려면 눈물 없이는 못 봐. 나는 이 말씀에 은혜 받고 꼭 죽을 몸인데 하나님이 살려 주셨어! 한번 찾아서 소리 내여 읽어봐."라고 했따.

나는 소리를 내여 예레미야18: 1-6,까지를 읽는데 '이스라엘 족속아'란 문구가 두 번이나 나왔다. 그때마다 형부는 "다시 읽어봐! '이스라엘 족속아'가 아니고 '월순아'로 바꿔 읽어!"라 했다.

이렇게 간증 겸 보배로운 말씀을 처제인 나에게 소개하면서 부탁하고 가셨다. 나는 모태로부터 믿어왔지만 지금까지 부흥회 때마다 통성기도 시간이면 강사 목사님이 "성도 여러분! 두 손을 높이 들고 '주여'를 크게 세 번 부르고 기도를 시작하세요."라고 말씀하시지만 왠지 쑥스럽고 약간의 거부감을 느꼈다. '주님이 귀가 없어 못 들으시나? 우리의 골수 심령까지 감찰하시는 분이신데…….'하면서 손은 들어도 '주여!' 3창은 한 번도 해본 적이 없었다. 다만 입안에서만 아무도 모르게 주님! 하며 시작했다. 그리고 일요찬양 복음 송을 부를 때 자기 이름을 넣어서 부르라는 말을 들을 때가 종종 있었다. 그러나 이때에도 쑥스러워 이름을 부르지 못했다.

그러던 내가 뇌경색이란 중병 앞에는 너무도 타격이 크기 때문에 아침마다 자고 깨면 혼자서 예배를 드리는데 먼저 찬송가 열 곡 부르고 그 다음엔 성경 예레미야 18: 1-6,을 두 번 읽었다.

그리고 읽을 때마다 '월순아'를 꼭 두 번씩 부르며 읽었다. 하나님이 보실 때 웃으실 것 같지만 나는 마음에 확신이 왔다. 과거에는 골다공증에다 여러 가지로 건강이 안 좋은 상태였지만 이제는 더 건강한 새 그릇으로 만들어 주실 것을 의심 없이 확신했다. 그리고 야곱 이가 축복을 달라고 천사와 겨루어 '이스라엘'이라는 이름을 얻을 때 천사가 야곱의 환도 뼈를 쳐서 위골 되던 사건이 생각났다. 나는 몇 개월 전부터 하나님께 간절히 기도하던 제목이 있었다. 이런 시련이 다 지나간 후에 그 축복을 주시려는 것이 아닌가! 생각되어졌다. 하나님의 축복이 평안한 가운데 거저 쉽게 주어지는 것이 아니고 야곱 이의 씨름과 같은 그런 선의의 분투가 있어야 된다는 것을 깨달았다. 내가 내 이름을 부르면서 예배드리는 모습이 내가 생각해도 조금은 우스운 일인데 큰딸 미옥이가 제 아버지와 가족들 모인 자리에서 이 이야기를 해서 모두들 웃음바다가 됐다.

그것은 미옥이가 간병인으로 있던 날 밤, 새벽에 잠을 잘만하면 엄마가 '월순아'하는 소리에 너무도 우스워서 잠이 홀랑 달아나고 다시 이불을 덮어쓰고 잠을 자려하면 또 '월순아' 소리가 들려서 너무도 우스워서 잠을 자지 못했다고 했다.

파상한 질그릇이 토기장이의 손에서 다시 만들어질 그날을 소망하며 확신하면서 아침마다 눈만 뜨면 찬송가 열곡을 부르고 예레미야 18: 1-6,을 읽을 때마다 내 이름을 두 번 부르면서 한 시간을 먼저 하나님 앞에 드렸다.

그 후 지금은 정상은 아니지만 건강이 많이 회복되어 재생한 질그릇으로 큰 불편 없이 생활하고 있다. 그래서 내가 희망했던 등단의 꿈도 이루고, 시집도 출간했고, 중요일간지에 인터뷰도 했다. 라디오 생방송 인터뷰, CJB '무심천 새아침' 방영, 열여덟 개 신문에 다각적인 제목으로 올랐다. 날마다의 생활이 즐거움 속에 누가 재촉이나 하는 듯 바쁘기만 했다.

하나님은 히브리서 11:1-말씀을 믿고 기도하는 나의 기도를 넘치도록 응답해 주셨다. 황혼에 주신 은사에 무한 감사드리며 시로서 그분을 찬양하며 그분의 영광만을 위해 살아가기를 다짐한다.

김태연

1944년 충남 아산 출생
고려대학교 평생교육원 시, 수필창작과정 수료
2008년 월간 <문학저널>, 월간 <수필문학> 수필부문 등단
2011년 계간 <스토리문학> 시부문 등단
한국스토리문인협회 자문위원
문학저널문인회 회원
구리문인협회 회원
여울문학회 동인
문학공원 동인
자작나무수필 동인
시집 『봇물 터지듯』, 『마음의 등대』, 『새들의 행선지』
수필집 『징검다리』, 『만학의 꿈』, 산사의 하룻밤』

까막까치는 사촌일까 앙숙일까 외 2편

김 태 연

아침밥을 짓던 엄마가 심부름을 다녀오란다. 밖으로 내닫는데 깍깍깍 참죽나무 꼭대기가 시끌벅적하다. 어느새 새끼가 태어난 모양이다. 먹이 달라고 보채는 소리가 확연하다. 올려다보니 둥지밖에 내민 부리가 셋이나 된다.

후다닥 심부름 마치고 책보를 허리에 매고 내 뛴다. 많이 열리진 않았지만 오늘은 감을 따기로 한 날이다. 수업이 끝나기 바쁘게 집으로 달린다. 어둡기 전에 감을 따야한다며 할머니와 함께 바구니 챙기고 빨래줄 받치던 장대를 들었다. 밤송이 털던 긴 장대 끝에 양파 망을 매달았다. 동생은 또 다른 장대를 들고 따라온다. 밤송이를 터느라 대나무를 두 갈래로 쪼개어 장대에 단단히 묶어두었던 장대였다. 조심조심 대나무 가지 끝에 감꼭지를 끼워 빙빙 장대를 돌린다. 갈라진 틈새에 낀 감이 꼭지 채 톡 꺾인다. 낮은 가지에 매달린 감은 거의 딴 셈이다. 소독을 안 했기 때문인지 숫자는 그리 많지 않다. 꼭대기 감을 따려고 윗가지로 오른다. 두 가지에 다리를 걸친 채 끙끙거릴 때였다. 뿌지직, 나무 가장이가 찢어진다. 감 따기에만 집중하느라 작은 가지에 체중이 실린 것을 생각지 못했다. 많이 놀란 탓에 진땀이 쭉 등을 타 내린다. 뽕잎을 따다가 가지가 찢어져 할머니가 나무에서 밭으로 떨어지셨던 생각이 스쳐간다. 다리가 후들거려 감나무를 내려온다.

잠시 쉬었다가 조심스레 감나무엘 오른다. 다시 한 번 꼭대기에 도전하기 위해서다. 다리에 힘을 주고 원 둥치를 버팀목 삼아 기대섰다. 긴 장대를 힘껏 휘둘러보지만 자꾸만 빗나간다. 꼭대기 홍시를 따기란 그리 녹록지가 않다. 장대 끝이 좌우로 흔들흔들 그야말로 장대 춤을 춘다. 나무 부스러기가 자꾸만 눈으로 들어간다. 갑자기 날아든 까치가 머리 위를 맴돌며 깍깍 소란을 떤다. 웬일인지 몰라 어리둥절했다. 헛손질로 팔에 힘이 빠지면서 장대 든 손이 점점 쳐진다. 까치의 난동이 잠잠해졌다. 순간 그저 홍시 때문이려니 생각했다. 다시 장대를 들어 올려 홍시를 따려 했다. 헌데 이번엔 나를 찍기라도 할 듯이 극성스럽게 나댄다. 감나무 아래 앉아계시던 할머니가 까치밥은 남겨두어야 한다며 내려오기를 청하신다. 할 수 없이 할머님 설득에 나무에서 내려온다.

나는 볼 수 없었지만 꼭대기에 까치들이 산다며 내려오길 잘했다고 칭찬하신다. 며칠 전에 감나무 우듬지 까치집에 알 품은 까치를 보셨다는 말씀을 하셨다. 그래서 침범이라도 할까봐 그리 극성을 부렸나보다. 수컷이 아비라는 이름으로 목숨 걸고 가족을 지켜내려고 그리도 극성을 떨었나보다. 난, 까치가 소란 피우던 이유를 이제야 알아차린 셈이다. 비록 꼭대기 홍시는 포기했지만. 어느 새 대소쿠리엔 먹음직스런 감이 한 가득이다. 이젠 집으로 가져갈 일이 걱정이다. 목청 높여 머슴을 부른다. 무지한 욕심 때문에 자칫 까치 일가를 굶겨 죽일 뻔한 셈이다. 하마터면 그들이 어린새끼들과 먹어야할 양식을 송두리째 뺐었을 뻔했던 것이다. 그간 몇 개 안되는 홍시를 쪼아 먹던 그들을 미워했었다. 반면 아침에 까치가 울면 반가운 손님이 온다했으니 길조로 알고 살아왔던 것도 사실이다. 어린 시절, 까마귀를 흉조로 알고 살아왔다. 볏 논바닥에 내려앉은 까마귀를 향해 돌팔매질도 서슴지 않았다. 까마귀 떼가 몰려다니면 초상이 난다는 흉흉한 말이 떠돌았다.

일본에선 까마귀가 길조이고 까치가 해조라고 말한다. 가까운 나라지만 문화와 풍습이 달라도 너무 달랐다. 까마귀들이 마을을 자유롭게 활보하며 길조로 환대 받는다. 까마귀는 주민들이 던져주는 모이에도 익숙했다. 크기는 또 어찌나 큰지 토실토실한 어미닭만큼 하다. 마을 중앙 묘비주변을 자유롭게 맴도는 것 또한 까마귀다. 곱게 봐주는 건 물론이고 사람들을 피하지도 않는다. 까치와 까마귀, 해조와 유익조의 뒤바뀐 상식, 그간 거꾸로 알고 살아온 무지함을 뒤늦게 깨닫는다. 난, 그간 죽음을 예고하는 음흉한 새로 잘못 알았기 때문일까? 아니면 선입견 때문일까? 도무지 반갑지가 않다. 잘못된 상식이지만 당분간 뒤집기란 어려울 것 같다. 어릴 적 교육이 참으로 중요한 것 같다. 한 번 입력된 기억을 뒤집기란 어려울 것 같은 생각 때문이다. 사람들 주변을 맴도는 건 흔히 보아왔던 비둘기들이다. 헌데 마을가운데 자리한 묘지주변을 맴도는 건 비둘기가 아닌 까마귀였기 때문이다.

지인들과 남양주쪽 안골 배밭으로 콩비지를 먹으러 가던 중이다. 우르르 몰려다니는 까치 떼가 어찌 그리 많은지, 마을 나뭇가지에 수를 놓은 듯 모여 앉은 까치 떼, 마을정자를 까치로 수를 놓은 것 같다. 마치 까치나무인 듯 했다. 눈짐작으로 대충 숫자를 헤아려 본다. 까치 떼를 폰에 담아본다. 한 나무에 까치집이 세 개나 된다. 2층과 3층에 집지은 걸보니 3세대 한 가족인가보다. TV화면을 통해 보았던 자연다큐가 떠오른다. 그 세계에 푹 빠져있던 행복한 날, 아름다운 자연, 밀림 속에서 자태를 뽐내던 새들의 모습이.

애물단지

잔뜩 찌푸린 얼굴로 아침을 연다. 미세먼지가 낀 듯 날씨가 점점 희뿌옇게 변한다. 오늘따라 아이들이 보고 싶어 데려오라고 전화를 건다. 오후에나 오겠다는 딸내미 전갈이다.

아침부터 몇 방울 눈이 날리는가 싶더니 제법 큰 눈발로 시야를 가린다. 구리에서 만나기로 한 딸내미한테서 수시로 전화가 온다. 길이 미끄러우니 가급적 마석에서 기다리라는 것이다. 집 나설 채비를 하고 들락날락 문밖을 살핀다. 헌데 눈송이가 점점 커지면서 시야를 가린다. 시멘트바닥에 내려앉은 눈송이가 녹아내리면서 거리는 질편하다. 혹여 미끄러질까 싶어 주춤거린다. 어미 챙기는 마음에 집에서 기다리기를 고집하는 딸, 못이기는 척 그리하겠노라 집에서 기다린다. 의정부를 거쳐 5시에 도착한다. 유난히 약한 딸이 파김치가 되어 들어온다. 성격이 깔끔해서 제 몸을 혹사시키는 딸내미, 한참 말썽부리는 두 아이 키우기가 많이 버거운가보다, 게다가 며칠 전엔 허리시술까지 받았으니, 제 한 몸 챙기기도 힘든 상황 일게다. 입원해 있는 동안 가보지 못한 어미라서 미안하다. 사내아이들인지라 우당탕 우당탕 잘도 뛰논다. 형에게 억척스레 대드는 동생, 도와주고 싶지만 마음뿐이다.

즘 들어 딸아이의 호출이 잦다. 애기들을 맡기고 외출한다. 놀이터에서 공치던 아이들이 졸지에 공을 달란다. 두 아이를 데리고 마트로 향한다. 다녀오는 길에 공을 든 채 꾸벅꾸벅 조는 네 살짜리, 아이를 업으려니 팔이 닿질 않는다. 길손께 부탁해서 아이를 안아보지만 그 또한 버겁다. 업어줄 수도 또 안아 줄 수도 없을 만큼 커버린 아이들이다. 정신없이 뛰놀다가 자리다툼을 한다. 내겐 급한 숙제가 있어 잠시 아이들에게서 시선을 뗀다. 오늘까지 시 5편을 보내라는 구리문인협회의 전갈 때문이다. 메일을 총무에게 보내라했지만 아직 메일을 모른다. 어쩔 수 없이 전 지부장께 발송한다. 다음날 퇴고하라지만 그 또한 국장한테 위임한다. 잦은 교통사고는 예총방문 자체를 힘들게 한다. 교통사고는 후유증이 무섭다는 말, 이제야 실감난다. 늦은 밤, 딸아이가 돌아가겠단다. 넓은 집에서 마음껏 뛰놀던 아이들에겐 좁은 할미집이 불편했을 터. 그래서 자리싸움을 한다. 그걸 지켜보던 어미의 마음이 많이 불편했나 보다. 12시를 넘겨서야 잘 도착했다는 전화다.

아이들을 위해서라면 가까이 이사라도 해야 할까? 엄마가 곁에 살기를 희망하는 마음을 받아줘야 할까? 딸아이가 잠시라도 쉴 수 있는 공간을, 아니 시간을 만들어줘야 할 것만 같다. 꿋꿋하게 잘 버틴다 싶었건만 요즘 만사가 힘든 모양이다. 지난해에도 살짝 건드리고 지나간 일이었다. 어미 곁을 희망하든 아이가 갑자기 세종시를 선택했단다. 두세 번 다녀오더니 이사하기로 마음을 정했단다. 그도 한 달 남짓한 2월 17일로 계약을 했다는 것이다. 세종시는 거리가 너무 먼 것 같아 마음이 착잡했다. 웬만한 짐을 줄이고 아이들 장난감은 대천에 사는 동생 집으로 보낸단다. 출산 예정일이 가까워진 조카를 생각한 것이리라. 2월27일 월요일에 세종으로 향한다. 오전에 가려했지만 급한 볼일이 생겨 늑장을 부린다. 오후 5시 출발하면서 내비를 찍으니 7시 19분 도착이라

뜬다. 어찌나 밀리는지 구리 판교 간에서 무려 1시간을 소비했다. 날이 저물까봐 휴게소에도 못 들리고 달리지만 금세 어둠이 깔린다. 정안 아이시를 벗어난다.

가도 가도 끝이 없다 싶은 외곽이다. 무료한 길을 달리려니 살살 졸음이 밀려온다. 긴 터널을 여럿 지난다. 세종시에 들어서서도 긴 터널을 두 개나 거친다. 어둑어둑한 주변은 대충 둘러봐도 블록으로 세운 장난감 도시 같은 느낌이다. 생소한 초행길이라서 더욱 멀게 느껴진다. 내비양의 도움으로 첫 마을 아파트를 잘 찾긴 했다. 헌데, 인위적으로 세운 도시 같은 느낌이 드는 건 왜일까? 4살 꼬마가 할미 왔다며 깡충깡충 뛰며 와락 안긴다. 제법 튼튼하게 자라준 작은아이가 대견스럽다. 집 구조는 전에 살던 집과 비슷했다. 또 큰집으로 이사 했으니 청소 때문에 힘들 것은 뻔하다. 아이들 위해 선택한 넓은 집이란 건 알지만 걱정스럽다. 결벽에 가까운 깔끔쟁이 딸이기 때문이다. 늦은 저녁, 소파에 누워 TV를 본다. 잠이든 줄 알았는지 네 살 작은아이가 할미를 흔들어본다. 할미 눈을 살피더니 손을 잡아끌며 방에 들어가 자란다. 제 침대 옆에 뉘이곤 이불을 덮어준다. 살며시 거실로 간 아이. 어깨너머로 엉아가 즐기는 게임을 훔쳐본다. 할미를 침대에 뉘이고 나온 어린 저 아이는, 도대체 지금 무엇을 생각하고 있을까?

아침 일찍 세종을 출발한다. 시가지를 둘러보고 싶었지만 몸이 따라주질 않아서이다. 잠시 천안에 들러 아이를 담당했던 교수님을 만난다. 간단한 식사를 대접하고 싶어서이다. 12경 중 첫 번째로 꼽는 삼거리 공원을 둘러본다. 3,1절 행사로 태극기가 물결친다. 이렇게 또 하루해가 저문다.

둔치의 추억

시월 열이레 날, 자연 다큐에서 야행성 수달이 한강에 서식하는 모습을 방영했다. 그만큼 한강 수질이 좋아졌다는 이야기다. 날씬한 몸매를 자랑이라도 하듯 날렵하게 물살을 가른다. 그는 발이 바닥에 닿을만한 물길을 좋아한단다. 나무를 쌓아두고 거처를 마련한 그가 신나게 강폭을 넘나든다.

드론이 저를 지켜보고 있다는 걸 까맣게 모르는 그, 바삐 물살을 가른다. 흙탕물이 일자 놀란 고기들이 우왕좌왕 두서가 없다. 그 틈을 노렸다가 튀어 오르는 녀석을 날쌔게 낚아챈다. 낚은 물고기를 두 손으로 마주잡는다. 그 모습은 예배당에서 합장하고 기도하는 모습을 꼭 닮았다. 냄새에 민감하다는 그가 얼굴을 물 위로 내놓고 코를 벌름거린다. 맑은 물로 거듭난 한강물이 그들을 키워내는 것이다. 그들이 한강에 서식한다는 건 이미 방송을 통해서 들은 바 있다. 근래 그들의 생생한 활동반경을 드론이 담아낸 것이다. 이젠 로봇 아닌 드론이 그늘에 가려졌던 생태계를 거뜬히 담아낼 수 낼 수 있다니 과학의 쾌거라 할 수 있겠다. 그토록 세밀한 일까지 드론이 해냈다. 발달된 기술이 대견스럽다. 수년 전 한강둔치에서 만났던 너구리의 기억이 되살아난다. 인기척을 느끼고도 엉거주춤 피하지 못했던 너구리, 하필 행사 전야에 뒤뚱거리던 그녀는 출산을 앞둔 무거운 몸이다.

코스모스 축제장에 갔다가 만난 그가 혹여 배고플까 가끔 고구마를 들고 찾았던 기억이 생생하다. 다시 볼 수는 없었지만 먹이가 사라진 건 너구리가 챙겨먹었다는 생각이 들었다. 코스모스축제는 해마다 열렸고 인파가 몰려들었지만 어디쯤 살고 있는지 전혀 눈에 띄지 않았다. 다만 비온 뒤 그들의 발자국을 발견하곤 했다. 그 뒤로 징검다리가 놓이고 갈대숲도 생겼다. 이젠 제대로 구색을 갖춘 근사한 정원을 이루었다. 구리 남양주는 물론 서울 근교에서도 즐겨 찾는 명승지로 발돋움했다. 꼭 축제 때가 아니더라도 가족끼리 친구끼리 혹은 연인끼리 즐겨 찾고 있다. 요즘 외지의 지인들까지 불러들이는 형국이니 꽤나 괜찮은 곳이라 말해도 되겠지, 그 뿐인가, 봄이면 유채꽃 축제도 장관인 걸, 어린이날과 어버이날을 겸해서 콩나물시루를 방불케 하는 걸, 지난 시월 팔일엔 주차난이 심각했지. 각종 행사와 먹거리 잔치가 벌어졌지, 잔디마당 한쪽에는 문인협회가 주최로 백일장도 열렸지.

넝쿨 하우스엔 수세미와 단 호박이 주렁주렁 열렸지. 하늘을 가리던 싱싱한 잎들은 이미 누렇게 변해있었지. 계절에 앞서 웃자란 수세미는 녹색을 넘어 흙갈색으로 변해버렸다. 따끈한 햇살 피해 그늘을 찾던 관람객들, 속속 행사텐트를 파고들었지, 백일장을 개최하던 문인협회 텐트역시 그들의 발길에 점령당했지. 점심시간에 먹거리 촌을 찾아갔지. 새마을부녀회, 적십자회, 바르게살기 등 음식을 파는 단체들이 넘쳐난다. 먹기 위해 사는 건지 살기위해 먹는 건지, 어쩜 먹자판 행사와 다름없단 생각이 든다. 땀범벅이로 소나무 그늘을 찾아든다. 의자에 앉아 땀을 식힐 때, 고삐에 묶여있던 나귀 두 마리가 꼬마들을 태우고 소나무 동산을 돈다. 그들이 한 바퀴 돌아오는 둘레길 이래야 고작 10분 거리

남짓하다. 감질난 아이는 나귀 등에서 내릴 생각이 없다. 지가 먼저 타겠다고 생떼 쓰는 아이 달래느라 진땀 빼는 안쓰러운 할아버지. 아쉬움 때문이겠지만 기다리는 꼬마의 성화에 억지로 끌려 내려온다. 내려온 아이 역시 울음보를 터트린다. 실실 웃음이 난다.

수년 만에 밟은 둔치가 주차난으로 몸살 중이다. 제1주차장을 지나고 2주차장을 지난다. 3주차장도 꽉 차서 임시로 마련한 암사대교 교각아래 4주차장으로 안내한다. 비가 내리지 않아 흙탕물은 면할 수 있으니 그나마 다행이었다. 시화전이 걸린 넝쿨전시장으로 향한다. 중간쯤에 걸린 내 글 제목은 파리사냥이다. 그간 긴 글만 쓰라던 교수님 권유대로 길게만 써왔다. 헌데 구리문인협회에선 짧은 시를 내라했다. 해서 그저 웃자고 선택한 글이다. 나이 들어갈수록 흥미 없는 행사란 생각이 드는 것도 사실이다. 아마도 사고 후유증이지 싶었다. 노래자랑이 시작되면서 시끌벅적한 고음이 고막을 찢는다. 문우에게 살짝 귀띔하고는 행사장을 조용히 빠져나온다. 한때 외손자들과 뒤엉켜 즐거웠던 기억이 스멀거린다. 아이들이 돌아가고 나면 가슴이 텅 빈 같아 허전했던 기억들이다. 부쩍 아이들이 눈에 밟히는 요즘. 발만 담가도 가슴까지 시원했던 계곡의 추억도 계절 따라 저만치 물러갔다.

유유히 노니는 중태기 몇 마리에도 마냥 즐거운 아이. 계절감각 모르고 물놀이 가잔다. 이쁜 떼쟁이 성화에 발만 디밀어도 싸늘한 물가로 이끌려간다. 감기 걸릴까 불러내보지만 막무가내로 물길을 텀벙거린다. 눈가에 따라붙는 파리등살에 끙끙거리던 아이, 똑같은 흉내로 놀려대니 환한 웃음 짓는다. 또 오겠다는 말 강조하는 네 살 박이, 물놀이에 푹 빠져있던 모습들이 계절 속으로 숨는다. 작은 아이의 가슴엔 지금 어떤 기억을 담고 있을까.

김 순 진

계간 <스토리문학> 발행인
고려대학교 평생교육원 시창작과정 강사
도서출판 문학공원 대표
한국스토리문인협회 회장
한국문인협회 이사
국제펜클럽 한국본부 이사
한국현대시인협회 감사
한국시문학아카데미 회원
천상병문학제 조직위원장
문학공원 동인
자작나무수필 동인
스토리소동 소설동인
고백시조 동인
시집 『광대이야기』 외 저서 14권
수필춘추 문학대상 외 다수 수상
이메일 : 4615562@hanmail.net

지금이 가장 행복한때다 외 2편

김 순 진

매우 행복한 두 부부가 살았다. 그들은 서로 10년 이상의 나이차를 극복하고도 행복하였다. 남편은 초등학교 밖에 나오지 못하여 막노동을 하였으며 아내는 대졸이라는 학력 차이도 그들의 사랑에는 장애가 되지 못하였다. 더구나 그들에게는 결혼한 지 10년이 훨씬 넘어 아이가 없음에도 더없이 서로를 아끼며 사랑하였다. 주위 사람들은 모두들 그들이 잉꼬부부라며 칭찬이 자자하였다. 그들에게는 남편의 일과 아내의 일이 따로 없었다. 밥 짓는 일과 반찬을 만드는 일도 함께하고 빨래하는 일도 함께하며 시장 보는 일에도 늘 붙어 다녔다. 그렇게 사랑으로 서로를 감싸주며 사노라니 그들에게도 아이가 생겼다. 그들은 너무 기뻤다. 결혼한 지 13년이나 되어 아이가 생긴 것이다. 그 아이는 엄마의 뱃속에서 7개월 만에 조산아로 태어났다. 그들은 아이를 극진히 간호하여 건강한 아이로 만들었다. 이웃들은 진심으로 축하해 주었다. 그러나 그들의 불행은 아이가 생기면서부터 시작되었다. 그의 아내는 그가 담배를 피워도 아이를 핑계로 남편을 나무라고, 술을 마셔도 아이를 핑계로 구박하였다. 하물며 아이의 머리를 쓰다듬으려 하여도 어디 더러운 손으로 아이를 만지느냐며 구박하였다. 아이의 과잉보호에서 비롯된 파탄! 그들은 아이가 생기면서부터 금슬에 금이 가기 시작하더니 급기야 이혼

하고 말았다.

술주정이 심한 남편을 둔 한 여인이 있었다. 그녀의 남편은 술을 마시고 들어오면 온갖 집기를 부수고도 모자라 손찌검까지 하였다. 그 남편은 너무 심한 과음으로 인하여 병이 들고 말았다. 그는 병석에 누워 지난 일들을 뉘우치며 후회하였다. 그리고 그의 아내에게 늘 잘못을 빌었다. "여보 내가 잘못했어요. 정말 미안하오." 그러나 너무도 어려운 시절을 보낸 그녀는 그가 빨리 죽었으면 하였다. 그녀의 바람처럼 그는 그리 오래 버티지 못하고 죽었다. 그러나 그녀에게 돌아온 것은 행복이 아니었다. 그녀에게 돌아온 것은 '신랑 잡아먹은 여자'라는 곱지 않은 시선과 함께 뭇 남정네들의 치근덕거림뿐이었다. 그녀에겐 과부라는 딱지가 씌워졌다. 그녀는 후회하였다. "송장 같은 신랑이 방에 누어만 있어도 좋겠어요!" 그녀의 신랑이 병들어 방에 누워 있을 때만 하여도 아무도 그녀를 과부라고 얿이 여기거나 치근덕거리지 않았었는데…….

시장에서 행상을 하며 두 자식들을 대학까지 가르친 홀어미가 있었다. 그 어미는 사는 것이 너무 힘들어 빨리 세월이 지나갔으면 하였다. 그녀의 두 아들은 어미의 고생으로 대학을 마치고 결혼을 하였다. 그 어미는 이제 손자들이나 보면서 편한 세상을 살려 하였다. 그러나 그녀의 두 아들들은 각기 자신의 아내와 자식들을 챙기기에 급급할 뿐 어미는 뒷전이었으며 오히려 사업 자금 운운하며 어미를 몰아세웠다. 그 어미는 생각하였다. "힘들어도 행상하며 아이들을 가르칠 때가 좋았는데……."

어느 가난한 부부가 살았다. 그들은 서로를 위하면서 맞벌이를 하며 내 집 마련 꿈에 부풀어 있었다. 그러던 어느 날 그들은 우연히 산 복권 1등에 당첨되었다. 그들의 불행은 거기부터였다. 복권에 당첨되자 그의 아내는 직장을 그만두고 쇼핑하러 간다며 매일 밖으로 나돌아 다녔고, 남편은 직장에서도 그의 아내가 돈을 모두 써버릴까 의심하였다. 결국 부부싸움 끝에 남편은 자신의 아내를 칼로 찔러 죽이고 말았다. 그들이 복권에 당첨되지 않았더라면 지금도 서로를 위로하며 희망 속에 살았을 텐데…….

사람들은 자신의 생활을 남과 비교하여 힘들거나 불행하다고 생각한다. 그러나 그것은 스스로를 불행으로 몰아가는 아주 위험한 발상이다. 나라는 사람은 남과 비교하려고 존재하는 것이 아니다. 나 하나의 희생으로 내 가족과 내 주변이 발전할 때 나의 가치가 상승되는 것이다. 아마도 먹을거리와 입성이 변변치 못했던 어린 시절이 불행했었다고 생각하는 사람은 없을 것이다. 어린 시절은 추억 그 자체와 성장 과정일 뿐이지 불행과 행복의 논의 대상이 아니기 때문이다.

지금 내 주변을 돌이켜 보라. 나를 바라보는 아이들, 아내, 남편, 부보님, 형제, 이웃, 친구들……. 나 하나의 자리지킴으로 내 가족과 이웃이 기쁠 수 있다면 지금이 가장 행복한때인 것이다.

리어카 한 대

글 쓰고 책 만드는 직업을 가진 나는 조금 늦게 출근하여 밤늦게야 퇴근해서 집으로 돌아온다. 그래서 동네 사람들을 만날 기회가 별로 없다. 고향 포천에서 공무원으로 근무한 적이 나는 글이 쓰고 싶어 사직서를 내고 무작정 상경했다. 그러나 내게 서울살이는 그리 녹록치 않았다. 나는 아는 사람과 봉제공장을 동업했다가 망하고, 구멍가게 했다가 벌이가 시원치 않아서 집어치우고, 특별할 것 없는 요리솜씨로 식당을 차렸다가 쫄딱 망해 거리로 나앉게 되었다. 그래서 응암동 대림시장 부근에서 노점도 하고, 인력시장에 나가 날품팔이 노동도 하며 안 해본 것 없이 살았다. 그때 사귄 사람들을 가끔 만나게 되면 너무나 반가워 서로가 오랫동안 손을 잡으며 이야기를 나누곤 한다.

지난 주 토요일에 조금 늑장을 부리며 출근을 하려다가 한 청년과 그의 어머니를 만났다. 그 모자는 연립주택인 우리 집 대문 앞에 버려진 폐지를 줍고 있었다. 오래전부터 폐지를 주워 생활하는 모자였다. 나는 반가워 먼저 청년의 어머니한테 인사를 했다.

"그간 안녕하셨어요. 아주머니! 요즘 파지 값이 얼마에요?"

옆에서 청년이 나에게 말을 건넨다.

"아저씨가 리어카 줬어!"

순간 눈물이 핑 돌았다. 그 청년은 조금 지능이 낮은 청년이었는데 벌써 15년이 훨씬 넘은 일을 기억하고 있었다.

우리 동네에는 서천수라는 한 건달이 살았다. 그는 술만 마시면 웃통을 벗어젖히고 소리소리 지르고 툭 하면 싸움질하는 사람이었다. 내가 응암동 대림시장 뒤쪽에 식당을 차려서 갔을 때, 그 패거리들은 개업식 날 찾아와 막걸리 값을 비싸게 받는다며 테이블을 엎고 술병을 깨며 내게 행패를 부렸다. 그때 나는 그들이 누구인지 몰라 싸울 수도 없고, 너무나 약이 올라 엉엉 울었었다.

그가 술을 먹는 날이면 우리 집 골목은 아수라장이 되었다. 아무나 붙들고 시비를 했고 툭 하면 옷을 벗어젖혔다. 그의 등에는 팔뚝으로 이어지는 커다란 용문신이 새겨 있어 그가 전직 조폭이었음은 누구나 짐작할 수 있었다.

그가 그렇게 타락한 데는 나름의 이유가 있었다. 그의 아내는 도망을 가버리고 그는 오갈 데가 없어 일곱 살 난 아들과 함께 건설현장에서 야방을 보며 살고 있었다. 그러다가 건설현장에 불이 나서 그만 아이가 불에 타 죽고 말았다. 그날 이후로 그는 타락의 길로 빠지고 말았다.

내가 식당일을 그만두고 그 집에서 살림을 하면서 길에서 노점을 하며 붕어빵과 어묵을 팔고 있을 때였다. 그는 막노동을 나가 몇 푼 벌어오면 그날로 다 술을 먹고 마는 성미였다. 가끔 자기의 아들이 생각났는지 우리 아들을 '장군이'라 부르면서 돈이 생기면 장난감도 사주고 특별히 예쁘게 대해주었다.

나는 그에게 '세상은 열심히 살면 한 번 살아볼만한 세상이라'며, 함께 살아보자며 좋은 이야기를 해주면서 리어카 한 대를 사주었다. 그는 건달, 부랑아 생활을 마감하고 파지를 주우며 열심히 살고 있었다. 그

이듬해 설날 아침, 차례를 지내고 난 나는 떡국 한 그릇 먹이고 싶어서 그가 살고 있는 쪽방을 찾았다. 그런데 이게 웬일인가? 불을 넣지 않은 방에서 술을 마시고 잠들었다가 그만 얼어 죽고 말았던 것이다.

나는 경찰에 신고하고 그의 장례를 주관해줬다. 그의 유품을 정리하고 나니 리어카 한 대가 남았다. 어떻게 처리할까 고민하고 있는데 마침 두 모자母子가 유모차에 파지를 주어 싣고 가고 있었다. 그때 그 리어카를 청년에게 선물했던 것이다. 가끔 그 청년이 어머니와 함께 파지를 줍고 있는 모습을 본 적이 있었지만 차마 기억이나 할까? 공치사하는 것 같아서 아는 체를 안 했었는데, 그 먼 기억을 떠올리게 해준 청년에게 감사한다. 보잘 것 없는 선물이 모자에게는 가장 큰 사업밑천이 되었으니 얼마나 감사한 일일까?

나에게는 '장애인공동체'라는 곳에서 일 년에도 몇 번씩 전화가 온다. 장애인들이 만든 물건이니 비누나, 차 등을 팔아달라는 것이다. 우연한 기회에 통화가 연결된 지 벌써 수년이 지났다. 이번에도 어김없이 세숫비누를 사서 지인 몇 사람과 나눠가졌다. 가격은 조금 비싸지만 비누로 세수를 할 때마다 기분이 좋아진다. 그 비누로 세수를 하면 어쩐지 장애인들의 해맑은 웃음소리가 들려오는 것 같기도 하고, 그들의 후원을 받아 사업이 잘 될 것 같은 예감이 들기도 한다.

전철을 타고 출퇴근을 하다보면 자주 걸인을 만난다. 그때마다 나는 그냥 지나친 적이 없다. 돈의 액수야 하잘 것 없는 것이라지만 도움의 손길을 그냥 지나칠 수 없다. 떡장수 아주머니가 떡을 이려고 다라를 만지면 번쩍 들어서 머리에 이어드리고, 노인들의 팔을 부축해서 계단을 함께 오르며, 길을 모르는 외국 사람에게 길을 가르쳐주는 것이 내 출퇴근의 즐거움이다.

포천이 고향인 나는 시골에 갔다 돌아오는 날이면 호박이며 깻잎, 콩 등을 가져와 이웃들과 나눈다. 나눈다는 것은 행복한 일이다. 그것이 꼭 많은 돈일 필요는 없다. 마음이 먼저 선행되어야 한다.

이제 금년이 거의 다 가고 곧 새로운 1년이 우리에게 선물로 다가온다. 창조주는 해마다 우리에게 1년을 선물하는데 우리는 그 선물에 대하여 감사할 줄 모르며 너무나 하찮게 여기며 소비한다. 사람은 나눌 때 가장 행복하다. 사랑은 베푸는 사람이 더욱 행복해진다.

홍콩의 액션스타 성룡을 생각한다. 그는 전 재산 4,000억 원을 사회에 내 놓으며 "내 아들이 똑똑하면 그 재산이 필요 없을 것이고, 무능하면 그 재산을 모두 탕진할 것이다. 나는 앞으로도 한 푼 남기지 않고 모두 사회에 환원할 것이다."라고 말해서 세인들의 가슴을 울린 적이 있다. 어차피 한 푼 가지고 가지 못하는 인생이라면 나눔을 통한 행복이 최선의 인생을 사는 것 아닐까?

요즘도 리어카에 파지가 가득 실린 그 모자가 지나갈 때마다 서천수가 살아서 걸어 다니는 것 같다. 열심히 살면 큰 부자는 못 되더라도 먹고는 산다고 하신 아버지의 말씀이 생각난다. 그 리어카를 보면 어릴 적 아버지가 태워주시던 리어카에 몸을 실은 듯 맘이 설렌다.

진정한 명예

가끔 몇 년 전에 TV를 본 생각이 떠오른다. 아마도 그 프로그램은 <긴급구조 119>라는 프로그램이었던 것 같다. 환갑이 지난 어떤 막노동꾼이 건축 현장에서 일용 잡부로 일을 하고 있었다. 그는 나이도 많은 데다 기술이 없어 단순 노동으로 생계를 유지하고 있었다. 그런 그가 건축현장의 3층에서 일하던 중 그만 부주의로 발을 잘못 디뎌 아래로 떨어졌다.

그는 아직 채 공사가 끝나지 않은 현장이라 하늘로 치솟아 박혀 있는 굵은 철근 위로 떨어지고 말았다. 철근은 그의 옆구리로부터 가슴을 통과하여 어깨 앞부분을 뚫고 나왔다. 그리하여 그는 그 철근에 통닭구이처럼 꿰어진 채 매달리게 되었다. 그 고통이란 이루 말할 수 없었다. 그러나 그가 정말 느끼는 고통은 아픔에서 오는 고통이 아니었다. 그는 죽음을 느끼고 있었다.

"이제 내가 죽는구나!"

그런 생각이 들게 된 그는 순간 '옆집에서 꾼 삼만 원을 못 갚고 불명예스럽게 죽는 구나'라는 생각에 미치게 되었다. 그는 자신에게 밀려오는 육체적 아픔을 잊고 필사적으로 두리번거리며 지나는 행인을 찾았다.

"여보시오, 여보시오!"

멀리 지나는 행인을 보며 필사적으로 불러댔다. 그는 자신의 목숨을 구하기 위하여 자나는 행인을 부르는 것이 아니었다. 단 몇 분 동안의 시간이지만 그는 죽음 앞에서 떳떳해지고 싶었던 것이다. 마침 지나는 이에 의하여 119구조대에 신고되었다. 살아나려는 몸부림이 아니라 누가 지나가면 그 돈을 자신의 아내에게 '갚아 주라'고 말한 뒤 죽으려고 사람을 찾았다고 하였다.

긴급 출동한 119구조대의 도움으로 구조되어 긴급히 병원으로 옮겨졌다. 수술을 끝낸 의사가 나와서 큰 소리로 말하였다.

"기적입니다. 기적! 정말 하늘이 도우셨어요. 중요한 내장기관은 모두 빗겨갔으니……. 내, 의사생활 30년 만에 이런 기적은 처음입니다."

그는 철근이 몸으로 관통하는 중상을 입었으나 천만다행으로 철근이 관통하면서 간, 신장, 위, 대장 등을 빗겨갔음에 중요한 내장기관은 전혀 손상을 입지 않은 채 철근에 꿰었음에도 살아날 수 있었다.

자신의 이야기가 나오는 <긴급구조 119>프로그램에 나와 그는 똑똑히 말하였다.

"지금껏 60평생을 거짓 없이 살아왔는데 남에게 꾼돈 삼만 원을 못 갚고 죽는다면 얼마나 불명예스럽습니까? 저는 죽어도 떳떳하게 죽고 싶었습니다."

죽음에 이르는 순간 자신의 목숨보다 꾼돈 삼만 원을 갚지 못하고 죽는 것을 걱정하였던 그가 살아난 것은 어쩌면 그의 양심적인 사람됨을 염라대왕께서 아시고 조금 더 살라며 돌려보낸 것이 아닐까…….

요즘 검찰에서 수사하고 있는 SK비자금이 백억이니, 그 돈을 최모 의원이 개인용도로 썼느니 하는 것을 보면 정말 기가 막히다. 또 지난

날 어떤 정치인은 기업으로부터 돈을 받지 않았다면서 돈을 받았으면 할복자살 하겠다고 떠들다가 차츰 검찰에 의하여 그 수뢰사실이 드러나자 말을 바꾸거나 입을 다물었던 것을 생각하며, 일용잡부로 건축 현장에서 일하다 실족하여 죽을 뻔하였던 그와 비교해본다.

학문을 하고, 정치를 하며 장관이 되는 가장 궁극적인 목적이 무엇인가? 명예를 쌓기 위한 것이 아닌가? 대기업들은 로또복권이니, 월드컵 복권이니, 체육 복권이니 하면서 서민의 주머니를 털고, 신용사회란 명목으로 고리대금업을 자행하여 서민의 목을 조르는 사람들의 명예는 무엇일까?

그렇게도 무서운 세상이지만 그래도 태풍 매미가 할퀴고 간 자리를 치유하고 도우려가는 사람들도 서민이고, 푼푼이 모아서 내 놓는 사람들도 대부분 서민이 아닌가?

"옛 말에 많이 먹어야 맛인가?"란 말이 있다.

조금씩 맛만 보아도 서로 나눌 수 있는 마음이 중요하다는 말이다. '십시일반'이란 말도 있다. '한 숟가락씩 도우면 밥 한 그릇이 된다.'는 말인데, 이 역시 나를 희생하여 이웃과 함께한다는 말이니 나의 명예, 가장으로서의 명예를 높이고 사회 구성원으로 서의 긍지를 가지는 일일 것이다.

어느 사람은 꾼 돈 삼만 원을 갚지 못하고 죽는 것을 자기 목숨보다 안타깝게 생각하는 사람이 있는가 하면 국민의 세금으로 정부에서 회사를 살리라고 빌려준 공적자금으로 부동산을 사들이거나 돈세탁을 하여 치부하는 사람들이 판치는 세상에서 사람들의 진정한 명예란 무엇일까를 생각하게 한다.

진정한 명예란 죽음 앞에 떳떳함이 아닐까.

이 정 순

아호는 죽산
계간 <스토리문학> 시, 동화 신인상 등단
2013년 <한국일보 토론토> 신춘문예 동화 당선 등단
캘거리 신춘문예 수필 우수상 당선
에드몬톤 신춘문예 시 부분 당선
한국문인협회회원
한국스토리문인협회 회원
문학공원 동인
자작나무수필 동인
캐나다 사스캐츠완 한인문학회 발족 1대 2대회장
저서 『내 친구 토즈』 동화 영어 통합 본 출간
동인지 『애인』, 『아버지와 자작나무』, 『이뿐이와 짜장면 오인분』
『누가 꽁치를 표절했나』 외 다수

‘덕분에’와 ‘때문에’ 외 2편

이 정 순

요즈음 사회구조가 누구 '때문에' 하면서 책임을 해피하려는 경향이 있다. 즉 책임 떠넘기랄까? 특히 정치권에서 그런 일이 비일비재해서 국회에서 서로 ‘모르쇠’로 일관하라며 오리발을 내밀다 못해 닭발까지 빌려오는 사례가 만연하다.

‘때문에~’는 책임 전과와 남을 탓하는 말 등 부정적인 면에 사용하는 반면에 ‘덕분에~’라는 말은 긍정적일 때 쓰는 말이다본인도 ‘덕분에~’라는 말보다 ‘때문에~’라는 말을 잘 써왔다.

꼭두새벽에 카톡 소리에 짜증을 내며 눈을 떴다. 한국에 있는 친구가 인터넷에서 떠도는 글 하나를 카카오 톡으로 보내왔다. 시차 때문에 그랬으리라고 이해하고 궁금해서 열어보았다. 나는 카톡소리조차도 생활에 방해가 되기 ‘때문에’ 웬만해서 소리를 켜 놓지 않은데 그 날은 내 실수로 켜 났나 보다. 전화기를 켜 놓은 '덕분에' 글을 읽으면서 고개를 끄덕였다. 덕분에 글 쓸 소재를 찾지 못해 고민하던 중 글 소재를 찾아 얼른 컴퓨터를 켜고 이글을 썼다.

친구가 보내 온 글을 보자면

『일본의 경영 신』으로 불리는 기업인 마쓰시타 고노스케는 파나소닉을 창설한 사람이다. 마쓰시타 고노스케는 경영 철학에서 다음과 같은 말을 했다. 그는 94세까지 살면서 많은 어려움을 극복한 성공신화를 이뤘다.

<저는……, 가난한 집안에서 태어난 '덕분에' 어릴 때부터 갖가지 힘든 일을 하며 세상살이에 필요한 경험을 쌓았습니다.

저는……, 허약한 아이였던 '덕분에' 운동을 시작해 건강을 유지할 수 있었습니다.

저는……, 학교를 제대로 다니지 못한 '덕분에' 만나는 모든 사람이 제 선생이어서 모르면 묻고 배우면서 익혔습니다.

참 멋진 인생입니다.>

만약 이 문장을 '덕분에~'가 아니라 ' 때문에~'라고 바꾸었다면 어떤 현상이 일어났을까? 모든 게 부정적인 말이 되었을 것이다. '가난' 때문에 나는 힘들었다. 나는 '허약'했기 때문에 맨날 아팠다고 했을 것이고, 학교를 다니지 '못했기' 때문에 아는 것이 없다고 불평불만 이었을 것이다. 그랬다면 과연 이 사람은 성공했을까?

6년을 함께 한 문우 한 명도 처음에는 문학이라는 것을 전혀 몰랐던 사람이다. 그는 늘 너 '때문에' 소질도 없으면서 할 수없이 한다는 말을 자주했다. 그러면서도 그의 작품 아닌 작품을 수정을 거듭하는 작업을 해서 문학지에 등단도 시켜주었다.

이번 문학회행사를 마지막으로 6년을 이끌고 온 문학회회장직을 은퇴(?)하려고 하자 그는 또 너 '때문에' 시작한 문학이니까 네가 그만 두니 나도 그만 두어야겠다고 말했다.

나는 내가 그만 두더라도 나 '때문에' 그만두는 회원이 없어야 하기에 아쉬움과 그래도 그동안 함께 한 정 내지는 안타까운 마음에 시간을 내서 전화를 했다.

"친구야, 너 '덕분에' 힘이 나서 이만큼 이끌어 올수 있었단다."고 말했더니.

"그래, 친구야, 너 '덕분에' 문학이라는 것을 알게 해줘서 고마워." 하는 것이 아닌가?

내가 너 '덕분에'라 했더니 그도 너 '덕분'이라고 하며 즐겁게 전화를 끊을 수 있었다.

만약에 내가 너 '때문에' 라는 말을 썼더라면 아마 모르긴 해도 둘은 즐겁게 전화를 끊지 못했을 것이다.

'때문에'와 '덕분에' 라는 말의 차이는 엄청나다.

'때문에' 라는 말로 인해 살인도 난다고 한다. 우리는 '때문에'라는 원망적인 말보다 '덕분에'라는 긍정적인 말로 더 가깝고 아름다운 말 문화를 이루어 갔으면 하는 바람이다.

오늘 눈이 엄청 온다. 지금도 눈은 하염없이 내린다.

에드몬톤에서 다른 사업을 하는 남편이 어제가 어머님 기일이라 며칠 전에 내려왔다가 폭설 '때문에' 발이 묶였다.

나는 "눈 덕분에 나 하루 더 보고 가네요."라 했더니 하염없이 내리는 눈만 바라보며 짜증스러운 얼굴을 하던 남편이 "그래, 눈 '덕분에' 당신 하루 더 보고 가겠네."하며 미소를 짓는 게 아닌가.

오늘도 스토리문학 '덕분에' 자작나무수필 동인지에 글을 실을 수 있어 행복하다.

추억속의 구멍가게

어제가 우리나라 최대 명절인 추석이었다. 이맘때만 되면 '더도 말고 덜도 말고 한가위만 같아라.' 하는 덕담이 많이 오고간다. 그 의미는 무엇을 말하는 것일까? 세상을 둥글게 나에게 복이 넘쳐나고 만사형통하고… 그 덕담 속에는 좋은 뜻이 다 포함되어 있다. 그리고 우리의 어릴 적 추억도 함께 들어 있다.

내 어릴 적에 동네에 할아버지가 운영하는 구멍가게가 사랑채에 있었다. 그러한 구멍가게는 작은 동네에는 거의 하나씩 다 있었다. 그 구멍가게 할아버지는 우리의 훈장 역할을 한 셈이었다.

특히 명절날이면 용돈 한 푼을 얻으면 친구들은 약속이나 한 듯이 그 구멍가게로 달려갔다. 평소와는 달리 명절에는 집에 먹을 것이 넘쳐나는데도 아이들은 돈 몇 푼 손에 쥐고 구멍가게 가는 재미로 달려 갔던 것이다. 할아버지는 동네 꼬맹이들이 몰려가면 사탕을 한 줌씩 옷섶에 싸매주며 덕담을 잊지 않았다.

'더도 말고 덜도 말고 한가위만 같아라.'

그러면서 할아버지는 이야기보따리를 풀어 놓으시곤 했다. 흥미와 교훈을 주는 할아버지의 옛날이야기에 귀가 쫑긋하기도 했다.

효자 쇠돌이가 어머니가 편찮으시자 한겨울에 약초를 구하러 가다가

호랑이를 만나 쇠돌이의 딱한 이야기를 듣고 잡아먹기는커녕 약초가 있는 곳까지 태워다 주는 효자 이야기, '호랑이에게 물려가도 정신만 차리면 산다.' 는 아이들에게 용기를 주는 이야기, 담력을 키워 주는 공동묘지 이야기. 지혜로운 도깨비 이야기. 그 이야기 속에는 자연스럽게 지혜와 교훈, 바르게 세상을 살아가는 법까지 들어 있었다.

할아버지는 우리들에게나 어른들에게 신임을 받는, 그저 코흘리개의 코 묻은 돈을 벌기 위한 구멍가게가 아니었다. 아이들의 꿈이 있는 곳이고, 아이들이 착하게 자라야할 이유가 있고, 철학이 있는 곳이었다.

그 꼬맹이들은 요즈음처럼 공부하라는 말은 듣지 않아도 동네 어른과 형, 오빠들로부터 인성을 배우며 자랐다. 모르는 게 있으면 동네 형이나 오빠들한테 물어 보면 그게 곧 과외 선생님이었고, 그리고 동네 어른들의 훈계도 아이들이 빗나가지 않게 다 잡아 주는데 한 몫을 단단히 하는 선생님이었다.

동네 어귀에서 어른을 만났을 때, 노느라 다른데 정신을 팔고 있다가 인사를 못 하고 지나갈라치면 영락없이 뒤통수에 불호령이 떨어졌다.

"네 이놈! 뉘 집 자식인고?"

'그 뉘 집 자식'은 제일 무서운 말이었다. 내가 잘 못하면 그 뉘 집 자식이 되어 부모님이나 할아버지를 욕 먹이는 일이기 때문이었다. 그땐 인사도 참 깍듯이 했던 걸로 기억난다. 내가 지천명이 되어 고향에 갔을 때 어릴 때 본 아이가 잘 자라 성인이 되어 고향에 오면 대견하고 그리 좋을 수가 없었다.

내가 지금 이억만리 캐나다까지 와서 그 구멍가게를 하고 있다. 내 가게에는 아이들이 좋아할 만한 사탕이나 군것질거리가 다양하게 참 많다. 집에 먹을 것이 넘쳐나도 아이들은 돈 몇 푼 손에 쥐고 가게에 와서 뭔가를 사는 재미는 동서양이나 다를 바가 없다. 그렇다면 과연 나도 추억 속의 그 구멍가게 할아버지 같은 역할을 조금이나마 하고 있을까? 물론 그 때와 지금은 환경이 판이 하게 달라졌지만 말이다.

내가 구멍가게를 시작하면서 만난 그 아이를 잊을 수가 없다. 그 아이는 아마 네 살 쯤 되었을 것이다. 그 아이는 늘 엄마 손을 꼭 붙잡고 가게에 왔다. 그 아이는 나를 보고 방긋 웃으며 고사리 같은 손을 살짝 흔들어 주었다. 나도 카운터 앞에 서서 똑같이 했다. 우리는 무언의 시선을 주고받았다. 그 아이는 코털(25센터 우리돈 250원정도) 한 개를 손에 꼭 쥐고 와서 하나에 5센트씩 하는 캔디를 딱 다섯 개만 집어갔다. 그 코털은 땀에 흥건히 젖어 있었다.

후에 아이의 엄마한테 들은 이야기지만, 집에서 현관 앞 신발을 가지런히 정리해 두면 용돈으로 오십 센트를 주었단다. 아이는 그 돈을 절반은 페니(동전 모으는 항아리 즉 돼지저금통) 자에 넣고 절반으로 하루치 사탕을 산다고 했다. 그 아이는 행여 누가 무언가를 주면 그걸 왜 받아야 하는 이유를 알고 타당하면 받는다고 했다. 아이의 성격을 모르는 내가 추억을 더듬어 할아버지 흉내를 내며 몇 번 사탕을 쥐어 주었다. 그럴 때마다 그 아이는 "NO Thank you!" 말하며 정중히 거절 했다. 그때 거절당했을 때 아이한테까지 무시당하나 싶어 속도 상했고 민망하기도 했다.

하지만 그 아이의 성격을 알고 난 후 내생활의 고달픔과 외로움에 신선한 충격을 가져다주었다. 네 살 배기 아이로부터 말이다. 그 아이는 늘 생글 생글 웃었고 자기가 가진 돈만큼 이상은 절대 억지를 써서 가지지도 않았다. 간혹 내가 캔디라도 하나 집어 주면 왜 그걸 가져야하는 지 이유를 엄마는 늘 조근조근 귓속말을 하듯이 설명해 주었다. 그때서야 이해가 가면 활짝 웃으며 고맙다는 인사를 하고 받았다. 엄마가 무어라고 설명 했는지 나는 알 길이 없었다.

그 아이가 어느 날부터 가게에 오지 않았다. 무척 궁금했지만 어디 물어 볼 곳이 없었다. 근데 그 아이가 15년이 지난 지금 훌륭한 대학생이 되어 며칠 전 가게에 찾아왔다. 문을 밀고 가게에 들어오는 순간 나는 금방 그 아이임을 알아챘다. 여기서 네다섯 시간 거리로 이사를 가서 못 본 지 십오 년이 되었지만, 그 아이의 윤곽은 그대로 남아 있었다. 너무나 반가워서 십오 년 전의 나를 기억하느냐고 물어 보았다. 그 아이는 "Of course! Susan! 하는 것이었다. 내 이름까지도 또렷이 기억하고 있었다. 수잔이 가게를 팔고 이사 갔으면 어쩌나 하는 걱정을 하고 왔단다. 나는 눈물이 핑 돌았다. 예전에 그 아이가 좋아하던 캔디 다섯 개를 골라 봉지에 담아 주었다. 어릴 적 그 구멍가게 할아버지가 한 것처럼 "This is on the house!"했더니 활짝 웃는 모습이 참 아름다웠다. 내 영혼까지 맑아지는 느낌이었다. 나는 그 아이를 통해서 조금이나마 추억속의 구멍가게 역할을 하고 있다는 자부심이 느껴졌다.

이번 명절에는 젊은이가 다 떠나버리고 텅 비어 버린 고향에 추억을 안고 찾아와 서로 덕담을 나누는 일이 많았으면 좋겠다.

예술이냐 소음이냐

요즈음 온 세계에서 갑질이 논란이 되고 있다. 내 눈에 거슬리는 행동이거나 아니면 걸어가는 앞 사람의 걸음걸이가 마음에 안 든다다거나 해서 행동이나 말로 폭력을 취하는 것을 갑질이라 일컫는다. 아니면 아랫사람인 약자에게 부당하게 권력을 행사하는 폭력을 갑질이라고 말한다. 빠르게 변하는 시대의 흐름 때문에 참지 못할 정도로 급한 성격 내지는 스트레스가 갑질을 만드는 게 아닌가 하는 생각이 든다.

얼마 전 지하철 손님이 휴대폰으로 찍은 영상물을 SNS에 올린 걸 본 기억이 떠올랐다. 여러가지 영상 중에서 그 영상물은 복잡한 출근길 지하철 안 장면이다. 복잡한 지하철 안에서 익히 들어 알고 있는 '환희의 송가' 가 아코디언으로 완벽하게 연주하는 아름다운 소리였다. 유명 음악가가 연주하는 것을 녹음해서 지하철 안내 방송으로 내보내는 게 아닌가 착각할 정도로. 곧 목에 바구니를 걸고 앞을 못 보는 장애인 악사가 아코디언을 연주하며 등장하는 것이었다. 창가 의자에는 몇몇 손님이 졸고 있었다. 양복을 입은 한 중년 남자는 아예 자리를 편 듯 창에 기대 입을 벌린 채 자고 있었다. 저 신사한테는 저 아코디언 소리가 자장가처럼 들리겠다는 생각을 하고 있었다. 어느 정도 곡이 클라이맥

스에 오를 즈음 자고 있던 신사가 갑자기 벌떡 일어나더니 "야, 시끄러워 잠을 못 자겠다. ××야!" 며 그 아코디언을 빼앗아 바닥에 팽개치는 장면으로 이어졌다. 지하철 안은 순식간에 아수라장이 되고 말았다. 그 순간 아코디언 악사의 환희의 송가가 눈물의 송가가 되었을 것이다. 무심결에 보고 있던 나도 의자에서 벌떡 일어났던 기억이 났다. 물론 아침 일찍 출근하는 사람들은 피곤할 수도 있을 것이다. 그렇다면 그 아코디언 소리를 자장가라고 생각했으면 어땠을까?

유럽 광장의 플래시 몹 영상물을 본 적이 있다. 왜 그 장면이 낡은 영상필름처럼 지나가는지 모르겠다. 내가 봤던 그 영상물은 유럽의 어느 대성당의 장엄한 교회 앞이다. 교회의 웅장한 종소리와 함께 허름한 차림의 거리의 악사가 자기 키만 한 더블베이스에 기대어 서 있는 모습이다. 지나가던 소녀가 고개를 갸우뚱거리다 가방에서 피리를 꺼내 그 앞에 가서 베토벤의 교향곡 9번 4악장 '환희의 송가'를 불기 시작했다. 거리의 악사는 어리둥절한 표정으로 소녀가 불고 있는 곡이 무슨 곡인지도 이해 못 하는 표정을 짓는다. 소녀는 한 소절 한 소절을 불어 주며 따라 하게 한다. 그 악사가 한 소절 한 소절 따라하는 그 부분에서 웃음이 풋! 하고 나왔다. 그 악사의 익살스러운 표정이 재미있었다. 그는 금세 곡을 익혀 서투른 솜씨로나마 혼자서 연주한다. 음도 맞지 않는 서툰 연주지만, 지나가던 관객들이 하나 둘 모여들었다. 그 더블베이스의 서툰 연주는 지하철 아코디언 연주와는 참 대조적이지 않을 수 없었다.

우리나라는 거리에서 피리를 불거나 아코디언을 켜는 사람은 앞을 보지 못하거나 장애인이 대부분이다. 그것은 곡을 연주하는 게 아니라 자신의 존재를 알려 동정을 받고자 즉 먹고 살기 위한 생활의 수단일 뿐이다. 베이스기타의 서투른 연주자 역시 차림새를 보아 아코디언 연주자와 별반 달라 보이지 않았다. 하지만 행인들이 장단을 맞추고 함께 호응하며 거대한 중창단이 되었다. 지하철 악사는 거의 완벽할 정도로 아코디언 연주를 했다. 하지만 그 결과는 완벽한 연주의 악사는 비참하리만치 패배를 당했다. 듣기 싫으면 귀를 막으면 될 것이고, 돈을 주기 싫으면 돈을 안 주면 될 것 아닌가 말이다. 시주는 못 할망정 그 쪽박까지 깰 이유는 없었는데. 참 입맛이 씁쓸했다. 한 장면은 예술로, 한 장면은 소음으로 분류되는 시점이었다.

만약 그 아코디언 악사가 무대에 섰더라면, 앞을 못 보는 장애인이 아코디언으로 '환희의 송가'를 완벽하게 연주했다고 뉴스에 대서특필 되었을지도 모르는 일이다. 아니면 관객으로부터 기립 박수는 받았던가. 무대에 따라 아름다움 음악도 소음이 될 수 있다는 사실과 서툰 음악도 듣는 이에 따라, 아니면 신분에 따라 예술이 될 수 있다는 사실.

교향곡 9번 4악장 '환희의 송가' 작곡가 베토벤도 역시 장애인이었다. 베토벤은 청력을 상실한 체 교향곡 9번을 작곡했다. 그 곡의 초연을 자신이 지휘하겠다고 하자 사람들은 듣지도 못하는 사람이 무슨 지휘를 하느냐고 하며 비아냥거렸지만, 베토벤은 자신이 느낀 대로 지휘를 했다. 연주가 끝나자 사람들은 기립 박수를 치며 찬사를 보냈지만, 정작 자신은 이 위대한 음악을 들을 수 없었다. 그 아코디언 악사도 완벽한 연주를 했지만, 기립 박수를 보내는 관객들은 보지 못할 것이다.

프리드리히의 시 그 '환희의 송가' 가사를 보면 정말 기가 막힐 정도로 아름다운 시어들일 뿐만 아니라 이 세상에 이보다 더 신을 찬양하는 기도는 없으리라는 생각이 들었다.

환희여! 신의 아름다운 광채여!
낙원의 딸들이여,
우리는 정열의 빛이 가득한 성스러운 신전으로
그대의 고요한 날개가 머무르는 곳에…

(중략)

창조주를 믿겠는가, 온 세상이여
별들이지는 곳에 그가 있도다.』

우리는 신의 존재를 믿지 않을 수 없다. 곧 예술은 신이 만들었다고 해도 과언이 아니기 때문이고. 신 앞에 숙연해지고 예술의 힘이란 참 대단하다는 생각을 아니 할 수 없었다. 지하철의 그 신사도 이러한 가사나 그 곡을 알았다면 그러한 무례한 행동은 하지 않았으리라는 생각이 들었다.

요즈음은 세계에서 일어나는 일들을 한눈에 볼 수 있고 들을 수 있으니 정말 감사하다. 하지만 때로는 눈을 감고 귀를 닫고 보지 않았더라면, 듣지 않았더라면 하는 것들도 참 많다. 내 마음에 들지 않는다고 아무대서나 감정을 드러내는 갑질은 일어나지 말았으면 하는 바람이다

이 도서의 국립중앙도서관 출판예정도서목록(CIP)은 서지정보유통지원시스템 홈페이지(http://seoji.nl.go.kr)와 국가자료공동목록시스템(http://www.nl.go.kr/kolisnet)에서 이용하실 수 있습니다.
(CIP제어번호 : CIP2018001123)

공짜 자가용

초판인쇄일 : 2018년 1월 22일
초판발행일 : 2018년 1월 27일

지은이 : 자작나무수필 동인
펴낸곳 : 도서출판 문학공원
발행인 : 김순진
편집장 : 전하라
디자인 : 김초롱
등 록 : 2004년 3월 9일 제6-706호
주 소 : 우편번호 03382 서울 은평구 통일로 633
녹번오피스텔 501호 스토리문학사
전 화 : 02-2234-1666
팩 스 : 02-2236-1666
홈페이지 : http://cafe.daum.net/yob51
이메일 : 4615562@hanmail.net

※ 잘못된 책은 교환해 드립니다.
※ 책값은 뒤표지에 있습니다.